J.C. Horn · Monade und Begriff
Der Weg von Leibniz zu Hegel

JOACHIM CHRISTIAN HORN

MONADE UND BEGRIFF

Der Weg von Leibniz zu Hegel

FELIX MEINER VERLAG
HAMBURG

CIP-Kurztitelaufnahme der Deutschen Bibliothek

Horn, Joachim Christian:
Monade und Begriff : d. Weg von Leibniz zu Hegel
/ von Joachim Christian Horn. — 3., durchges.
Aufl. — Hamburg : Meiner, 1982.
   2. Aufl. im Henn-Verl., Wuppertal, Kastellaun
ISBN 3-7873-0555-6

© Felix Meiner Verlag GmbH, Hamburg 1982.
3., durchgesehene Auflage.
Alle Rechte, auch die des auszugsweisen Nachdrucks, der fotomechanischen Wiedergabe und der Übersetzung vorbehalten. Dies betrifft auch die Vervielfältigung und Übertragung einzelner Textabschnitte durch alle Verfahren wie Speicherung und Übertragung auf Papier, Filme, Bänder, Platten und andere Medien, soweit es nicht §§ 53 und 54 URG ausdrücklich gestatten. — Neusatz: münchner fotoprint, München. Druck: Proff GmbH & Co KG, Bad Honnef. Buchbinderische Verarbeitung: Kränkel, Heppenheim. Printed in Germany.

INHALTSVERZEICHNIS

Vorwort zur 3. Auflage 1
Vorwort zur 1. Auflage 7

Kapitel I. Leibniz' individuelle Substanz als nicht-gegenständliches Etwas . . 11
  A. Der Bruch innerhalb des Systems 11
    1. „Inkommensurabel" 11
    2. Zweideutigkeit gegen Clarke 13
    3. Der eigentliche Riß 16
    4. Denken heißt weder Rechnen noch Urteilen 20
  B. Die Monade, oder: Nicht alle Phänomene sind „gut fundiert" 22
    1. Ein Philosoph hat *einen* Gedanken 22
    2. Logischer Vorrang der „Metaphysik" ($\pi\varrho\grave{o}\ \tau\tilde{\omega}\nu\ \varphi\nu\sigma\iota\varkappa\tilde{\omega}\nu$) . 25
    3. Die trinitarischen fundamentallogischen Wirklichkeitsaxiome 27
    4. Was eine Substanz sei 34
    5. Die Fensterlosigkeit oder die Freiheit 50
  C. Methodische Konsequenz 54
    1. Kausalität oder Finalität 54
    2. Apperzeption als Selbst-Besinnlichkeit durchbricht die Endlichkeit 59

Kapitel II. Die Abseitigkeit Kants 62
  A. In der Kritik der reinen Vernunft 64
  B. In der Kritik der praktischen Vernunft 71
  C. In der Kritik der Urteilskraft 79

Kapitel III. Die immanent-logische Gesetzlichkeit des transsubjektiven (absoluten) Ich bei Fichte 96
  A. Die Grundfrage 97
  B. Die Methode 102
    1. Intellektuelle Anschauung 102
    2. Reflektion 106
    3. Wissenschaftslehre und traditionelle Logik 114
  C. Die Ichheit 118
    1. Das absolute Ich 118
    2. Die Substanz als Zeit 121

3. Die immanent dialektische Logik der Ichheit 124

Kapitel IV. *Hegels Begriff als Sinn* 131
   A. Das Thema der Logik 131
   B. Hegels Leibniz-Bild 135
   C. Die Natur des Begriffs 139
      1. Die drei Stellungen des Gedankens zur Objektivität . . . 140
      2. Kritik an Gotthard Günther 147
      3. Generalisation und Wirklichkeit des Inhalts 149
      4. Die Darstellung des Hegelschen Begriffs 152
         a) Die Struktur der dialektischen Selbstbewegung 153
         b) Die wissende Selbstbewegung 156
         c) Das methodische Verstehen der Selbstbewegung . . . 163
   D. Der Begriff als dialektische Finalzeit 172

Ausgang 179

Anmerkungen 186

Register 199

VORWORT ZUR 3. AUFLAGE

Bücher entwickeln sich nicht unmittelbar mit ihrem Autor. Daher seien die das Buch leitenden und begleitenden Grundgedanken der 3. Auflage noch einmal vorangestellt.

Am Leitfaden der Frage, *was heißt Denken?* wird in vier Kapiteln ein Schlüssel gegeben zu einer — gegenüber der Metaphysik des Mittelalters — *neuen Metaphysik* und Ontologie. Das Buch enthält vier Lehrstücke, die — bruchstückhaft und aus Zitaten zusammengesetzt gewiß — zur Aufstellung eines *neuen Paradigmas* nicht entbehrt werden können. Diese vier Lehrstücke sind: Leibniz' Lehre von den individuellen Substanzen (Monadenlehre), Fichtes Wissenschaftslehre, Hegels neuer „Begriff" von Wissenschaft *und* — Kants Kritiken. Letztere bezeichnen die enge Pforte, die einerseits zur empirischen Wissenschaft, andererseits aber zur Weiterentwicklung der Philosophie selbst führt. Die Kant'sche Stufe liegt auf dem Wege von Leibniz zu Hegel zwar im Abseits, ist aber gerade darum in doppelter Weise notwendig und in keiner Weise zu umgehen.

Nennen wir die mittelalterliche Metaphysik eine solche des Seins, dann hieße die *neue* und neuere eine Metaphysik des Werdens. Hierfür steht der zunächst paradox anmutende „Begriff" einer „individuellen Substanz". Damit haben wir denjenigen Gedanken genannt, auf welchen die großen nachkantischen Denker (zu denen ebenso Schelling gehört) im Kern der Sache zurückgehen.

In der Darstellung wird ein in den Geisteswissenschaften bekanntes Prinzip ernstgenommen. Es ist das von der „gegenseitigen Abhängigkeit des Historischen und Systematischen"[1]. Schärfer noch der Gedanke, nach welchem die lebendige Entwicklung der Stadien

---

[1] Hierzu Th. Litt: Das Allgemeine im Aufbau der geisteswissenschaftlichen Erkenntnis, Leipzig 1941, Neudruck F. Meiner Verlag, Hamburg 1980. Dort wird erstmals das ontologische Entwicklungs-Allgemeine als „Form der Wirklichkeit selbst", als „Grundstruktur ... der in der Wirklichkeit selbst arbeitenden Triebkräfte" thematisiert (S. 58).

des Bewußtseins zugleich historisch *und* systematisch erfolge. In solchem „Zugleich" ist das Problem des Bewußtseins eingeschlossen, welches damit freilich nicht mehr nur als Bewußtsein der Außenwahrnehmung ausgelegt werden kann. Denn der Anspruch geht dahin, das systematisch Geordnete trete mit und in der Zeit auf. Das Wahre sei also das Überkommene, welches sich jetzt aber der Brechung, der Reflektion von der Gegenwart her, stellen müsse, ja auf diese sogar angewiesen sei.

Es ist dies eine auf Hegel zurückgehende Einsicht, welche dann von den Theoretikern der Evolution ganz ähnlich erfahren und ausgesprochen wurde. Genau genommen handelt es sich um den Gedanken der *Geschichtlichkeit*, im Gegensatz zur bloß historischen Faktengeschichte. Der Unterschied ist folgender: In der Faktengeschichte reiht sich ein positiv ausgemachtes Faktum an das andere, das eine ist so „gut" wie das andere, weil gegeben und daher positiv. Im Bereich der Geschichtlichkeit hingegen gelangen einige Ereignisse zu besonderer, ja überragender Bedeutung, weil durch sie die anderen Licht und erweiterte Bedeutung erlangen. Solche paradigmatische Akzentuierung der Vorgeschichte geht in das Bewußtsein von Individuen, Völkern und Kulturen ein, so daß nun — auf dem Wege wirklicher Erfahrung — jene zeitlichen Daten zu überzeitlichen Kategorien im Bewußtsein selbst werden. Hierbei meint wirkliche Erfahrung stets die Einheit von äußerer und innerer Erfahrung. Auf diese Weise wird *Hermeneutik* möglich. Und es liegt ganz im Wege solcher Erfahrung, wenn Hermeneutiker der Evolution heute von Geschichtlichkeit sprechen und darauf hinweisen, daß die Gegensätze von a priori und a posteriori sich nicht ausschließen[2]. Denn genetisch ist ein Jedes *einmal*, und das heißt im weitesten Sinne *individuell* geworden[3].

In der Entwicklung geht nichts verloren, ist eine Überzeugung, welche die ältere Philosophie mit der Evolutionstheorie gemeinsam hat. Danach hieße a priori existierend das, was von der Gegenwart her für künftige Erfahrung unentbehrlich, ja *konstitutiv* sei, eben aufgrund der Vorgeschichte. Und die Frage wäre nur, ob es uns noch zugänglich ist oder nicht.

Zu dem, was uns heute nicht mehr zugänglich ist, was wir aber

---

[2] H. v. Ditfurt: Der Geist fiel nicht vom Himmel, Hamburg 1976, S. 196.
[3] Dazu Rupert Riedl: Die Folgen des Ursachendenkens, in: P. Watzlawik (Hrsg.): Die erfundene Wirklichkeit, München 1981.

lebensnotwendig brauchen, gehört eine *absolute* Begründung, eine Letztbegründung von Rationalität, welche nur als Erweiterung und Unterfangen technologischer Rationalität in Frage kommen kann. Eben dies war das Thema von Leibniz und Hegel. Hierbei handelt es sich nicht um einen bloßen Ordnungsgedanken, sondern um die konkret-mögliche, um die zugleich äußere wie innere Erfahrung von Wirklichkeit, — welche durch einseitige und verkürzte Rationalität ausgeblendet — nicht mehr zur Kenntnis gelangt. Die volle Erfahrung muß aber zur Kenntnis und Erkenntnis gelangen, wenn anders Wirklichkeit begriffen werden soll. Denn wird Wirklichkeit nicht voll begriffen, dann vermag nichts zu hindern, daß diese unsere Welt zerstört wird, wobei Selbstzerstörung und Weltzerstörung allemal zusammenfallen.

Der Weg von Leibniz zu Hegel, das meint also im Sinne einer nicht linearen Zeitbetrachtung den Weg von der Gegenwart zu Leibniz, womit dieser Gegenwart eine Überlebenschance erschlossen wird. Das klingt nach Überschätzung der Philosophie. Wie aber könnte Wahrheit je überschätzt werden? In Leibniz haben wir den unbekannten großen Denker vor uns, von dem Kant nur einen Schatten erwischte und daher glaubte *gegen* anstatt *für* ihn kämpfen zu müssen. Das sei hier nur angedeutet.

Das „Ich denke mich" steht am Anfang der *Neuzeit* bei Descartes; es steht aber auch am Ende der Neuzeit, bei Fichte, als dem Anfang einer *neueren* Welt. In dieser *neueren* Welt, die wir erst zu buchstabieren beginnen, müssen die Gegensätze nicht mehr gegeneinander ausgespielt werden, muß weder der Herr den Knecht, noch der Knecht den Herrn oder die Mutter Erde ausbeuten. In dieser uns noch nicht erschlossenen neueren(!) Welt können wir erfahren und begreifen, daß die Gegensätze und Antinomien zwar unvermeidliche Realität, dennoch aber etwas sind, was der Vermittlung fähig und sogar bedürftig ist.

„Ich denke", — das meint zunächst eine *logische* Dimension, welche als logische nicht existiert, sondern bloß *gesetzt* wird, als ob es so wäre. „Ich denke", d. h. zunächst, ich stelle (oder mache) mir etwas vor, gleichviel ob jenes Etwas existiert oder nicht. Beim *„Ich denke mich"* ist es anders. Denn *mich* als leibhaft Existierenden gibt es wirklich. Hierfür gibt es Gründe, die in den Naturwissenschaften, in der Biologie und Physiologie erklärt werden. Freilich gibt es hierfür auch einige cartesianische Zweifel, welche über die berechtigte Methode hinaus den Verstand betreffen, und welche dann von der Psychiatrie erklärt und von der Psychoanalyse begriffen werden können[4]. Aber wie dem auch sei; der Organismus existiert, auch wenn das Ich nicht denkt.

Hieß der Weg der Neuzeit die Freisetzung des „Ich denke" — deutlich vor allem bei Kant —, dann war damit zugleich die methodische Ignorierung jener Beziehung und Verbindung zum *mich*, als leibhaft organisch Existierendem, gegeben. Das übernatürliche Parameter neuzeitlicher Rationalität war und ist die formale Logik. Es war die Größe Kants, sich damit nicht zufrieden zu geben, sondern die Sache der Rationalität weiter zu treiben zu dem, was er transzendentale Logik nannte. Denn hier war das Ich doch immerhin mit Anschauungsformen und Verstandeskategorien ausgestattet gedacht. Gleichwohl sah Kant sich nicht mehr in der Lage, den Neuerer in der Entwicklung der Transzendentalphilosophie, Fichte, anzuerkennen.

Etwas lockerer formuliert ließe sich sagen: es ist, als wäre es der Neuzeit nur um die Funktion der einen Hirnhälfte gegangen, um das bloße und vermeintlich reine Bewußtsein. Die Mystik und Romantik, als Gegenströmung gegen die verkürzte Rationalität des Ego, hätte es hiernach nur mit der anderen Hirnhälfte zu tun gehabt, mit dem, was man vermeintlich anachronistisch „Seele" oder „Selbst" nannte. Erst der Nachneuzeit geht es um die allerdings notwendige Vermittlung beider Hirnhälften, um das Selbstbewußtsein oder um das auch inhaltlich zu begreifende Prinzip des *„Ich denke mich"*. Hierfür hat Leibniz den Grund gelegt, auf dem dann Hegel baute.

Leibniz' individueller Begriff, das meint die Struktur *organischen* Lebens, welche zwar im Ich eine Spitze erreicht, mit dieser Spitze aber nur einen abstrakten Ausschnitt aus dem umfassenden „Kreis" des wahren Selbst erreicht. Denn jener „Kreis" des Selbst entwickelt sich aus sich heraus. Und zwar nach dem Bild einer Spirale, die im Prinzip Unendlichkeit meint, d. h. jede Linie repräsentiert wiederum dieselbe Spiralstruktur. Wir könnten auch sagen, jener Kreis des wahren Selbst kreist aus sich heraus, d. h. er transzendiert seine gewordene Gestalt, indem er in sich zurückgeht und

---

[4] Auch die Psychoanalyse geht bekanntlich auf Leibniz zurück, was diesen noch verdächtiger machte.

nur auf dem Umwege über die von seiner Struktur selbst vorgegebenen Regressionen fortschreitet. Ganz ähnlich wie unser Ego-Bewußtsein im Schlaf zurückgehen muß, um dem neuen Tag gewachsen zu sein.

Damit sind wir bei Hegel und Freud. Seit Leibniz aber wissen wir: die *Struktur* des ebenso Individuellen wie Allgemeinen hängt *absolut* zusammen, nämlich als nicht nur apriorische sondern als onto-logische Allgemeinbedingung von Entwicklung. Und hier insbesondere als Bedingung von Bewußtwerden, ohne welches die Menschheit nicht einfach auf die Stufe des Tierreiches, sondern — wie die Schatten der Vergangenheit und Gegenwart zeigen, weit darunter fällt.

Es geht also um die ersten Ansätze einer *neuen* Metaphysik und einer *neuen* Ontologie, welche imstande ist, die Rationalität lebendiger Individualitäten mit der Rationalität eines Allgemeinen zu verbinden, welches — im Gegensatz zum Gattungs-Allgemeinen empirischer Wissenschaft wie auch zum Abstrakt-Allgemeinen der bürgerlichen Gesellschaft — als *konkret* anzusprechen ist. Die Vermittlungsstruktur ist vorgegeben, die Inhalte aber, sofern sie aus der Umwelt stammen, nicht. Auf diese Weise kommt Leibniz zu einer Struktur, welche die individuellen Antriebe und Potenzen mit den vorgegebenen *absolut* verbindet. Er kommt der Sache nach zu einer dialektischen Wirklichkeitsstruktur, in welcher die *Regelabweichung regulativ vorgegeben* ist. Damit ist angedeutet, inwiefern dem *Individuellen* in Leben und Geschichte Substanz, Potenz von Allgemeinheit zugesprochen werden kann, oder — mit Hegel —, inwiefern die *neue Allgemeinheit*, die Struktur, welche sich entwickelt, zugleich konkret genannt werden darf.

Abschließend sei gesagt, daß ich das Buch lieber gänzlich umgeschrieben hätte, aber dann wäre es erheblich umfangreicher geworden und das war aus ökonomischen Gründen nicht vertretbar.

Zu der Rezension des Buches von Yvon Belaval (Archives de Philosophie, T. XXXI., 1968, Cah. II., p. 321—325) nur soviel: Das erste fundamentallogische Axiom ist *nicht* auf die Formel Ens et Unum convertuntur zu verkürzen, denn dann wäre Leibniz grundlegende Unterscheidung zwischen den *integral-einheitlich gewordenen* und den bloß *pural gewordenen* Phänomenen verwischt. Zumindest wäre dann die von Leibniz her mögliche Korrektur an Kant nicht angemessen berücksichtigt. André Robinet's, anläßlich des Internationalen Leibniz-Kongresses in Hannover 1966, gemachte Bemerkung, wonach das Buch „Leibniz vom idealistischen Gängelband ... befreit" habe (les Nouvelles Littéraires, Paris, 15. XII. 1966) halte ich nach wie vor für ehrenhaft.

Regensburg, im Frühjahr 1982 *J. C. Horn*

Corrigenda

S. 7, Z. 22 v.o.:	*substanziell*	statt substanzie11
S. 57, Z. 16 v.o.:	*gesetzt*	statt gesetzt
Z. 21 v.o.:	*Setzung*	statt Setzung
Z. 35 v.o.:	*nicht ,*	statt nicht
Z. 36 v.o.:	das *vorgestellte* Gewordensein, sei es einheitlich statt: das *pure* Gewordensein, sei dies nun einheitlich	
S. 58, Z. 1 v.o.:	Bedeutung.[130a]	statt Bedeutung.
	Die Anmerkung 130a lautet: Vgl. dazu Josef König „Bemerkungen über den Begriff der Ursache" in J. K. Vorträge und Aufsätze, herausg. von G. Patzig, Freiburg u. München 1978.	
Z. 11 o.:	˙ *Setzung*	statt Setzung
S. 62, Z. 18 v.o.:	Subsumtionslogik	statt Subsumtionslogigkeit

VORWORT

„Das systematische Denken ist ja nichts anderes als das Sich-Selbst-Denken des Lebens."

Richard Kroner

Seit Kroner die Zusammenhänge von Kant bis Hegel untersucht hat, erscheint es für das Hegel-Verständnis dringlich, nun nach rückwärts — über Kant hinaus — die problemgeschichtlich systematischen Wurzeln bei Leibniz anzugehen. Die vorliegende Arbeit möchte hierzu anregen und beitragen.

Die Linie Leibniz-Fichte-Hegel hat mich schon als Student beschäftigt. Kant wurde dabei — in Würdigung seines „kritischen Geschäfts" — mehr methodisch berücksichtigt. Die Studien fanden ihren ersten Abschluß mit einer Dissertation bei Theodor Litt (Bonn 1952). Zehn Jahre später erschien meine kommentierte Monadologie-Übersetzung (J. C. Horn/ G. W. Leibniz: Grundwahrheiten der Philosophie, Frankfurt am Main 1962). Die hier vorgelegte Schrift ist aus der Dissertation hervorgegangen. Das Kernproblem ist der Phänomenbegriff bei Leibniz. Es geht dabei einfach darum, daß zwar alles Erscheinende geworden, nicht eben darum aber auch schon substanziell geworden sein müsse. Wenn es sich nicht so verhielte, dann gäbe es beispielsweise keinen Schein. Hieraus folgt eine Unterscheidung, die in der bisherigen Leibniz-Literatur meines Wissens systematisch noch nirgends berücksichtigt worden ist, deren weittragende Bedeutung aber kaum überschätzt werden kann. Es ist die zwischen den *fundierten* und den *nicht fundierten* Phänomenen. Das Fundierende ist individuell, d. h. in keiner Weise punktuell oder gar ausgedehnt. Mit der möglichen Erkenntnis dieser unräumlichen

„individuellen Substanz", die Leibniz auch Monade nannte, ist — wie ich meine — ein Hinweis gegeben zum Verständnis von Fichtes Wissenschaftslehre und von Hegels Logik. Fichtes „Ich" und „der Begriff" bei Hegel, sie waren beide konzipiert als absolute. Leibniz aber faßte seine Substanz individuell auf. Damit ist das Thema gestellt, zugleich aber auch angedeutet, warum Philosophie als Wissenschaft heute wie immer nur als Philosophie des Absoluten in Frage kommen kann. Das vielfache Zurückfinden zu Leibniz in unseren Tagen ist dafür Symptom, Symptom auch für die Behutsamkeit des Vorgehens, denn das Wahre macht kein Geschrei.

Steht also Leibniz im Mittelpunkt, so auch sein Durchbruch zum Unendlichkeitsdenken, der unabhängig von der Mathematik vollzogen und rational möglich ist. Es ist das Wesen des Denkens, das hier — lange vor Hegel — erstmals aus seiner traditionell verabsolutierten formalen Beschränktheit befreit wird, damit *Freiheit* nicht nur möglich, sondern wirklich werde. Dazu jedoch bedarf es methodischen Vorgehens. Die Erweiterung des „Sachverhalts Denken" bei Leibniz bedeutet der Sache nach eine onto-logische Identitätsphilosophie von gemeinhin und natürlicherweise gerade nicht für identisch gehaltenen Bestimmungen. Monadizität, als sich perzipierende Perzeption — d. h. als Denken —, wirklich gedacht — d. h. apperzipiert —, begründet keine bloße Korrelationsphilosophie innerhalb traditionell-kategorialer Grenzen, sondern ist Selbstvermittlung, Manifestation der Freiheit. Was für den ontologischen Gottesbeweis das Entscheidende war und ist, muß es auch für das seiner selbst bewußte Denken sein, für das Denken des Selbst, das den Gegensatz des „Anderen" als eigene Bedingung in sich weiß. Letzteres aber trifft beim bloßen Meinen und Vorstellen nicht zu.

Die Bedeutung von Kants Kritiken für die von Leibniz her mögliche methodische Erweiterung der *Logik des Denkens* — im Gegensatz zu der Logik des Gedachten, Vorgestellten usw. — ist gering. Seine Polemik gegen Leibniz ist unzutreffend. Denn Leibniz ging es nicht um verabsolutierte Gegenstandserfahrung eines „unwirklichen Subjekts" (Litt), sondern um vollinhaltliche Erfahrung wirklicher Welt. Fichtes Bemühen, das Denken aus dem Unendlichen in uns abzuleiten, erfolgt über die intellektuelle Anschauung als einer Methode (!), mit welcher jenes Unendliche entdeckt werden kann. Er gelangt damit zur dialektischen Spiralstruktur des Denkens, welche bei Leibniz zwar noch nicht thematisch ist, in ihrer sachlichen Folge — der Sprengung der Diskursivität — aber doch schon methodisch angelegt und auch bereits geübt wird. Damit stehen wir vor der Aporie, die wir im Titel kenntlich machen.

Monade, das meint die Logisierbarkeit des Individuellen — und in der Natur gibt es offenbar nur Individuelles. Der *Begriff* bei Hegel, das meint die spezifisch sich entwickelnde Inhaltlichkeit als onto-logisches Formproblem. Individueller „Begriff" bei Leibniz und konkret allgemeiner „Begriff" bei Hegel, wie ist dies — das Unmittelbare mit dem Vermittelten — zusammenzudenken? Es ist die *Struktur* des Allgemeinen, das kein generalisiertes ist und welches sich darum in jedem Wirklichen nur als inhaltlich sich entwickelnde Logizität verwirklicht. Identische Struktur von Werden *und* Denken, das ist naturhaft ontischer und zugleich logischer *Sinn*. Monade als individuell bestimmte Werdenseinheit, als nicht ausgedehntes Prius vor allem Gewordenen, kann selbst nie Phänomen sein, da sie dieses substanziell-logisch allererst begründet, produziert und zeitigt. Sie wird als ungegenständliche Einheit damit zum Lebenspuls einer Philosophie des Bewußtseins, die menschlich sowohl wie wirklich nur eine Philosophie des Selbst-Bewußtseins sein kann.

Die Anlage der Arbeit mit ihrem historisch und systematisch weit gespannten Thema brachte es mit sich, daß umfassender nur auf die Leibniz-Literatur eingegangen werden konnte. Bei den auf Leibniz folgenden Kapiteln konnte die Literatur nur unvollständig und gelegentlich berücksichtigt werden. In Anbetracht der gerafften Darstellung, die nur eine erste Grundlage vermitteln soll, konnte auf die etwas beschwerliche Fülle der Zitate mit ihren vielfältigen Bezügen zum Gedankengang des Textes nicht gut verzichtet werden. Sie wird bei einer in Kürze erscheinenden Monographie über das Gesetz und und die Vermittlung des Grundes weitgehend fortfallen.

Schönberg im Taunus, März 1965

J. C. H.

I. LEIBNIZ' INDIVIDUELLE SUBSTANZ ALS NICHT-GEGENSTÄNDLICHES ETWAS

A. Der Bruch innerhalb des Systems

1. „Inkommensurabel"

Leibniz blickt uns durch die Geschichte hindurch mit einem Januskopf an. Dieser schaut nach rückwärts zur Rationalität der mittelalterlichen Scholastik ebenso wie zu Plotin und den Vorsokratikern; nicht weniger aber auch über Nikolaus von Kues zu Meister Eckhart. Nach vorne sind es besonders zwei große Linien, die sich von Leibniz her verfolgen lassen, die eine zu den modernen Naturwissenschaften und die andere, so merkwürdig es klingt, zu dem „speculativen" Denken Fichtes und Hegels.

Den Ansatz zum Aufweis dieser zuletzt genannten Linie, die bisher mehr genannt als wirklich untersucht wurde, sehe ich in jener merkwürdigen Konzeption, die Leibniz „individuelle Substanz" nannte. Um zu verstehen, was mit ihr gemeint sein kann, ist es nötig, wenigstens in kursorischem Überblick auf die Leibnizsche Metaphysik überhaupt, unter gelegentlicher Berücksichtigung des gegenwärtigen Standes ihrer Interpretation, einzugehen. Nicht nur deswegen, weil es mit Leibniz' Denken genau ebenso ist wie mit seinen Monaden: alles steht mit allem in innerem Zusammenhang, sondern vor allem deswegen, weil nur so die zentrale Bedeutung der individuellen Substanz innerhalb der Leibnizschen Philosophie einsichtig werden kann.

Man hat Leibniz als „konsequenten Aufklärer"[1], als den „genialen Philosophen des deutschen Barock"[2], oder, wenn die Ratlosigkeit weitergeht, als „Universalgenie" bezeichnet. Was aber bedeutet es denn eigentlich philosophiegeschichtlich, wenn gesagt wird: „Goethe ist überhaupt ... Leibnizens nächster Geistesverwandter"[3], oder: „Der eigentliche Erbe Leibnizens ist Herder"[4]. Ist nicht gerade der Hinweis auf Herder und Goethe, der ja zweifellos Wesentlichstes trifft, ein Index für die eigentümlich philosophisch-systematische „Inkommensurabilität" von Leibniz!? Leibniz der „Realidealist", um eine weitere These zu nennen[5], hilft hier ebensowenig weiter wie die dazugehörige Formel eines „Ineinander von Zusammengesetztheit und qualitativ bestimmter schlechthinniger Einfachheit"[6].

Seit langem wissen wir um jene „hintergründige Spaltung" dieser „rätselhaftesten Gestalt der deutschen Philosophie", die uns Kurt Huber in seiner nachgelassenen systematischen Biographie auch psychologisch verständlich zu machen sucht[7]. Freilich lassen sich die dort angeführten Widersprüche zum guten Teil lösen (siehe S. 18). Aber es bleibt einiges bestehen, ein Riß, der durch Dietrich Mahnkes ungemein gründliches, für die Literatur bis 1925 geradezu unentbehrliches Buch „Leibnizens Synthese von Universalmathematik und Individualmetaphysik"[8] eine gewisse Berühmtheit erlangt hat. Denn, da der zweite Teil durch Mahnkes Tod 1939 nicht mehr erschienen ist, ist es im wesentlichen doch bei der These von der „Synthese" und damit bei jenem Riß geblieben. Überdies hat man beim Lesen dieses Buches bisweilen den Eindruck, als ob Leibniz Husserl zwar geahnt, aber keineswegs erreicht habe[9]. In solcher Orientierung auf einen bevorzugten folgenden Denker hin ist Mahnkes Arbeit dem für das Verständnis der mathematischen Seite von Leibniz' Denken noch heute lesenswerten Buch von Ernst Cassirer vergleichbar, der an mehreren Stellen ausdrücklich sagt, „daß der letzte und entscheidende Schritt" eben Kant vorbehalten war[10]. Zu zeigen aber, daß mit einer einseitigen Ausrichtung auf Kant hin das zentrale Anliegen von Leibniz transzendental verbogen wird, stellt mit eine Aufgabe dieser Arbeit dar. Huber sagt dazu im Zusammenhang: „Unmöglich ist endlich die gradlinige Einreihung Leibnizens in eine Entwicklungslinie zur Transzendentalphilosophie Kants hin, welche ja schon dadurch im

Grundansatz sich weltweit von Leibniz scheidet, daß sie das Problem des Individuellen übersieht (Cassirer)" [11].

2. Zweideutigkeit gegen Clarke

Universalmathematik und Individualmetaphysik: die Schwierigkeiten treten nirgends mit solcher Deutlichkeit auf wie in dem Briefwechsel des spätesten Leibniz mit Clarke (1715/16). „Die große Grundlage der Mathematik ist das Prinzip des Widerspruchs oder der Identität, d. h. der Satz, daß eine Aussage nicht gleichzeitig wahr und falsch sein kann, daß demnach A = A ist und nicht = non A sein kann. ... Um aber von der Mathematik zur Physik überzugehen, ist noch ein anderes Prinzip erforderlich ... nämlich das Prinzip des zureichenden Grundes" [12]. Soweit Leibniz. Und damit stehen wir schon mitten drin in den Schwierigkeiten. Clarke, der nicht einsieht, was dieses Prinzip besagen will, denn es sei doch nur selbstverständlich, daß alles einen Grund haben müsse, bemüht sich nun als Gefolgsmann Newtons die Realität des Raumes, in dem „doch alle Stellen indifferent und gleich sind", darzutun [13]; worauf Leibniz in seinem vierten Schreiben antwortet: „Es ist gleichgültig, in welcher Ordnung man drei gleiche und vollständig ähnliche Körper bringt. Eine bestimmte Anordnung unter ihnen wird daher niemals von dem getroffen werden, der stets vollkommen weise handelt. Da er aber auch der Urheber der Dinge ist, so wird er derartige Körper gar nicht hervorbringen und die Natur wird nichts dergleichen enthalten" [14]. Es folgt dann der Hinweis, daß es weder zwei vollkommen ähnliche Blätter noch zwei ununterscheidbare Wassertropfen gäbe. Es handelt sich hier um das Prinzip der *Identität des Ununterscheidbaren*, wonach es unmöglich „zwei reelle, absolut ununterscheidbare Wesen gibt: denn gäbe es welche, so würden Gott und Natur, wenn sie das eine anders als das andere behandelten, etwas ohne Grund tun" [15]. Zwei ununterscheidbare Wesen sind demnach also nicht zwei, sondern *ein* Wesen. Begründet wird dieser Gedanke eben durch jenes merkwürdige *Prinzip des zureichenden Grundes*, wonach nichts geschieht oder ist ohne Grund. Über dieses Prinzip, auf das noch eingegangen werden soll, hier vorerst nur soviel: es ist keineswegs eindeutig; es ist nach Leibniz ebenso auf die Vernunftwahrheiten wie auf die Tatsachenwahrheiten, ebenso auf die Ursachen wie auf die Finalgründe anwendbar [16]. Es scheint somit geradezu als Symbol des Unvereinbaren dazustehen.

Nun sagt Leibniz zwar deutlich, daß er mit der Identität des Ununterscheidbaren „nicht die begriffliche Unmöglichkeit ihrer Setzung, ... sondern nur ihre Existenz" bestreite [17]. Denn der „*Raum*" ist ihm das, „was sich aus dem Inbegriff aller Stellen insgesamt ergibt", ein rein „ideales", nur vorgestelltes Verhältnis [18]. Aber, da „zwei ununterscheidbare Körper" nun einmal nicht existierten, sei es auch nur „die oberflächliche Philosophie" wie die „der Anhänger der Atome und des Leeren", die sich derartige Fiktionen einbilde. „Die einfachen Mathematiker, die sich nur mit dem Spiele der Einbildung begnügen, mögen sich wohl derartige Begriffe zusammenreimen, die jedoch durch überlegene Gründe zunichte werden" [19]. Mußte das dem methodensauberen Clarke nicht zu arg werden? Ebenso wie der Gedanke, daß es „genau gesprochen, keinen Körper, der sich vollkommen und gänzlich in Ruhe befindet", gäbe [20]. Denn mit einer Bemerkung wie dieser: „Gott wird nicht durch die äußeren Dinge, sondern stets durch innere Gründe, d. h. durch seine Erkenntnisse, bestimmt — Gründe, die auf ihn wirken, bevor überhaupt Dinge außer ihm existieren" [21], konnte ihm wahrlich im relevanten Zusammenhang wenig gedient sein. Zumal wenn der sonst so verstehensgewaltige und höflich zuvorkommende Leibniz gar noch — hierin echt deutsch — sagt, daß er „noch manches hinzufügen könnte, was aber vielleicht zu tief wäre..." [22]; so muß es dahin kommen, daß Clarke an mehreren Stellen Leibniz' ureigenste Position zu beziehen gezwungen ist [23] und sogar im Verfolg der Widerlegung den zwar in fundamentallogischer Wahrheit zutreffenden, für ihn jedoch absurden Schluß zieht, „daß es überhaupt keine Materie gibt"[24], was ihm Leibniz in seinem 5. Schreiben dann noch einmal ausdrücklich bestätigt: „Bestände die Materie aus Atomen, aus völlig gleichartigen Körpern oder anderen derartigen Fiktionen der oberflächlichen Philosophie, so hätte man recht, in Wahrheit aber macht dasselbe große Prinzip, das die Wahl unter dem Ununterscheidbaren ausschließt, auch diese schlecht begründeten Fiktionen zunichte"[25].

Man sieht, wenn man vom Streit der gegenseitig unverstandenen Meinungen in diesem Briefwechsel absieht, daß es sich faktisch doch um eine Leugnung der mathematischen Setzungen, zumindestens der mathematischen Physik handelt. Denn wenn man mit Worten die Setzung als solche nicht bestreitet, ihre ideale Existenz aber nichtsdestoweniger als Chimäre und Fiktion bezeichnet, dann hat man sie eben doch bestritten. Es ist also dem Urteil Hubers durchaus zuzustimmen, wenn er hierzu sagt: „Grob und unsachlich wird der alternde Leibniz nur in dem Briefwechsel mit Clarke"[26]. Und doch, ich habe den Briefwechsel mit Clarke etwas ausführlicher belegt, weil er mir symptomatisch zu sein scheint, keineswegs etwa für den alternden Leibniz, sondern für jenes rätselhafte Zwielicht überhaupt, das jenen Mann damals wie noch heute umgibt. Huber kennzeichnet die sich hieraus ergebende geistesgeschichtliche Situation unnachahmlich, wenn er sagt: „Zu den großen Deutschen, zu denen unsere Zeit noch kein ihr entsprechendes neues Verhältnis gefunden hat, gehört ohne Frage Leibniz. Ja, streng genommen ist noch keine deutsche Kulturepoche zur vollen Lebendigmachung dessen gelangt, was diesem eigenartigen Denker eine Lebensaufgabe gewesen war. Die Zeit, die manchmal unversehens eine andere Richtung nimmt, schreitet als Ganzes über solche Geister nicht hinaus, sondern am Kern der Gestalt und ihres Werkes vorbei — die größte Unbill, die schöpferischen Geistern widerfahren kann. Die deutsche Aufklärung hat so an Leibniz vorbei philosophiert. Als Lessing, ihr gewaltigster Vertreter und erster Überwinder, den Irrtum einsah, war es zu spät"[27]. Es sind diese im Problemzusammenhang des Briefwechsels wie auch methodisch nicht exakten und daher für Clarke unverständlichen Gedanken, in welchen wir den entscheidenden Zugang zu einem neuen Verständnis des Philosophen vermuten.

3. Der eigentliche Riß

Cassirer konnte daher schon mit einem gewissen Recht sagen, „daß philosophischer Ursprung und äußere Systemform der Monadenlehre auseinanderfallen"[28]; wobei zum philosophischen Ursprung der von Leibniz oft geäußerte Gedanke gehört, daß die unendliche Teilbarkeit der Körper zur Annahme von immateriellen Einheiten (Substanzen) zwinge, sofern überhaupt etwas sei[29]. Der Gedanke, besonders so, wie er in der Monalogie geäußert wird, mutet naiv-kombinatorisch an: Das Zusammengesetzte (Körper) ist nichts weiter als eine Anhäufung von immateriell Einfachem, als ob durch eine Summierung etwa von mathematischen Punkten die Körper „entständen". Was Glockner dann in seiner Erklärung zum § 65 der Monadologie auch zu der Bemerkung veranlaßt, daß Leibniz die wirkliche Existenz der mathematischen Punkte behauptet hätte[30]. Die fragliche Stelle kann sich aber ebensogut, statt auf mathematische Punkte, auf elementare Einheiten, etwa nach Analogie von Mikroorganismen beziehen. Cassirer sagt am Schluß seines Buches, daß trotz des von Leibniz beständig hervorgehobenen Gegensatzes zwischen Mathematik und Metaphysik die Kontinuität im Ganzen des Systems durch den „vermittelnden Begriff der Kraft" gewahrt werde[31]. Das ist seit Kuno Fischer zweifellos richtig, wenngleich damit das eigentliche Problem mehr bezeichnet als gelöst ist; denn unter der Wortmarke „Kraft" können wir vom Energiequantum bis zum additiven „Entelechialfaktor" alles subsumieren.

Auch Mahnke spricht von „zwei gleichberechtigten, wenn auch entgegengesetzten Standpunkten", nämlich von der „begriffsanalytischen Inhaltslogik" und von der „gesetzessynthetischen Umfangslogik"[32]. Die Inhaltslogik meint den

Sachverhalt, wonach bei Leibniz „Semper enim notio praedicati inest subjecto in propositione vera"[33], d. h., daß alle Prädikate sich aus der Analyse eines individuellen Subjekts (wie aber auch aus der Analyse einer mathematischen Gesetzesdefinition) herausziehen lassen müssen[34]. Dieser Gegensatz wird durch den „Dualismus" der Tatsachenwahrheiten (vérités de fait) und der Vernunftswahrheiten (vérités de raison) begründet; für beide gibt es Gründe. Die Vernunftwahrheiten (die Region des göttlichen Verstandes als ewige Möglichkeiten) sind hinsichtlich ihres Soseins notwendig, ihr Gegenteil ist unmöglich; die Tatsachenwahrheiten sind zufällig und ihr Gegenteil ist möglich[35]. Allerdings bedeutet Zufall soviel, wie die auf göttlichen Willensentscheid zurückgehende Wahl des Besten und Vollkommensten[36], die jedoch nur stattfinden kann gemäß den ewigen Möglichkeiten, die nach dem Prinzip des Widerspruchs geordnet sind. Denn Gott ist „nicht der Schöpfer seines eigenen Verstandes"[37]. Es streben die Möglichkeiten sogar selbst nach dem Maße ihrer Vollkommenheit zur Existenz[38]. Wirklich existierend also sind allein die inhaltslogischen Subjekte. Die „Umfangslogik" dagegen erstreckt sich auf die allgemeinen, eigentlich platonischen, ewigen idealen und formalen Wahrheiten, wozu auch die angeborenen Ideen, wie Sein, Einheit, Substanz, Dauer, Veränderung, Tätigkeit usw., gehören[39]; sie haben als reine Möglichkeiten keinerlei wirklich-individuelle Existenz. So kann jedenfalls auch Mahnke nicht umhin, als den „eigentlich polaren Gegensatz des Leibniz'schen Wesens ... die Antithese: formaler Universalismus und qualitativ erfüllter Individualismus..." festzustellen[40].

Ebenso spricht Heimsoeth von einem Dualismus zwischen diskursiver und intuitiver Erkenntnis, von Geistmetaphysik und Naturphilosophie, so daß man einen „inneren Widerspruch in Leibnizens Gedanken selbst vermuten möchte"[41]. Auch Hellpach sieht sich zu der Feststellung veranlaßt; „... die Bemühung, dem naturwissenschaftlichen Weltbild, den Einbau in eine philosophische Weltanschauung christlichen

Gehaltes sicherzustellen, entgleist ... irreparabel". Eine „Durcheinandermanschung" des „Nomischen" und des „Normischen" ist methodisch und damit natürlich auch ethisch unhaltbar[42]. Selbst ein Leibniz relativ fernstehender Denker wie Nicolai Hartmann zeigt uns klar jenen Riß. Er spricht von einem „doppeltem Ansatz der Aufbauelemente — der (individuellen) Substanzen einerseits, der einfachen Ideen anderseits —, ... Es ist, als suchte der mit den Problemen ringende Gedanke sich von zwei Seiten her durch ein Gebirge von Schwierigkeiten einen Tunnel zu bohren, brächte es aber dabei nicht ganz bis zum Aufeinandertreffen der Schächte"[43].

Um die Reihe dieser unbestreitbaren Feststellungen mit einer letzten, der von Huber abzuschließen, zunächst ein Ausspruch Leibnizens aus dem Jahre 1694: „Ma métaphysique est toute mathématique pour dire ainsi ou la pourroit devenir" (zitiert nach Huber a. a. O., S. 201). Die erste Hälfte des Satzes ist sehr bestimmt vorgebracht, die zweite Hälfte „... pour dire ainsi..." schwächt schon ab. Jedenfalls schließt er Eindeutigkeit aus. Huber sagt weiter: „Er (Leibniz) ist der konsequente Zuendedenker eines metaphysischen Unendlichkeitsstandpunktes — aber im Ethischen verlegt er diese Unendlichkeit ganz ins Diesseits eines schrankenlosen Fortschrittes der Menschheit. Er baut an einem System von höchster Rationalität und entwirft eine tief irrationale Psychologie des Unbewußten. Er mathematisiert das gesamte wissenschaftliche Denken und entwirft das kühne Bild einer Monadenwelt voll des begrifflich kaum mehr faßbaren, tätig sich verströmenden Lebens"[44]. Der einzige Vorwurf von Gewicht ist der letzte, denn der Widerspruch zwischen Unendlichkeitsstandpunkt und Diesseitigkeit wird sich, wie noch gezeigt werden soll, aus der Konsequenz jener eigentümlichen „metaphysischen" Konzeption als eigentlicher *Immanenztheorie*, wie ich sie nennen möchte, von selbst lösen. Damit eng verknüpft ist natürlich das Problem jener „irrationalen" Psychologie; denn die Ansätze der petites perceptions, besonders in der Vorrede zu den „Nouveaux Essais", waren ja gerade Ansätze zu einer Rationalisierung dieses gemeinhin für irrational Gehaltenen.

Hiernach darf man also für Leibniz jene Unvereinbarkeit von „Universalmathematik" und „Individualmetaphysik" als von der heutigen Wissenschaft erwiesenes Faktum annehmen. Diese Unvereinbarkeit stellt überdies eine Kernfrage der heutigen wissenschaftlichen Situation überhaupt dar, deren Pole durch die Termini Natur- und Geisteswissenschaften bezeichnet sind. Als Index für die ungelösten Schwierigkeiten seit Leibniz nenne ich das Problem der Kausalität und Finalität, das die heutige Leibniz-Interpretation ebensowenig gelöst hat wie die heutige Wissenschaftstheorie. Für die Leibniz-Interpretation verweise ich auf Hellpach (a. a. O. S. 132): „Suche ich aber Wert und Sinn, Zweck und Ziel in diesem Weltzusammenhang, dann muß er dies als Ganzes darbieten und nicht etwa bald ja und bald nein, bald ein Weilchen kausal sich abspielen, um dann für ein Endchen final zu werden." Ganz ähnlich N. Hartmann (a. a. O. S. 7): „Aber er meinte, was im Phänomen kausal abläuft, kann ‚an sich' sehr wohl finaler Bestimmung folgen. Das ‚Wie' der Umkehrung blieb er freilich schuldig." Die Berufung auf das „Phänomen" vertritt im selben Zusammenhang auch Gerhard Krüger: „Leibniz hatte das Recht des mathematisch-mechanischen Erkennens auf die Phänomene beschränkt, ..."[45]. Aber der Hinweis auf die Phänomene, so richtig er gegenüber Cassirers Ansicht von der Finalität, als bloß einer Maxime der sittlichen Urteilskraft auch ist (Cassirer a. a. O. S. 479), bleibt doch fragwürdig, sofern man unter „Phänomen" mehr oder weniger nur die Kantische „Erscheinung" versteht. Dies war nicht die Ansicht von Leibniz. Für das Problem selbst sei nur beiläufig an die theoretisch unbefriedigende, aber mit bedeutendem Erfahrungsmaterial versehene Hypothese von Erich Becher über „Die fremddienliche Zweckmäßigkeit der Pflanzengallen und die Hypothese eines überindividuellen Seelischen" sowie auf das Problem der Symbiosen überhaupt, die ja immerhin auch theoretisch bewältigt zu werden verlangen, verwiesen[46]. Es ist daher berechtigt zu sagen, daß eine Theorie der transsubjektiven Finalität bis heute noch aussteht. Eine solche Finalität müßte nämlich in Anlehnung an Leibniz darum als transsubjektive verstanden werden, weil eine im Bereich der Naturwesen aufweisbare Finalität ihren Grund offenbar nicht in dem sie je aufweisenden Subjekt haben kann, geschweige denn durch diesen Erkenntnisakt des Subjekts auch selbst geschaffen wurde. Nicht berechtigt wären wir aber darum, sie auch subjektunabhängig zu nennen, weil wir den fraglichen Zusammenhang hier offen lassen müssen.

4. Denken heißt weder Rechnen noch Urteilen

Aber noch über ein weiteres ist sich die heutige Leibniz-Diskussion einig. Es ist die Überzeugung von der zentralen Stellung der Logik in Leibniz' Gedankenbau. Dabei wird im Anschluß an Russel und Couturat stillschweigend die Gleichung logisch = mathematisch vorausgesetzt, als ob der Hobbessche Satz vom Denken = Rechnen auch für Leibniz ebenso zuträfe[47]. Dem gegenüber ist zunächst zuzugeben, daß Leibniz durchaus Veranlassung zu dieser Meinung gibt, daß ja gerade der zentrale Riß in seinem Gedankenbau durch eben dieses Zwielicht bezeichnet ist. Dennoch muß mit aller Schärfe betont werden, daß Denken sich niemals mit Rechnen erschöpfend definieren läßt. „Cum Deus calculat et cogitationem exercet, fit mundus"[48]. Man kann Leibniz auf 1000 Seiten mißverstehen und in wenigen Zeilen verstehen. Man vergesse doch nicht, daß die Begründer der mathematischen Naturwissenschaften, die großen Geister des 17. Jahrhunderts, Descartes, Newton und Leibniz selbst, ebenso wie die älteren, Kopernikus, Kepler, Galilei, nicht etwa nur großartige Rechner — eine moderne Abstraktion —, sondern große Denker waren, und daß ihre Ergebnisse, ohne die wir heute nicht leben könnten, aus ihrem Denken kamen. Ich verweise nur auf die entscheidende Bedeutung des reinen Denkmittels der Hypothese[49]. Rechnen kann richtig oder falsch sein, Denken aber überdies noch wahr oder nicht wahr. Ein Unterschied, den man gewöhnlich seit Hegel macht, der aber auch schon bei Leibniz belegt ist[50]. Aber ebensowenig wie Denken auf Rechnen ist es auf Urteilen zu reduzieren, wie es zweifellos die Meinung Kants und etwa noch die von H. Rickert war[51], der soweit geht, daß er Sprache als „körperliches Gebiet" (S. 39), als „sinnlich reales Material" (S. 47) bezeichnet, was ja zur Hälfte stimmt, aber auch nicht mehr, indem mit der Dialektik des ἐνέργεια/ἔργον-Verhältnisses zumindestens die seit W. v. Humboldt entscheidende Einsicht vom wesentlichen ἐνέργεια-Charakter der Sprache fallen gelassen worden ist[52]. Die genannte Meinung hängt natürlich mit dem normativen Charakter der apophantischen Logik, mithin ihrer generalisierenden Begriffsbildung überhaupt zusammen, welche Leibniz entscheidend erweitern will[53]. Vorerst begnügen wir uns mit der Feststellung, daß es neben den Urteilssätzen mit Erkenntnisdaten auch Emotionalsätze mit Emotionaldaten gibt[54]. Schließlich sei hier schon, der Untersuchung vorgreifend, auf Hegels Kritik am Satze, speziell am Urteil, hingewiesen[55].

Von einem „Panlogismus" in verabsolutiert mathematischer Bedeutung zu reden ist, sofern man sich nicht in bloßen Richtigkeiten erschöpfen will, also abgesehen von den denktheoretischen Unzulänglichkeiten, allein auch schon aus dem Grunde unstatthaft, weil das Leben in seiner spezifischen Eigentlichkeit, ebenso wie die Geschichte sich jeder mathematisch-kategorialen Greifbarkeit entzieht. Dies hat N. Hartmann zweifellos richtig gesehen, wenn er sagt, „... daß wir das wirkliche kategoriale Determinationsverhältnis der Lebensprozesse nicht kennen. Hier ist etwas, was uns in aller augenfälligen Gegebenheit doch unzugänglich bleibt, ein Irrationales, ein metaphysischer Problemrest, unabweisbar und unlösbar zugleich, und zwar gerade das Kernstück der Lebendigkeit betreffend"[56]. Und weiter: „Die Realgesetze der Natur, soweit es solche gibt, bestehen ‚an sich' und walten in ihr unabhängig von allem Erkanntwerden. Denkbar wäre es, daß wir trotz aller hochentwickelten Gesetzeswissenschaft keines von ihnen recht kennten" (S. 238). Denn, und dieses führt uns in unmittelbare Nähe Leibnizens, „... alles Reale ist individuell, einmalig, unwiederbringlich, ..." (S. 314). Gerade dies ist es, was ich als transsubjektiv, im Gegensatz zu Hartmann jedoch nicht als subjekt- und erkenntnisunabhängig bezeichnen möchte. Hingewiesen im Zusammenhang sei auch auf das Problem des „irreversiblen Ablaufs in offenen Systemen" im Bereich der Biologie. Ludwig v. Bertalanffy stellte diese offenen Systeme in Gegensatz zu den „geschlossenen Systemen" der rein mathematischen Physik[57], in denen „die Vergangenheit ... sozusagen ausgelöscht" sei (a. a. O. S. 107). Ob allerdings die Forderung nach einer „allgemeinen Systemlehre" als „neuem Wissenschaftsbereich", zu der sich Bertalanffy veranlaßt sieht, allein „in mathematischer Sprache definiert ... in der dynamischen Auffassung der modernen Wissenschaft eine ähnliche Rolle spielt, wie die aristotelische Logik innerhalb der antiken" (S. 185, 187f.), darf aus noch näher zu erörternden Gründen bezweifelt werden, so bedeutend dieser Hinweis sonst auch sei.

B. Die Monade, oder: Nicht alle Phänomene sind „gut fundiert"

1. Ein Philosoph hat einen Gedanken

Mit den hier skizzierten, eigentümlich sich widerstreitenden Schwierigkeiten, die keine Darstellung außer acht lassen darf, ergibt sich nun die Frage, welches ist das eigentlich zentrale Anliegen Leibnizens? Denn ich gehe von der im Laufe der Darstellung sich noch erhärtenden Voraussetzung aus, die Bergson einmal so formulierte: „Ein Philosoph, der dieses Namens würdig ist, hat im Grunde immer nur eine einzige Sache im Auge gehabt." Denn er „wird nicht allmählich zur Einheit geführt, sondern er geht davon aus"[58]. Welches ist diese einzige Sache, die Leibniz im Auge hatte?

Man kann sagen, die Dissertation von 1663 „De Principio Individui" (Gerh. p. IV, 17) enthalte zumindest in ihrem Thema

B. Die Monade, oder: Nicht alle Phänomene sind gut fundiert

oder die „Hypothesis nova" von 1671 (Gerh. p. IV, 181 ff. und 220ff.) enthalte „schon alle wesentlichen Züge, welche das endgültige System ... einmal enthalten wird"[59]. Man kann das mit Recht sagen, denn Leibniz' Denken ist durchaus monadisch, jede wahre Einheit stellt wirklich das Ganze dar, aber dazu müßte man auch genauer sagen, was es eigentlich mit diesen individuellen Substanzen auf sich hat. Denn hier im Individuellen und in deren problematischer Logisierbarkeit liegt der eigentliche Kern des Leibnizschen Rätsels beschlossen. Das gibt indirekt schon Cassirer zu, wenn er sagt: „Das Problem des ‚Wirklichen' ist mit den Mitteln der reinen Mathematik nicht zu lösen"[60]. Weiter in fast unbewußt zu nennender Hellsichtigkeit gegen seine eigenen Voraussetzungen, wonach die „Vernunft ... der Inbegriff der Erkenntnisprinzipien der mathematischen Naturwissenschaft" (a. a. O. S. 329) sein soll, der Hinweis, „... daß die Vernunft, sofern sie als Quell der wissenschaftlichen Wahrheit gedacht ist, tiefere Prinzipien als des bloß ‚diskursiven' Identitätssatzes bedarf" (a. a. O. S. 119). Nun hat sich aber Cassirer, was nicht vergessen werden soll, im Laufe seiner Entwicklung gegenüber seiner einseitig neukantianisch orientierten Leibniz-Interpretation zunehmend berichtigt. Zunächst in seiner Ausgabe von Leibniz' philosophischen Werken, wo er sagt: „Der volle und konkrete Sinn des Monadenbegriffs ergibt sich erst, wenn man die Diskussion des Bewußtseinsbegriffs mit den späteren Ausführungen über das Problem des Individuums und das Problem des Organismus zusammenhält"[61]. Dann in „Freiheit und Form": „Der eigentümlichste, reichste und tiefste Wert in der Welt ist daher der Wert des Werdens selbst"[62]. In deutlicher Bewußtheit aber wird die neue Thematik des Philosophen erst von Huber ausgesprochen. Er sagt: „Das Individuelle und darum letzten Endes Einmalige erhält ... bei Leibniz auch logisch-ontologisch nicht nur in der gefühlsmäßigen Wertung, eine ganz neue Würde als Kern der Wirklichkeit. Auf diesen Kernbestand ist Leibnizens Logik — so kühn die Behauptung klingen mag! — im letzten gerichtet"[63].

Nun aber hat ein so guter Leibniz-Kenner wie Bertrand Russel bezeugt, daß es bei Leibniz eine Exoterik und eine Esoterik gäbe [64]. Leibniz selbst hat zu dieser Vermutung reichlich Veranlassung gegeben. Ich zitiere den Schluß des Briefes an Varignon über das Kontinuitätsprinzip, in dem auch die Existenz von Zoophyten vorhergesagt wird. „Le Principe de Continuité est donc hors de doute chez moi, et pourroit servir à établir plusieurs verités importantes dans la véritable philosophie, laquelle s'élevant au-dessus des sens et de l'imagination, cherche l'origine des Phénomèns dans les Régions intellectuelles. Je me flatte d'en avoir quelques idées, mais ce siècle n'est point fait pour les recevoir" [65]. Welches mögen diese Wahrheiten sein, für die sein Jahrhundert nicht gemacht schien? Und liegt in der Unerschlossenheit dieser Wahrheiten vielleicht der Grund, daß die entscheidenden Publikationen der Leibniz-Schriften aus dem Nachlaß, durch J. E. Erdmann und C. J. Gerhardt, in der zweiten Hälfte des 19. Jahrhunderts wohl auf die Mathematik, nicht aber auf die Philosophie einen sonderlichen Einfluß auszuüben geeignet waren [66]? Man hat im allgemeinen unter der Voraussetzung logisch = mathematisch so getan, als ob die Metaphysik Leibnizens eben alogisch, irrational und psychologischer Einfühlung bedürftig, überdies eher zum „biologischen Weltbild" als zum logischen gehöre [67]. Mit solchen einzelwissenschaftlichen Unterscheidungen aber wird das Problem nicht gelöst, sondern totgeschlagen. Darin werden die eigentümlichen Ansätze Leibnizens zugunsten einer gängigen Wissenschaftseinteilung von heutzutage aufgegeben. Dies alles war nämlich nicht die Meinung von Leibniz, und wenn er uns Heutigen methodendiffus erscheint, so haben wir eben die Aufgabe, mit dem ganzen Rüstzeug unseres um 250 Jahre vermehrten Wissens seine Ansätze in ihrer vollen Tiefe rational ernst zu nehmen, nicht aber zu verflachen: Es handelt sich bei Leibniz um die grundsätzliche Absetzung von jeder Art Spiritualismus, etwa einer Verewigung jenes Bildes vor der Schöpfung, wo der Geist über dem Wasser „schwebte" [68]. Als ob das sinnvoll Vernünftige etwas Additives

B. Die Monade, oder: Nicht alle Phänomene sind gut fundiert

sei, das nun zum „materiellen" Fundament hinzutrete und so das Ganze eine „untrennbare Mischung" von zwei Substanzen, obendrein mit moralischer Wertprädikation, sei. Dies war nicht die Ansicht von Leibniz, auch tritt ja das Bild des Wassers bei ihm in umgekehrter Sicht wieder auf. Seine Zeitgenossen dachten über ihn jedenfalls wesentlich anders. Arnauld ebenso wie Clarke waren von seinen revolutionären Gedanken entsetzt und empfahlen ihm, eher an das Heil seiner Seele zu denken, als sich noch fürderhin mit metaphysischen Spekulationen zu befassen. Es ist dies eine tragische Paradoxie, da es doch gerade Leibniz — mit Hegel zu reden — um „die Wahrheit des Christentums" oder anders ausgedrückt, um die immanente Sinnhaftigkeit des Kosmos ging; ein philosophisches Bemühen, das seit dem Sturze des Hegelschen Systems, genauer schon seit dem Scheitern des mittelalterlichen Thomismus, und deutlicher für das Methodenbewußtsein, seit Descartes, die wissenschaftliche Mühsal ebenso anzieht wie verzweifeln läßt.

2. Logischer Vorrang der „Metaphysik" (πρὸ τῶν φυσικῶν)

Leibniz war von dem logischen Vorrang dessen, was er „Metaphysik" nannte, dermaßen überzeugt, daß jeder Zweifel hieran unbegründbar bleibt. In der „Metaphysischen Abhandlung" von 1686 heißt es, „... daß nichtsdestoweniger die allgemeinen Prinzipien der körperlichen Natur und der Mechanik selbst eher metaphysischer als geometrischer Art sind, ...". Die Verbannung der Zweckursachen wird geradezu als „gefährlich" bezeichnet[69]. Deutlicher dann im ersten Brief an Arnauld vom Juni 1686: „Die Natur muß in mathematischer und mechanischer Weise erklärt werden, vorausgesetzt, daß man sich bewußt bleibt, daß die Prinzipien selbst, d. h. die Gesetze der Mechanik oder der Kraft nicht allein von der mathematischen Ausdehnung, sondern von einigen metaphysischen Gründen abhängen"[70]. Auch in den mathematischen Schriften, z. B. im „Specimen dynamicum" von 1695 heißt es: „Wenngleich ich ferner in den Körpern durchweg ein tätiges

Prinzip annehme, das den bloß materiellen Begriffen übergeordnet ist und gleichsam ein Lebensprinzip heißen kann..."[71]. Im Brief an de Volder von 1705: „Ich erwidere, daß die folgenden Erscheinungen durch die vorhergehenden gemäß metaphysischen und mathematischen Gesetzen von ewiger Wahrheit erzeugt werden"[72]. Dann in der Theodicee von 1710: „ — allein in den letzten Punkten der Untersuchung findet sich, daß man auf etwas zurückgehen muß, was von den Zweckursachen oder dem Angemessenen abhängt"[73], und vielleicht am deutlichsten im Brief an Remond von 1714: „Als ich aber den letzten Gründen des Mechanismus und der Gesetze der Bewegung selbst nachforschte, war ich ganz überrascht, zu sehen, daß es unmöglich war, sie in der Mathematik zu finden und daß ich zu diesem Zwecke zur Metaphysik zurückkehren mußte...", und weiter: „... daß ... die Quelle der Mechanik in der Metaphysik liegt. Es war nicht leicht, dieses Geheimnis zu entdecken..."[74]. Darüber hinaus aber ist diese logische (!) „Metaphysik" auch die Quelle der natürlichen Theologie[75]. Es ist dies eine Behauptung von weittragendster Bedeutung, die hier aber nur erwähnt, nicht erörtert werden kann.

Dem logisch-systematischen Vorrang der „Metaphysik" entspricht auch Leibniz' eigener Entwicklungsgang. Denn in den eigentlichen Problemstand der Mathematik seiner Zeit arbeitete er sich erst während seines Pariser Aufenthaltes von 1672 bis 1676 ein. So belegen metaphysische Äußerungen der frühesten und der letzten Schaffensjahre den zentralen Zusammenhang[76]. Es soll nun im folgenden versucht werden, mit wenigen Strichen die Grundzüge dieses revolutionär Neuen in Leibniz' Metaphysik aufzuzeigen. Dabei wird sich zeigen, daß es sich eigentlich nicht um eine Meta-Physik, sondern eher um das Gegenteil, um ein $\pi\varrho\grave{o}\ \tau\tilde{\omega}\nu\ \varphi\upsilon\sigma\iota\varkappa\tilde{\omega}\nu$ handelt.

B. Die Monade, oder: Nicht alle Phänomene sind gut fundiert

3. Die trinitarischen fundamentallogischen Wirklichkeitsaxiome

Die weitaus gründlichste Darstellung findet sich in dem Briefwechsel mit Arnauld von Juni 1686 bis März 1690. Um den mit dem Ausdruck Metaphysik mitgegebenen Verdacht spekulativer Luftbaumeisterei zu vermeiden, sollte man lieber fundamentallogisch sagen. Denn nach dem heutigen Stand der Leibniz-Interpretation ist es einfach ausgeschlossen, seine Metaphysik noch „als fröhliches Gedankenspiel eines reichlich bourgeoisen optimistischen Philisters" anzusehen[77]. Und wenn hier ständig von logischer „Metaphysik" die Rede ist, so geschieht das in bewußter Absicht. Denn wenn es sich hier wirklich um die Ansätze einer nicht-gegenständlichen Logik, die thematisch erst bei Hegel werden sollte, handelt, dann muß es wohl auch ein Axiom geben, das die trinitarischen Axiome der traditionellen Gegenstandslogik überschreitet. Und ein solches *Axiom* findet sich in der Tat: „... daß nämlich, was nicht wahrhaft EIN Wesen ist, auch nicht wahrhaft ein WESEN (estre) ist"[78]. Hierin sieht auch Heimsoeth den Ausgangspunkt der Leibnizschen Metaphysik (a. a. O. S. 271f.); daß dort aber dann als „letztes Wirklichkeitselement... einfach nur der Raumpunkt..." angesehen wird, scheint weniger auf fundamentallogische als auf logisch-mathematische Vorstellungen zurückzugehen. Eben dasselbe Axiom legt auch Brunswig seiner Darstellung der Leibnizschen „Metaphysik" zugrunde[79]. Mit diesem Axiom, von dem Leibniz sagt, daß es ein identischer Satz sei, der nur durch die Betonung seine Verschiedenheit erlange, ist das ganze Problem gegeben: rein formal ist er identisch, aber es handelt sich, wie gleich gezeigt werden soll, nicht um eine dingliche, sondern um eine dynamische Identität, die sich gerade in ihrer unendlichen Entwicklung erst erhält. Leibniz sagt: „Daß ein bestimmtes Gesetz beharrt, welches alle zukünftigen Zustände des Subjekts, das wir als identisch denken, in sich schließt: das eben macht die Identität der Substanz aus"[80]. Es muß also auf alle Fälle nach diesem Axiom ein Zweifaches geben: wahre Einheiten und unwahre Einheiten. Es muß, mit anderen Worten, für die naive Vorstellung „Einheiten" geben, die in Wahrheit keine sind. Die einen sind bloß subjektiv, chimärisch, das Ergebnis der Meinung (Doxa), die anderen aber objektiv, wenngleich, wie wir sofort sehen werden, nicht gegenständlich, also besser substanziell-logisch, das Ergebnis des Wissens (Episteme). Leibniz sagt hierzu: „Drittens glaube ich, daß ein Marmorblock vielleicht von keiner anderen Art als etwa ein Steinhaufen ist, daß er demnach nicht als eine einzelne Substanz gelten kann, sondern nur als eine *Ansammlung* von mehreren. Denn nehmen wir einmal an, es seien zwei Edelsteine vorhanden, z. B. der Diamant des Großherzogs und der des Großmoguls, so wird man einen *Sammelnamen* für beide einführen und sagen können, sie seien ein *Paar* Diamanten, ... wenn man sie z. B. in einen einzigen Ring einfaßt, so würde hierbei immer nur eine Einheit zustande kommen, die man unum per accidens nennt. Denn es ist rein zufällig, daß sie sich zu derselben Bewegung genötigt sehen. Ich halte also dafür, daß ein Marmorblock nicht eine einzige, vollständige Substanz ist, ebensowenig, wie es das Wasser eines Teiches mit allen Fischen darin wäre, selbst wenn es mit ihnen allen zusammen einfröre, oder wie es etwa eine Herde von Schafen wäre, selbst wenn die Schafe so eng aneinandergebunden wären, daß sie sich stets mit gleichen Schritten vorwärtsbewegen müßten, und daß man das eine nicht berühren könnte, ohne daß alle anderen schrien. Zwischen einer Substanz und einem solchen Wesen bleibt ein ebensogroßer Unterschied bestehen, wie zwischen einem Menschen und einer Gemeinschaft, z. B. einem Volke, einem Heere, einer Gesellschaft oder einer Amtsgenossenschaft, die alle nur moralische Wesen sind und sämtlich etwas Imaginäres, von der Fiktion unseres Geistes Abhängiges enthalten. Die substantielle Einheit verlangt ein vollkommenes, unteilbares und von Natur unzerstörbares Wesen, *da ja ihr Begriff all das einschließen soll, was ihr jemals begegnen wird*"[81].

Es geht nun hier nicht um eine sicherlich berechtigte Kritik dieser Stelle von seiten einer Theorie des objektiven Geistes[82].

B. Die Monade, oder: Nicht alle Phänomene sind gut fundiert

Denn die Beispiele, die Leibniz hier und an anderen Stellen bringt, eines Diamanten, einer Armee, eines Wassertropfens usw. beweisen doch zur Genüge, daß Leibniz sich über die Bedeutung der einzelnen Setzungscharaktere nicht völlig im klaren war, sie ja wohl bestenfalls auch nur als Bilder verwenden wollte. Ein exerzierendes Armeekorps z. B. symbolisiert in seiner einheitlich gesollten Struktur, als zweckmäßig „verobjektivierte" Geisteinheit seines Befehlshabers doch ebensogut eine Einheit, wie der Diamant mit seiner niemals ausschließlich das einzelne Exemplar betreffenden kristallinischen Struktur. Denn die räumliche Ausdehnung, Gestalt usw. als etwaige Substanz ist ja gerade ausgeschlossen worden. Vollends ein Wassertropfen kann doch nur bildlich die Vorstellung einer individuellen Substanz verdeutlichen, da er im übrigen denselben nicht-einheitlichen, rein zufälligen Aggregatcharakter des Marmorblockes hat. Die ausdrückliche Ablehnung des Zweckes als etwaiger Einheit durch Leibniz bedeutet in gewisser Weise eine Ablehnung des objektiven Geistes, insoweit sie die artifiziell, auch moralisch erzeugten Gebilde betrifft. Er sagt nämlich ausdrücklich: „Zusammenwirken zu ein und demselben Zweck ändert nichts ..." — „... was ist denn der gemeinsame Zweck anderes als eine Ähnlichkeit oder auch eine Ordnung, die unser Geist in dem aktiven und passiven Verhalten verschiedener Dinge wahrnimmt"[83]? Die in methodologischer Hinsicht problematische und unklare Ablehnung, daß es „nur unser Geist" sei, der eine Ordnung in die Dinge hineinlegen wolle, weist jedoch darauf hin, daß es Leibniz — im Gegensatz zu Kant — durchaus um das Ansichproblem ging.

Doch so wichtig diese Anmerkungen auch sind, zunächst geht es uns um den eigentlichen Tatbestand der zitierten Stelle als solchen: Es gibt, so wird hier gesagt, Vorstellungsphänomene, die nichts weiter als eben Phänomene sind. Das wäre noch nichts besonderes; Sinnentrug und optische Täuschungen hat man seit je gekannt. Aber, diese Phänomene, die Leibniz hier als „Sammelwesen", „Anhäufungen", „Aggregate" usw. bezeichnet, haben ja im Falle des Marmorblocks durchaus sinnlich-dingliche, räumlich erfüllte, widerständige Verbundenheit und dennoch sollen sie „nichts als Fiktionen des Geistes" sein (WW II, S. 231). „Sie bestehen", wie Leibniz sagt, „nur der Meinung und Konvention nach, ... um sie gedanklich miteinander zu vereinigen und sie unter einem gemeinsamen Namen zu befassen. Dies ist nun freilich ein bequemes Hilfsmittel für das Denken" (WW II S. 230). Wobei man hinzufügen darf, daß dies nicht nur ein bequemes, sondern ein unerläßliches Mittel des Denkens ist; die Frage ist nur, ob das *Denken* mit dieser gegenständlichen, zunächst unumgänglichen Annahme sein Bewenden haben müsse. Anders ausgedrückt, ob *Denken* im weitesten Sinne mit einer sozusagen bloß subjektiv überformenden Zutat (Vor-stellen) über ein jeweils an sich und unabhängig von ihm existierendes materielles Substrat erschöpfend definiert sei?

Diesen Nichteinheiten, als Körpern, diesen unwirklichen Aggregaten, stehen nun die wahren Einheiten, die „individuellen Substanzen" als immaterielle Einheiten gegenüber. Genau genommen stehen sie ihnen auch nicht gegenüber, denn die Aggregate als pure Fiktionen unseres Geistes existieren fundamentallogisch ja gar nicht. Womit natürlich keinesfalls gesagt ist, daß dort, wo wir „einen" Körper (Aggregat) sehen, in Wahrheit absolut nichts sei. Sondern nur soviel, daß die jeweilige Körperlichkeit mit der fraglichen Einheit oder substanziellen Wirklichkeit prinzipiell nicht identisch ist. „Es gibt außer den unteilbaren Substanzen und ihren verschiedenen Zuständen nichts, was absolute Realität besitzt"[84].

Damit nähern wir uns der Frage, was ist eine unteilbare, individuelle Substanz? Vor dieser Frage aber steht Leibniz' *zweites Axiom*, das oben schon berührt wurde: „Daß niemals zwei Substanzen einander vollkommen gleichen und nur der Zahl nach voneinander verschieden sind..."[85]. Leibniz nennt diese Identität des Ununterscheidbaren bezeichnenderweise ein Paradoxon. Es folgt indes ohne weiteres als Umkehrung des

B. Die Monade, oder: Nicht alle Phänomene sind gut fundiert

ersten Axioms, womit es belanglos bleibt, welches von beiden von Leibniz eher formuliert wurde. Wenn jedes Wesen oder jede Substanz in wahrhaftem Sinne Eines ist, dann ist es selbstverständlich, daß diese Substanz keine körperliche sein kann, denn die Körper sind nicht nur unendlich teilbar, sondern auch — wie Leibniz häufig hervorhebt — „tatsächlich ins Unendliche geteilt" (z. B. WW II, S. 212 et passim). Wenn also, umgekehrt ausgedrückt, die spezifische Einheit das *Wesen* oder die *Substanz* ist, dann gibt es zwar Einheiten, aber in dem Plural liegt nicht real-notwendig die mathematische Voraussetzung der arithmetisch identischen Eins, sondern ebensosehr die der jeweils *individuell* unterschiedenen Einheiten. Zwei Einheiten, die sich völlig in allen Bestimmungen gleichen, sind nicht zwei, sondern nur ein und dieselbe Einheit.

Zusammengehalten werden diese beiden Wirklichkeitsaxiome jedoch erst durch den Satz des zureichenden *Grundes*, der als *drittes Axiom*, wie gleich gezeigt werden wird, die ersten beiden ebenso enthält, wie er aus ihnen folgt. Vor diesem „großen Prinzip", das durch Leibniz entdeckt wurde, hat er zeitlebens die größte Ehrfurcht — man kann es nicht anders bezeichnen — bezeugt. Und doch hat man es bis heute nur selten entsprechend zu würdigen gewußt. Ja, es ist nicht übertrieben, wenn ich sage, diese trinitarischen Wirklichkeitsaxiome, zusammengefaßt im Satze des zureichenden Grundes, stehen bei Leibniz, im schroffen Gegensatz zu den trinitarischen Gegenstandsaxiomen der traditionellen Logik, für nichts Geringeres als für Gott selbst.

Doch was bedeutet jener anscheinend so selbstverständliche Satz, daß alles seinen Grund habe, daß nichts geschehe ohne Grund? Er ist keineswegs selbstverständlich, sondern er ist das Ergebnis einer intensiven rationalen Mühsal, wie der aus ihm sich ergebende logische Optimismus selbst[86]. Ein flacher, alles beschönigender Optimismus ist wohl leicht, aber ein logisch begründeter, bei dem es sich, wie später Hegel zeigte, doch nur um die Affirmation überhaupt handeln kann, dennoch das Schwerste. Es bedarf dazu der Anspannung des ganzen Lebens, wie bei Leibniz und Hegel oder aber, sofern die Gegensätze im Bewußtsein nicht mehr ertragen werden, des „drame intérieur", eines Gezeichneten, wie bei Nietzsche, der in dieser Beziehung das Symbol unserer — überdies jedoch weitereilenden — Zeit bleibt.

Unter den zahlreichen Diskussionen des Satzes vom zureichenden Grunde gibt es eine besonders lehrreiche. Es ist wiederum die mit Clarke. Und bezeichnenderweise sind es hier die Einwände Clarkes, die uns das Prinzip besonders deutlich machen können. Zunächst formuliert Leibniz das Prinzip des Satzes: Es stehe dafür, „daß ein Ding existiert, daß ein Ereignis eintritt, daß eine Wahrheit stattfindet"[87]. Wie man sieht, wird hier die ontologische, historiologische und gnoseologische, somit also die *totale* Bedeutung des Prinzips behauptet. Clarke entgegnet: „Wenn Gott möglicherweise zwei genau gleiche materielle Teile erschafft oder erschaffen hat, bei denen also die Vertauschung ihrer Orte gänzlich gleichgültig wäre, so wäre damit dem Begriff des zureichenden Grundes, wie ihn mein gelehrter Gegner vertritt, der Boden entzogen. Darauf antwortet er, nicht, wie es sein Argument erfordert, daß es dem *Vermögen* Gottes, sondern, daß es seiner *Weisheit* widerspricht, zwei Teile genau gleich zu machen. Aber woher weiß er denn, daß hierin ein Widerspruch gegen die Weisheit Gottes läge?" (WW I, S. 217f.). Für uns ist die Lösung dieser Frage nicht schwer. Die Antwort lautet: weil zwei (konstitutive) Prozesse oder Zeitströme nicht einer sind. Die Zeit ist ebensowenig umkehrbar wie das Denken, nur das Rechnen täuscht uns die Reversibilität vor[88].

Um dies besser zu verstehen, bedarf es des vorgreifenden Hinblicks auf die petits perceptions, ohne jedoch, daß wir hier schon wüßten, was eigentlich eine Perzeption sei. Nehmen wir ganz allgemein an, es seien Gedanken, so gilt ebenso allgemein, daß uns ein unaufhörlich gestaltender Perzeptionsstrom durchfließt, von dem wir nur den geringsten Teil praesent, d. h. bewußt haben. Dies gilt für alle Substanzen im Leibnizschen Sinne. Es gibt hier keine Lücken, alles ist erfüllt von demselben Strom. Diese unmerklichen, aber darum doch existierenden Perzeptionen enthalten den Grund für die Retention, die Erinnerung, das Wollen, die Unruhe und die Protention[89]. Kein Mensch noch wacht in derselben Stimmung auf, in der er sich schlafen legte. Das Perzipieren geht im Schlafe fort. Da so nun alles miteinander in Zusammenhang steht, σύμπνοια πάντα, wie Leibniz nicht müde wird zu wiederholen, ist es klar, daß es nicht zwei Perzeptionen geben kann, die einander vollkommen gleichen; mit jedem Moment wächst der Vor-Gang, unterscheidet sich die folgende von der vorhergehenden Perzeption. Das bewußte Anhalten und Aufmerken geschieht niemals total, es vermittelt nur eine partielle und ähnliche Wiederholung desselben Stromes. Der Strom aber fließt; hielte er selbst an, dann wäre er weder kontinuierlich, noch unendlich, d. h. der Perzeptionsstrom höbe sich selber auf[90].

Da es bei der logischen Ableitung des Satzes vom zureichenden Grunde gerade auch um das Bewußtmachen von Unbewußtem und deren rationaler Gesetzlichkeit geht, ist es verständlich, daß uns der zureichende Grund, wie Leibniz betont, „häufig verborgen" ist. Dies veranlaßte die formale Logik, die Logizität derartiger Gründe überhaupt zu leugnen. So beispielsweise Sigwart: „Ein logischer Grund, den wir nicht kennen, ist streng genommen ein Widerspruch; denn er wird erst ein logischer Grund dadurch, daß wir ihn kennen"[91]. Nähme man eine derartige Argumentation ernst, so käme jede Erkenntnisproblematik zum Erliegen, denn ein Erkenntnisproblem wird dadurch zum Problem, daß etwas noch nicht erkannt ist. Wie also nach Leibniz eine Perzeption nur aus einer anderen folgen kann, so ist es auch natürlich, daß nichts ohne Grund existieren kann; denn dann entstände etwas aus nichts und der Weltbau hätte Lücken. So wird trotz der unendlichen Verschiedenheit der Perzeptionsakte klar, daß, wie der Grund nicht die Folge ist, so auch nur ein Perzeptionsakt für den nächsten thematisch entscheidend und damit zureichend sein kann, und das genügt. Alles Wirkliche „ist" individuell. Es verwirklicht sich immer nur als Eines. Und nur *Ein* Wirkendes kann den Grund für die weiteren thematischen Einheiten bilden. Wenn man freilich unter Ignorierung der Leibnizschen Wirklichkeitsaxiome seine Aufmerksamkeit nicht auf den Grund, sondern auf die zufällige Veranlassung, die Causa, lenkt, d. h. wenn man, statt auf die Leibnizsche Perzeptionssubstanz (Einheit) gerichtet, an den jeweiligen Körperlichkeiten (Aggregat) hängen bleibt, dann allerdings ist es gerade so, „als wollte ein Geschichtsschreiber, um von der Eroberung eines wichtigen Platzes durch einen großen Fürsten Rechenschaft zu geben, mit der Erklärung beginnen, dies sei geschehen, weil die kleinen Pulverkörperchen, durch die Berührung mit einem Funken befreit, mit einer Geschwindigkeit entwichen seien, die imstande war, einen harten und schweren Körper gegen die Mauern des Platzes zu schleudern, während die kleinen Teilchen, aus denen das Kupfer der Kanone sich zusammensetzte, hinreichend gut miteinander verbunden waren, um durch diese Geschwindigkeit nicht aus den Fugen zu gehen", statt zu zeigen, wie der einheitlich zielgerichtete Gedanke des Eroberers als zureichender Grund die Schlacht entschied [92].

Auf das Problem Kausalität/Finalität werden wir noch zurückkommen. Hier sei nur darauf hingewiesen, daß der Satz vom zureichenden Grunde bei Leibniz wesentlich weiter reicht als dies im Rahmen der formalen Logik vorstellbar ist. In einer sorgfältigen Untersuchung vermutet Zocher daher treffend: „Der Versuch einer genaueren Exegese ... würde auf eine kritische Analyse der Grundanlage des monadologischen Systems führen, auf die komplizierte Einheit der Mannigfaltigkeit, die dieses darstellt, falls es eine wirkliche Einheit ist"[93]. Eben dies ist unser Problem.

4. *Was eine Substanz sei*

Hiernach können wir zu unserer Frage: was ist eine unteilbare individuelle Substanz, zurückkehren. Bevor wir das nämlich nicht wissen, hängt alles mehr oder weniger in der

B. Die Monade, oder: Nicht alle Phänomene sind gut fundiert

Luft; man spricht soviel von den Leibnizschen Monaden, aber niemand sagt, was das eigentlich sei. Wenn wir hier nicht hoffen dürfen, zur Klarheit zu kommen, wird alles vergeblich sein. In der „Metaphysischen Abhandlung" finden wir die erste formale Definition: „Unter der Natur einer individuellen Substanz ... wird daher ein Begriff zu verstehen sein, der so vollendet ist, daß alle Prädikate des Subjekts, dem er beigelegt wird, aus ihm hinlänglich begriffen und deduktiv abgeleitet werden können"[94]. Dieser „Begriff" jenes substanziellen „Subjekts" ist also nicht nur etwas bloß subjektives, ein die Wirklichkeit Überformendes, sondern diese individuelle Wirklichkeit selber. Logik ist für Leibniz immer zugleich und eigentlich Ontologie. Die verdeutlichenden Beispiele dafür, „daß (beispielsweise) der individuelle Begriff jeder Person ein für alle Male alles in sich schließt, was ihr jemals begegnen wird", sind geschichtlicher Herkunft[95]. Der individuelle Begriff Alexanders oder Cäsars schließt alles in sich, was ihm tatsächlich begegnete, so daß letztlich in dem Begriff Adams das ganze Menschengeschlecht enthalten ist. Der logische Unterschied zu den allgemeinen Gattungsbegriffen wird deutlich. Die vollkommene Klarheit über einen individuellen Begriff ist uns in der Erfahrung jedoch niemals gegeben, sondern nur der unfehlbaren Schau (infallibili visioni) Gottes eigentümlich. Aber: „Man könnte dies übrigens ganz ebenso beweisen, ohne dabei Gott zu erwähnen" (WW II, S. 198). Denn, wenn ich auch nicht den ganzen Inhalt z. B. meines eigenen individuellen Begriffes gegenwärtig haben kann, so kann ich doch gemäß dem Satz vom Grunde unfehlbar belehrt werden über die eine Tatsache, „daß alles das, was mir angehört, in ihm enthalten sein muß" (WW II, S. 197). Diese Tatsache des „*daß*", daß ein solcher Sinn-, Ordnungs- oder Gesetzeszusammenhang notwendig besteht und daß er sich genauso darstellt, wie er AN SICH selbst ist (WW II, S. 191); das ist die große logische These der Leibnizschen „Metaphysik", wodurch allein sie über die Kantsche Erkenntniskritik hinausweist.

Die allgemeinen Gattungsbegriffe sind lediglich ideal, widerspruchsfrei und insofern „ewig", d. h. aber, sie sind nicht wirklich; die Begriffe der individuellen Substanzen dagegen sind wirklich, weil dynamisch zeitlich. Die individuellen „Begriffe", die die Wirklichkeit nicht abbilden, auch aus ihr nicht abstraktiv entnommen wurden, stellen also, wie schon Cassirer bemerkt, einen „neuen Begriff der Realität" (man sollte besser Wirklichkeit sagen) dar. Er meinte damit aber nur die Funktion des Bewußtseins im Sinne Kants, nicht die in jenem ontologisch geahnten Sinne Leibnizens. Daß jedoch Leibniz hier „auf ein absolutes Wissen" ziele, ein Thema, das dann erst bei Hegel wieder auftaucht, das hat Cassirer ausdrücklich festgestellt, freilich ohne Hegel zu erwähnen [96]. Wenn man nun bedenkt, „daß jede Substanz in ihrem gegenwärtigen Zustande alle ihre vergangenen und zukünftigen Zustände einschließt, ja, daß sie das ganze Universum ihrem Gesichtspunkte gemäß ausdrückt..." (WW II, S. 253), wie sollte man da nicht an das Problem der Zeit denken? Aber es ist eine uns unbekannte, keinesfalls lineare Zeit. Wenn die „Gegenwart" gerade inhaltlich „mit der Zukunft schwanger" geht (WW II, S. 75, 431), wie es doch dem „Begriffe" entspricht, dann muß es sich um mehr als um „die bloße Form des Nacheinander" handeln. Leibniz selbst hat die Zeit thematisch zwar nicht viel anders als Kant aufgefaßt. Das ändert aber nichts daran, daß die Konsequenz seiner eigentümlichsten Konzeption zu anderen Vermutungen auch über die Wirklichkeit der Zeit treibt. Cassirer sagt in seinem Leibniz-Buch: „In der Tat ist es eines der wesentlichsten Momente in Leibniz' Auffassung des Substanzbegriffs, daß der Begriff in ausdrücklichem Hinblick auf das Zeitproblem gestaltet wird" (S. 279). Unter Hinweis auf eine Briefstelle an Arnauld, wo Leibniz sagt, daß das Ausgedehnte ein Attribut und nicht individuelle Substanz sei (Gerh. p. II, S. 72) folgert er: „Die Substanz wird zur Methode der gedanklichen Objektivierung der Zeitfolge." Leibniz ging es aber, wie gerade auch die von Cassirer zitierte Stelle beweist, weniger um Aufklärung transzendental

B. Die Monade, oder: Nicht alle Phänomene sind gut fundiert

wissenschaftstheoretischer „Objektivität"[97], sondern, wie unser Zusammenhang sich darzustellen bemüht, um die Logisierbarkeit der totalen Wirklichkeit als Leben und Geschichte, so wie dies auch von Huber hervorgehoben wird: „Denn der große Mathematiker strebt gerade nicht nach einer äußersten Mathematisierung der Logik, sondern erkennt mit bewundernswertem Scharfblick den innerst-logischen, kategorialen Charakter der Mathematik..."[98].

Mit dem Hinweis auf den zeitlichen oder aktiv logischen Inhalt dessen, was der Ausdruck „individuelle Substanz" meint, ist es nicht getan. Denn die Schwierigkeit liegt ja gerade darin, diesen zeitlichen „Inhalt" als Zeit und nicht als verräumlichten zu denken. Wenn Bergson im Zusammenhang der „retrospektiven, gewöhnlichen Identitätslogik", die „nicht zugeben will, ... daß die Zeit eine wirksame Kraft sei", sagt: „Keinem (Philosophen) war es noch eingefallen, methodisch ‚auf die Suche nach der verlorenen Zeit' zu gehen...", so ist dies fürs Methodenbewußtsein ein mahnender Ruf, im Hinblick auf Leibniz aber zu erinnern: es geht nichts verloren, es gibt keine verlorene Zeit, das ja gerade ist die Chance der Philosophie, unser verhängtes Glück[99]. Für eine nicht nur formale, sondern zugleich *fundamentale Logik* käme es also darauf an, das *Denken selbst zu denken* und nicht nur Gedanken als Gedachtes zu denken. Bergson sagt weiter: „Wenn wir die Vorstellung der Zeit bilden wollen, so ist es in Wirklichkeit der Raum, der sich uns darstellt. Die Metaphysik hat sich den Denkgewohnheiten der Sprache anpassen müssen, und diese richtete sich nach dem Denken des gesunden Menschenverstandes" (a. a. O. S. 25). „... unsere gewöhnliche Logik (ist) eine retrospektive Logik" (S. 37). Sie kann nur „in einer Art pulverisierter Zeit, wo ein statischer Augenblick neben den anderen gesetzt wird", auffassen (S. 146). Es käme also für eine fundamentale Logik darauf an, jene „pulverisierte Zeit" weiter aufzulösen und zu dynamisieren. Es käme, anders formuliert, darauf an, jene Vermittlung von allem mit allem, die der Satz des Grundes verheißt, logisch fruchtbar zu machen,

d. h. zu begreifen. Ich gehe dazu von einer ungemein philosophischen Bemerkung Spenglers aus. Er sagt: „... alles Werden richtet sich auf ein Gewordensein, mit dem es endet." „Das erstarrte Werden ist das Gewordene"[100]. Wenden wir diesen Hinweis auf unser Problem an, so ergäbe sich: Gedanken gehen auf Denken zurück, repräsentieren gewissermaßen jeweils thematisch (Einheit) denkende Aktivität, aber sie sind kein Denken mehr. Sie sind das jeweils schon Gedachte, *Gewordene*, „Geronnene" (Gedanke = Perzeption, Setzung) eines jeweiligen Denkens, Werdens (Denken = Perzipieren, Setzen). Werden und Gewordenes aber schließen sich aus wie Zeit und Raum. Die Existenz der ewigen, notwendigen und, wie Leibniz sagt, „ursprünglichen" Wahrheiten (II, 500) wird hierdurch nicht negiert. Denn diese meint letztlich nur Bilder, die wir uns von den fundamentallogischen Wirklichkeitsaxiomen machen. Zum anderen aber ist jede faktische Setzung in ihrer spezifischen Bedeutung widerspruchsfrei, wenn anders ihre Konstitution sich nicht selber aufheben soll (Husserl). So kann es also auch nicht zwei Wahrheiten geben, die miteinander identisch wären, sondern eben nur eine. Die Geschichte der Maßeinheiten kann uns z. B. darüber belehren, daß es nicht Bedeutung oder Inhalt „des" Maßes waren, der zu allen Zeiten identisch blieb, sondern nur die Notwendigkeit von Einheit überhaupt. Wie weit daher im Hinblick auf die individuellen Begriffssubstanzen Leibnizens ein Inhalt in seiner einmaligen („identischen") Bedeutung begriffen werden kann, muß grundsätzlich problematisch bleiben. Nur soviel läßt sich sagen, daß ein individuell logisches Werden, sofern es begriffen wäre, mehr über die eigentliche Inhaltlichkeit „eingefangen" hätte als ein statisch begriffenes abstrakt allgemeines Gewordensein. Denn jenes Werden enthält ja als Werden nicht nur den „Querschnitt" des jeweiligen Gewordenseins, sondern auch noch die beiden „Pole" des individuellen Grund- und Zielwerdens.

Da die wahren Einheiten oder Substanzen nun keineswegs nur der menschlichen Sphäre angehören (WW II, S. 225 et

B. Die Monade, oder: Nicht alle Phänomene sind gut fundiert 39

passim), sondern gemäß dem Grad der Deutlichkeit ihrer Perzeptionen und dem in gewisser Weise mehr als bloß graduellen Unterschied zwischen Perzeption und Apperzeption das All überhaupt ausmachen, ist es klar, warum eine Deutung dieser Substanzen als seelischer, biologischer oder gar mathematischer Funktionen im einzelwissenschaftlichen Sinne zumindestens unzureichend ist. Denn was „Seele" oder „Leben" eigentlich sei, wissen doch die einzelnen Wissenschaftsdisziplinen nicht. Gerade dies will uns aber Leibniz zeigen. Auch sind die Substanzen, wie man nach Leibniz' lässigem und mehr populärem Sprachgebrauch meinen könnte, keine Teile des Zusammengesetzten, denn hier bliebe ja das Dilemma, wie aus Unteilbarem teilbar Körperliches entstände. Die Unterscheidung zwischen Aggregat und monadischer Substanz hat uns außer der prinzipiellen Inadäquatheit von Körperlichkeit und spezifischer Monadizität zugleich gezeigt, daß — da es nichts außer Monaden und Monadenkomplexen gibt — die Körperlichkeit als bloße Raumkörperlichkeit Fiktion (Seinsfiktion) ist, d. h. im Falle des bloßen Aggregates, wohl auf Einheiten — *nicht* aber auf *Eine* zentrierende Einheit — zurückweist. Die Monaden sind also keine Teile, sondern, wie es in einem Brief an de Volder von 1704 deutlich heißt, „erste Konstituentien" (prima constitutiva) [101], und als solche die Grundlage der Phänomene. Auch dies ein Hinweis, wie sehr es um das An-sich-Problem geht. Hierdurch aber werden die *Phänomene*, wie gerade die so wenig beachtete Unterscheidung zwischen Aggregat und Substanz im Falle des Marmorblocks und Steinhaufens lehrt, *keineswegs sämtlich zu „gut fundierten Phänomenen"*; denn als *bloße* Vielheiten (Aggregat) sind sie keine Einheiten und damit nach dem ersten Wirklichkeitsaxiom überhaupt nicht und keinesfalls real fundiert (bene fundatum). Auf diesen Umstand kann jede Leibniz-Interpretation nicht genug aufmerksam machen, sie enthält den entscheidenden methodischen Angelpunkt. Dies erkennt auch, unabhängig von Leibniz, die gegenwärtige Methodenforschung an. Theodor Litt weist gerade im Zusammenhang mit dem Zeitproblem darauf hin, daß „der" Stein keine eigene (Gestalt)-Zeit habe. Es gibt nur kausale Veränderungen „an" und „mit ihm"[102]. Was aber lediglich verursacht ist, dem fehlt jede substanziell-logisch-einheitliche Selbständigkeit, womit es sich nach der Leibnizschen Wirklichkeitskonzeption eben als bloße „schlecht gegründete" Fiktion erweist.

Aber noch immer wissen wir nicht klar, was eigentlich eine individuelle Substanz oder Monade sei. Repräsentation, Expression, Perzeption, Substanz, Monade, es meint alles dasselbe. Es führt nämlich im wörtlichsten Sinne zu nichts, noch einen Träger dahinter zu suchen. So konnte Mahnke sagen: „... die diskrete Zahleinheit der Arithmetik, die kontinuierliche Funktionseinheit, das Differential und zugleich das Integral der höheren Analysis, das chemische Atom, die physikalische Kraft (genauer das Energiequantum) mit ihrem mathematischen Wirkensgesetz, die organische Form und Entelechie der Biologie, die Bewußtseinseinheit der Psychologie, das inhaltslogische Subjekt, das alle seine Prädikate ‚enthält', die juristische Person und der Staatsbürger mit ihren Rechten und Pflichten, das Individuum und die Entwicklungseinheit der Geschichte, die ‚kleine Welt' oder ‚kleine Gottheit' der Mystik und zuhöchst die sittlich-religiöse Persönlichkeit des Christentums mit ihrer ewigen Bestimmung — dies alles fließt in den einen Begriff der Monade zu einem synthetischen Ganzen zusammen"[103]. Dies alles ist zweifellos richtig, nur eins vergaß Mahnke in seiner Aufzählung. Es ist etwas Unscheinbares, scheinbar nur Formales, etwas Selbstverständliches: die *Monade* ist zunächst und vor allem *Gedanke*, und zwar Gedanke *verstanden als Denken* in jeweils thematischer Einheit. Um aber hier gleich jede transzendentale Einseitigkeit, jede ausschließlich erkenntnistheoretische, jede subjektivistische, jede bloß anthropologische und jede bloß psychologische Verbiegung dieser Auffassung (sie sind keinesfalls falsch, nur eben einseitig) im Keim zu ersticken, genügt es, an die trinitarischen Wirklichkeitsaxiome zu erinnern und an den sich aus ihnen ergebenden totalen Wirklichkeitsanspruch, den

Leibniz für seine monadische Substanzkonzeption behauptet hat. Die STRUKTUR der Natur ist dieselbe wie die des Geistes. Dieser Anspruch duldet, jedenfalls was Leibniz anlangt, keinen Zweifel. In dieser Weite und Allgemeinheit verstanden, kann man daher für Denken auch Wirken oder Wesen sagen, da die Leibnizsche Konzeption sowohl den naturischen wie den geschichtlichen, den unbewußten wie den bewußten Bereich umgreift, wenn nicht mit dem Worte Denken im gewöhnlichen Sprachgebrauch deren „höchste" Spitze, das seiner selbst *bewußte* Wirken, der Geist in deutlicher Unterscheidung vom bloßen Wirken gemeint wäre. Nur von hieraus ist der Sinnzusammenhang auch ein Wertzusammenhang [104].

Indem die individuellen Substanzen oder Monaden als substanziell-logische Werdenseinheiten aufgefaßt wurden, stellt sich der Satz vom Grunde als die schöpferische *Vermittlung* selbst dar. Der eine unendlich sich selbst perzipierende Perzeptionsgrund ist die den stationären — und insofern endlichen — Inhalten, die sich in unaufhörlicher Entwicklung unmerklich aber ständig modifizieren, schlechthin transzendente Apperzeptivität. Das aber heißt Gott als Immanenz. Hier liegt im Grunde auch das Problem der *Offenbarung:* Jeder Inhalt ist als gewordener endlich, er erweist indes seine Unendlichkeit darin, daß er, vom Denken wieder aufgenommen, unendlich neue Antworten zu geben vermag. Darum ist es ebenso richtig wie falsch, wenn Leibniz sagt, daß keine neuen Substanzen mehr erzeugt würden (WW I, S. 200). Richtig, insofern man auf die unerreichbare Einheit des Grundes als des sich mit sich vermittelnden *Weltgesetzes* selbst reflektiert. Falsch aber, insofern man dabei vergißt, daß die also abstrahierte gesetzliche Vernunfteinheit, die der Satz vom Grunde darstellt, ja nur besteht, indem sie *sich* unaufhörlich mit neu aus sich entwickelten Inhalten erfüllt. Indem die logischen Inhalte sich entwickeln, unterliegen sie dieser gesetzmäßigen Vermittlung; sie repräsentieren sie, indem sie ihr folgen. Außerhalb dieses Weltgesetzes gibt es keine Inhalte. Darum ist die gesetzmäßige

Vermittlung wirklich, und zwar absolut wirklich nur als immanente Tätigkeit. Abstrahiert man von der inhaltlichen Erfülltheit, so gibt man damit auch die Apperzeptivität jenes einen unerreichbaren — nur insofern „transzendenten" — Grundes auf. Leibniz sagt: „Man bemüht sich vergebens, meinen Ausdruck zu bekritteln, daß Gott ein überweltliches Verstandeswesen ist. Sagt man, er sei über der Welt, so leugnet man damit nicht, daß er in der Welt ist." „Alle Einzeldinge sind sukzessiv oder der zeitlichen Aufeinanderfolge unterworfen ... Es gibt für mich in ihnen nichts Dauerndes, außer dem Gesetz selbst, das eine ununterbrochene Folge in sich schließt, und das in allen einzelnen Substanzen mit dem Gesamtgesetz übereinstimmt, das im Universum herrscht" [105].

Das Denken, Wirken oder Wesen ist niemals ohne Inhalt: etwas wird immer gedacht, gewirkt, gewest; es ist immer *ein* Thema, *ein* Motiv, *ein* Zusammenhang da. Das Denken, Wirken oder Wesen ist niemals unverbindlich: was immer denkt, betätigt, verändert *sich*; was immer wirkt, wirkt auch *sich*; was immer west, west *selbst*. Freilich spricht auch Leibniz von den „unmöglichen Begriffen", nämlich denen der „größten Zahl" oder der „schnellsten Bewegung" [106]. Damit ist jedoch nicht die „Willkür des Denkens" im Sinne des „Raisonnements" erwiesen; sondern — im Rückgang auf die jene Begriffe konkret konstituierende Denkleistung — nur die ideelle Indefinitheit der arithmetischen und quantitativ mechanisch-dynamischen Setzungen behauptet. Nur dies ist der eigentliche und wirkliche Inhalt eines solchen „unmöglichen Begriffs", dem man mit einer abstrakten Verbaldefinition allerdings nicht beikommen kann.

Es kommt nun darauf an, die Auffassung von der substanziellen Gedanklichkeit, oder, anders ausgedrückt, von der thematisch *sich entwickelnden Logizität* der Monaden näher zu belegen. „In der Tat kann uns nichts begegnen, als Gedanken und Perzeptionen, und alle unsere zukünftigen Gedanken und Perzeptionen sind nichts, als — wenngleich zufällige — (d. h. entschiedene) Folgen unserer vorhergehenden Gedanken und

Perzeptionen"[107]. Das heißt doch soviel wie: Das All ist logisch, ist der unendlich sinnvolle Zusammenhang von Perzeptionen, wobei die Frage der Bewußtheit vor der Tatsache ihrer alleinigen Existenz, vor dem „daß" ihres Begründungszusammenhanges, zunächst irrelevant bleibt. „Perzeptionen und ihre Veränderungen. Darin allein müssen alle inneren Tätigkeiten der Monaden bestehen" (Monadologie § 17). Sie „sind" also nichts anderes als *sich perzipierende Perzeptionen*. Auch nimmt Leibniz gern das Beispiel des Gedankens, um zu verdeutlichen, was eine Perzeption sei: „Wir können uns selbst durch Erfahrung von der Vielheit in der einfachen Substanz überzeugen, wenn uns einmal aufgeht, daß der geringste Gedanke, dessen wir uns bewußt sind, eine Mannigfaltigkeit in sich befaßt" (Monadologie § 16). Wo gäbe es denn auch sonst wohl eine Einheit in der Vielheit, wenn nicht in der thematisch sich entwickelnden Logizität des Denkens, des Wirkens, des Wesens, oder — mit einem Wort — des niemals „leeren" oder „reinen" Werdens? Mit dem Ausdruck Wesen ist hier also, nebenbei bemerkt, nicht dasselbe gemeint wie in der „objektiven Logik" des Hegelschen Systems, denn dort tritt das „Leben" erst in der „Subjektiven Logik", auf der Stufe des Begriffs, auf. Wesen kann im Deutschen sowohl als Infinitiv wie auch als Substantiv verwendet werden. Die leitende Motivation kommt jeweils an ein transitorisches Ziel, das stationär durchlaufen den Grund zu neuen Folgen enthält. Ziel ist die jeweils gradweis verschieden bewußte oder auch deutliche Intention, die als verwirklichte oder auch „gescheiterte", wiederum den Grund zu neuen Zielen enthält. Die *Perzeptionen* reißen niemals ab. Sie sind *inhaltslogische*, thematisch erfüllte Werdens- oder Fließeinheiten wie Gedanken. Die Identität der Monaden liegt, wie wir sahen, nur in der Gesetzmäßigkeit gerade auch ihrer inhaltlichen Abwandlung. Die Meinung von der starren Identität der Gehalte meint also eine lediglich ideale Sollensstruktur, die in fundamentaler Wirklichkeit und Wahrheit allein in der Gesetzmäßigkeit ihrer unendlichen Modifikation besteht. So differieren die Gehalte ja auch hinsichtlich der jeweiligen Meinung. Wenn es anders wäre, gäbe es kein Verstehensproblem. Damit ist nichts gegen die Husserlsche Identität der Bedeutung gesagt, sondern nur darauf hingewiesen, daß bei dem grundsätzlichen Richtungsgegensatz von Wirklichkeit und Erkennen diese Wirklichkeit in intentio recta mit den Kategorien der Erkenntnis niemals auch nur von ferne erreicht werden kann (Heintel). Daß es aber Verstehen gibt, beweist u. a. auch, daß diese Differenzen „übersprungen" werden können und müssen. Substanzen werden erzeugt „in derselben Art, wie wir unsere Gedanken hervorbringen" (WW II, S. 153). Perzipieren oder die Erzeugung von Perzeptionen ist Denken, ist Wirken, ja, ist substanzielles Leben selbst. Richard Kroner sagt, daß Leibniz „nicht dazu übergehe, die substantiellen Einheiten ... als logische Wesenheiten, zu verstehen und so die Metaphysik auf die Logik zu stützen ...". Dem kann nach dem Gesagten nicht zugestimmt werden. Unser Zusammenhang bemüht sich gerade, das Gegenteil nachzuweisen. Kurz darauf nennt Kroner den Grund für seine Ansicht: „Die Leibnizschen Monaden ... sind Individuen, daher keine logischen Wesenheiten, keine Allgemeinbegriffe, ..." (a. a. O. S. 39). Kroner sieht seine große systematische Problemgeschichte des deutschen Idealismus noch zu sehr linear von Kant her. Die Leibnizsche Problematik der möglichen *Logisierung des Individuellen* in bewußtem Gegensatz zur formalen und transzendentalen Logik (auch Kants) zu bringen, blieb ihm an dieser — für ihn jedoch wenig relevanten — Stelle verborgen [108]. Daß im übrigen auch das scholastische unum, verum, bonum nicht auf das erste fundamentallogische Wirklichkeitsaxiom Leibniz' bezogen werden kann, sei nur am Rande erwähnt. Die Transzendentalien bezogen sich auf alles Seiende der natürlichen Vorstellung; sie liegen also vor der Leibnizschen Unterscheidung von Substanz und Aggregat und beziehen sich beispielsweise auch auf die aggregathafte Nicht-Einheit „des" Steines.

Wenn hier ganz allgemein von den Monaden als logischen Werdenseinheiten gesprochen wird, so bedarf es kaum des

B. Die Monade, oder: Nicht alle Phänomene sind gut fundiert

nochmaligen Hinweises, daß damit eine Leibniz mißverstehende einseitige Anthropologisierung der Monaden, wie etwa bei Cassirer, ausgeschlossen werden soll. Denn Cassirer faßt die Monade doch wesentlich als „Vorstellung" im Sinne des transzendentalen Subjekts. Er sagt: „Die individuelle Denkeinheit verbindet sich nicht, was völlig unverständlich wäre, mit einem an sich bestehenden, heterogenem Etwas, sondern sie bezieht sich in distinkter Weise auf einen bestimmten inhaltlichen Komplex materieller Erscheinungen" [109]. In konsequentem Zuendedenken des Leibnizschen Ansatzes gibt es aber keine Materie als Substrat der Erscheinungen, wie bei Kant. Sondern umgekehrt, die immateriellen Substanzen bilden die Konstituentien für die aggregathafte Fiktion „der Materie". Dennoch gilt mit vollem Recht: „ ... les créatures franches ou affranchies de la matière seroient détachées en même temps de la liaison universelle et comme les déserteurs de l'ordre général" (Erdm. 432). Das heißt, die individuellen Substanzen sind im realen Dasein niemals unkörperlich vorhanden. Ebensowenig wie die Zeit jemals ohne Raum vorhanden ist. Unser denkendes Wissen belehrt uns aber darüber, daß die Wirklichkeit der individuellen Substanzen wahrhaft nur in ihrer Immaterialität liegen kann.

Das spezifische Wesen, die Substanz oder Monade besteht in nichts anderem als in ihrer gesetzmäßig sich verändernden Perzeption; „ ... sie sind begrenzt und voneinander verschieden nach den Graden der deutlichen Perzeptionen" (§ 60 Monadologie), d. h., die *Monaden* „haben" keine Perzeptionen, sondern sie „*sind*" wesentlich Perzipieren, Denken, Wirken, Wesen. Und Perzeption, Gedanke, Wirkung, Wesen, ihr unaufhörliches gegensätzliches Ergebnis. Aber mit dem Wort vom Gegensatz gehen wir schon über Leibniz hinaus. Sein Kontinuitätsprinzip hat ihm diese Sicht verdeckt. Man wird also Huber beipflichten können, wenn er mit Rücksicht auf die methodische Herkunft des Prinzips der Kontinuität meint: „Er (Leibniz) entwickelt in seiner Infinitesimalrechnung auch als einer der ersten den mathematischen Begriff der

»Stetigkeit«, ja das Bild der stetigen Funktion wird für ihn zum einseitigen formalen Leitbild seiner Naturlehre wie seiner Metaphysik. Und hier muß man wirklich Leibniz der voreiligen Fixierung dieses Begriffes in seiner Anwendung auf das gesamte Naturgeschehen zeihen. Denn nichts anderes bedeutet das von ihm formulierte Kontinuitätsgesetz"[110]. Dennoch mußte sich auch Leibniz hier zu Konzessionen bequemen, z. B. wenn er sagt, „daß die Monaden nur auf einen Schlag anfangen und aufhören können" (Monadologie § 6); oder, daß der Formenwechsel, der bei der Ernährung kontinuierlich vonstatten gehe, „bei der Empfängnis und beim Tode ..." plötzlich und deutlich erkennbar, dafür aber „selten eintrete"[111]. Die vielberufenen „Sprünge" schließen die Kontinuität nicht aus. Nichtsdestoweniger bedeutet die Entdeckung des Satzes der Kontinuität nicht nur für die Naturwissenschaften die Grundlage für den Satz von der Erhaltung der Energie, sondern zielt — recht verstanden — ebenso auf die alles umfassende Sinnlogik fundamentaler Philosophie, nämlich als Formel für die durchgehende *Logizität* der Welt.

Als Ergebnis der bisherigen Interpretation halten wir fest: die Monade ist nicht, sondern sie wird; sie „ist" eine substanziell-logische Werdenseinheit strukturanalog dem Denken, das zu einem Gedanken wird. Damit ist gesagt, daß auch der gewordene Gedanke seiende Monade ist. Damit ist weiter gesagt, daß alles Denken aus dem Unbewußten entsteht und daß die Monade qua individuelle Substanz keine Perzeptionen „hat", sondern wesentlich und selbst Perzeption ist, d. h. eine solche, die sich selbst perzipiert. Damit ist schließlich und unter Bezug auf Leibniz' eigenste Aussagen gesagt, daß es nicht so sehr der individuelle Inhalt der Substanz sei, welcher beharrt, als vielmehr deren gesetzmäßige Erfüllung, so daß Beharrung und Dauer letztlich nur diesem Gesetz zukommen können (S. 42). Wie dieses Gesetz exakt formulierbar sei, sagt uns Leibniz nicht. Wir haben versucht, es mit der Darstellung der fundamentallogischen Axiomatik näher anzugeben, wenngleich offenbleiben muß, ob das Prinzip des zureichenden

B. Die Monade, oder: Nicht alle Phänomene sind gut fundiert

Grundes nicht noch einer weiteren Analyse fähig sei. Die Monade ist somit als sich perzipierende Perzeption das einzige Wesen, welches denkt oder das Denken, welches — in Selbstbesinnung auf das Unbewußte des Grundes — natürliches Wesen und ganz allgemein gerichtetes Werden ist. Diese Einsicht findet sich weder in der älteren noch in der neueren Literatur. Mahnke sieht zwar sehr deutlich als „Zentralproblem der Leibnizschen Philosophie: das Verhältnis des Individuellen zur allgemeinen Gesetzlichkeit des Universums" (a. a. O. S. 113). Aber er faßt das Problem der Logisierung der individuellen Monade nicht als ontologisches auf, er vermag es nicht mit der Logik des aktiven Denkens zusammenzubringen, da er — hierin der Nachfolge Kants ebenso verhaftet wie Cassirer — methodisch nicht berücksichtigt, daß die Monade zunächst und vor allem sich perzipierende Perzeption ist, aus welcher Erkenntnis sich ihre ontologische Bedeutung im weitesten — auch naturischen — Sinne erst ergibt. Schmalenbach ist von derartigen Einsichten weit entfernt, da er meint, die Konzeption der Monade beruhe auf einer Verwechslung der „pantheistisch-monistisch begriffenen Einheit" mit der arithmetischen „Einsheit", so daß es sich bei den Monaden nur um den „metaphysischen" und „irrationalen" Setzungs-„Charakter der Zahlen" handle, um einen nur „quantitativen (!) Individualismus"[112]. Hildesbrandts große Darstellung ist mehr auf geistesgeschichtliche Zusammenhänge gerichtet. Die Frage, wie die Logisierung der Monade möglich sei, liegt außerhalb seines Bereiches. Er sagt, „analytisches Denken reicht nicht zu ihr"[113]. Cramers Buch über die Monade läßt diese auf die räumliche Welt „bezogen" sein, aber so, daß letztlich nicht die Monaden, sondern doch wieder diese das primäre Konstituens bleibt[114]. Martin sagt zwar: „Die Monade ist ein denkendes Wesen", meint aber, daß es bei Leibniz „Zwei Weisen der Einheit" gäbe, eine eigentliche, die des „Lebewesens", und eine, die „nicht in vollem Sinne als Einheit betrachtet werden könne", die des Aggregates[115]. Hierbei bleibt offen, wie diese beiden für sich richtigen Erkenntnisse zusammenzudenken sind. Hans M. Wolff räumt ein, daß Gedanken „nichts anderes als von Reflexion begleitete Perzeptionen sind". Aber auch er betrachtet das „perzipierende Vermögen" lediglich traditionell (als Wahrnehmung), welches mit eingeborenen Ideen wie mit dem „Intellekt" nichts zu tun habe. Er nimmt also entgegen Leibniz' ausdrücklichen Angaben über das perzeptive Wesen der Monaden eine von Perzeptionen unabhängige „Außenwelt" an, womit das Problem der Monaden unverständlich bleiben muß [116]. Die Hypothese einer von substanziellen Perzeptionen unabhängigen Außenwelt ist das unphilosophische Vorurteil, das aufgegeben werden muß, sofern man die Monadologie ernstlich verstehen will. Es findet sich offenbar auch bei Wolfgang Janke [117], dessen Arbeit sonst der hier entwickelten Auffassung vorzüglich nahesteht. Janke kommt nach sehr gründlichen und problemgerechten Analysen zu der Feststellung, daß im Begriff der Perzeption „die monadologische Metaphysik ihren Gegenstand ergriffen" habe. Er sagt: „Substanz ist im Vorstellen von Seiendem, sie ist lebendig im Vollzug von Perzeptionen" (S. 158). Das ist dasselbe, wie wenn gesagt wird, die Monade sei sich perzipierende Perzeption. Aber wir werden vorsichtig, wenn wir an der gleichen Stelle hören: „Die Monade ist nichts anderes als die Einheit, die sich in jeder Perzeption mit präsentiert" (a. a. O.). Danach wäre monadologische Einheit eben doch noch etwas anderes als Perzeptionseinheit. Die Vermutung liegt jedenfalls nahe, daß auch bei Janke „Seiendes" als dasjenige Andere aufgefaßt wird, das eben nicht Perzeption ist. Eine solche nichtmonadologische Auffassung wird wahrscheinlich, wenn es heißt: „Monaden sind im Vorstellen von Welt", wobei „Welt" ihm „synonym mit dem Ganzen des Seienden" ist (S. 161). Zu jenem „Ganzen des Seienden" würden offenbar auch Dinge des Augenscheins und der Wahrnehmung gehören, so daß die Monaden auch dann noch Monaden wären, wenn sie sich in unphilosophischer Weise selbst nicht mehr begriffen. Zwar wäre es nach Leibniz durchaus legitim, auch den „niederen" Perzeptionsgraden und

B. Die Monade, oder: Nicht alle Phänomene sind gut fundiert

-stufenden Namen Monade zu geben; es bleibt aber zu fragen, ob man sich mit einer so allgemeinen Aussage begnügen muß, wenn das Wesen der Monaden im Sinne der „ersten Philosophie" begreiflich gemacht werden soll. Abgesehen hiervon wäre die Rede vom „Ganzen des Seienden" für Leibniz ein nahezu „unmöglicher Begriff", den so auf „Welt" anzuwenden wegen der Freiheit der Geister jedenfalls hypothetisch bliebe. Ein zweiter Einwand ergibt sich aus einer ebenfalls richtigen Einsicht Jankes, deren Begründung aber nach Leibniz als unzureichend gelten muß. Er sagt: „Leibniz denkt das beständige Beharren der substanzialen Kraft vorzüglich als Gesetzlichkeit des Gesetzes" (S. 169). Soweit gut; Janke findet die Struktur dieses Gesetzes dann aber lediglich in der mathematischen Reihe, wofür er den Schriftwechsel mit de Volder als Beleg heranzieht. Dem kann nicht zugestimmt werden, da Leibniz die Begründung auch der Mathematik in der Metaphysik findet. Also muß — auch entgegen der gelegentlich zweideutigen Ausdrucksweise Leibnizens über die Geltung mathematischer Gesetze — dieses umfassende Gesetz mehr als nur mathematische Geltung besitzen. In der Auseinandersetzung mit de Volder ging es Leibniz ja darum, seine Erkenntnisse einem Kartesianer klarzumachen, ein Bemühen, welches Huber „vergeblich" nennt (a. a. O. S. 206). Zudem wird in den „Principes de la Nature" auch für die „Ursache der Reihe" das Gesetz des zureichenden Grundes genannt (§ 8). Vom „Gesetz der Finalität", welches Janke mit Recht als „verbindlich für die Handlungen einer individuellen Substanz" erkennt, heißt es schließlich: „Solches Gesetz, das auf den Charakter der Allgemeinheit zu verzichten scheint und nur in Geltung ist für das Handeln eines auf sich vereinzelten Wesens, ist ein Paradox. Mit der Vereinzelung individueller Wesensgesetze aber verbindet sich eine universale Gesetzlichkeit, denn das individuelle Wesensgesetz stimmt in jedem Fall mit dem Weltgesetz überein" (S. 174). Das ist treffend gesagt. Nur bleibt er uns das „Wie" dieser Übereinstimmung schuldig, denn mit dem Hinweis auf das mathematische Gesetz der Reihe ist einem Individuellen, gerade insofern es individuell ist, schon nach den Voraussetzungen der Mathematik nicht gedient. Ebenso fragwürdig bleibt es, diese Übereinstimmung auf die „Seinsverfassung eines extramundanen Seienden" zu verschieben (S. 219), „das der Warum-Frage nicht unterworfen" sei (S. 221).

5. *Die Fensterlosigkeit oder die Freiheit*

Nach der Einsicht in das Wesen der Monade fällt nun auch ein Licht auf die vielberufene „Fensterlosigkeit" der Monaden. Sie ergibt sich formal zunächst aus der Analyse des inhaltslogischen Subjekts. Die Monade enthält von Ewigkeit her alle ihre Zustände in sich beschlossen, genauso wie die wahren Subjekte alle ihnen jemals zukommenden Prädikate bereits enthalten. So folgt die „Fensterlosigkeit" aus der Konzeption der individuellen Substanz eigentlich von selbst. Sie bedeutet die damals wie heute in gleicher Weise dringliche Aufforderung, sich der Autonomie des Denkens zu erinnern. Es ist das gemeinsame Band, das von Luthers Reformation zur Mystik und zu den Vorsokratikern ebenso wie nach Indien reicht, Orient und Okzident verbindend. Ein Denker wird auch dadurch erkannt, wogegen er kämpft. Die Fensterlosigkeit der Monaden bedeutet zunächst die völlige Andersartigkeit der „metaphysischen" Wirklichkeit von der mechanischen Realität, der Finalität von der Kausalität. Die Fensterlosigkeit bedeutet keine Leugnung der Freiheit, sie deutet vielmehr auf deren Ermöglichung [118]. Denn, wenn es keinen „inneren" Zusammenhang — keinen Sinn — gäbe, wie sollten wir mit Anspruch auf Wahrheit einen „äußeren" erkennen und *bestimmend* schaffen können?

Man hat der Konzeption der „individuellen Substanz" den Vorwurf des Fatalismus gemacht. Es ist dies ein alter und immerwährender Vorwurf aus dem Lager derer, die teils Freiheit gleich Willkür setzen, oder aber umgekehrt derer, die übertriebene ethische Vorstellungen von der wirklichen Ver-

B. Die Monade, oder: Nicht alle Phänomene sind gut fundiert 51

bindlichkeit abstrakter Sollenspostulate haben, die der Geistnatur des Menschen nicht entsprechen. Denn Geist, das meint ja nicht den zum Grenzbegriff der „transzendentalen Idee" überhöhten Verstand Kants. Nach Leibniz schließt der Begriff der „individuellen Substanz" immer den Spielraum zur Wahl des Besten, über das bloß Mögliche hinaus, ein. Der „in sich vermittelte" Begründungszusammenhang der sich perzipierenden Substanzen ist jedoch so mannigfaltig, daß eine abstrakte Notwendigkeit allein schon durch die den „Geistern" eigentümliche Fähigkeit der Apperzeption, als die ihrer Selbsttätigkeit bewußte Reflexivität, ausgeschlossen wird [119]. „Allerdings", heißt es in der Theodicee, „ ... wir wählen nicht unser Wollen, wie wir unser Handeln durch unser Wollen wählen". Auf die Motive haben wir nicht denselben direkten Einfluß, wie auf deren handelnde Repräsentation. „Indes haben wir selbst eine gewisse Macht über unser Wollen, weil wir mittelbar dazu beitragen können, daß wir ein andermal das wollen, was wir jetzt wollen möchten, ..."[120]. Unsere Motive sind die begründeten Folgen unserer Perzeptionen, auf die wir nicht achten. Wenn wir selbstbesinnlicher wären, würden wir freier sein. Weil die geschichtlichen, die sogenannten „überindividuellen" Strukturen, die ja nur über das durchschnittlich personale Bewußtsein hinausgehen, gerade weil diese geistesgeschichtlichen Strukturen immer thematisch erfüllt sind und somit der Leibnizschen Wirklichkeitskonzeption durchaus entsprechen und von ihr her faßbar werden, ist es auch klar, daß sie, indem sie das jeweilige Bewußtsein übergreifen, dem Individuum nur einen kleinen Spielraum lassen können [121].

So kann Freiheit also nichts anderes bedeuten als ein jeweiliges Bestimmen aus einem ganz spezifischen Wissen heraus, einem Wissen um durchaus beschränkte, weil geschichtlich gewordene Möglichkeiten. Wenn es keine Möglichkeiten gäbe, so gäbe es keine Wahl. „Es besteht immer ein überwiegender Grund, welcher den Willen zu seiner Wahl führt und es genügt für seine Freiheit, daß dieser Grund nur *treibt*, aber nicht *zwingt*"[122]. Etwas weiter heißt es: „ ... ich halte ‚frei' und

‚bestimmt' (determiné) für keine Gegenteile"[123]. Bestimmen ist gleichviel etwas anderes als bestimmt; dennoch, *wer* (Person, Spontaneität) immer bestimmt ist, kann *selbst* sehr wohl bestimmen. Andererseits: *was* (Inhalt) immer bestimmt ist, kann *so nicht mehr* bestimmt werden. Die Zeit ist nicht umkehrbar. Darum kann, was zu einer Zeit bestimmt ist, nur zu einer anderen Zeit anders bestimmt werden.

Freiheit bedeutet gemäß der Konzeption der individuellen Substanz, daß keine Monade etwas perzipieren (denken) kann, was nicht in ihr von ihrer ersten Setzung (Schöpfung) an beschlossen liegt. Da es nun aber eine Rangordnung der Monaden gibt, so ist diese Rangordnung nicht nur gegenseitige „Rücksichtnahme", sondern mehr, die onto-logische Fundierungsordnung gemäß dem Satz vom Grunde.

Wenn wir das Perzipieren nicht nur im Sinne des Bewußtseins, sondern wenn wir es im Sinne des sich formierenden Bildens alles Organischen überhaupt verstehen, dann kommen wir Leibniz' Intention der intelligiblen Welt näher. Wie die Unterscheidung zwischen Aggregat und Substanz lehrt, gibt es überhaupt nichts Sinnleeres. Unser gegenteiliges Urteilen und Meinen rührt ja nur daher, daß das jeweilige Phänomen mit seiner spezifischen Monadizität prinzipiell nicht identisch ist. Diese Feststellung genügt, um sich in jedem Falle nicht mit naivem Glauben an die phänomenale Dinglichkeit zufrieden zu geben, sondern darüber hinaus nach der jeweils diese Dinglichkeit konstituierenden Substanz, Monade oder Gedanklichkeit zu fragen. Ein Beispiel: Wenn wir einen Stern sehen, dann meinen wir naiv, ein wahres Etwas zu haben. Es ist aber die Frage, ob diese Phänomenalität mit dem eigentlichen und wahren „Etwas" identisch gesetzt werden darf, ob nicht vielmehr ein ganzes System in seiner in sich unendlichen Spiralstruktur das eigentlich relevante Etwas in seiner Wahrheit ist, zu dem das dingliche Leuchtphänomen Stern im ähnlichen Verhältnis steht, wie ein Stück herausgebrochener Marmor zur Venus von Milo. Und diese fundamentallogische Tatsache stimmt durchaus mit Ergebnissen der modernen

B. Die Monade, oder: Nicht alle Phänomene sind gut fundiert

Biologie überein: Ludwig von Bertalanffy sagt: „Die Hierarchie der Prozesse ist weit freizügiger als die morphologische Gliederung... Dieses Moment ist von erheblicher Bedeutung; aus ihm folgt, daß es ‚Organe' gibt, die uns nicht als morphologische Einheiten gegenübertreten. Während sich die klassische Anatomie vom morphologischen Aufbau leiten ließ, denkt man heute in ‚funktionellen Systemen' (Benninghoff)... Es handelt sich hier nicht um Beziehungen, die aus der Zusammenfassung von Zellen zu einem bestimmten Komponenten resultieren, sondern umgekehrt um das dynamische Prius, wodurch eine Gruppe von Zellen zu einem bestimmten Komponenten wird"[124].

Das berühmte „... nisi ipse intellectus", das Leibniz gegen Lockes „nihil est in intellectu, quod non antea fuerit in sensu" setzte (WW III, S. 84 und WW II, S. 54), ist ja keinesfalls nur im transzendentalen Sinne Kants zu verstehen, sondern es beinhaltet zwei grundlegende Einsichten, eine fundamentallogische und eine erkenntnistheoretische. Beide sind nur durch die Konzeption der individuellen Substanz sowie durch die Unterscheidung von Substanz und Aggregat überhaupt verständlich. Erstens: Die Wirklichkeit ist nicht körperliches Sein, sondern wirkliches Wesen; dieses Wesen heißt mit zunehmender Deutlichkeit Denken, in seiner substanzellsten Form Geist. Zweitens: Der Zugang, die Vermittlung zur wahren Wirklichkeit, geht nur über das Denken des Denkens (Apperzeption). Von „außen" kann letztlich nichts eintreten, nichts anregen, als das, wozu „innen" bereits (positiv oder negativ) ein Trieb vorhanden ist. Die Monadenkonzeption enthält alle Abstufungen von der Mikrobe über Perzeption und Apperzeption, bis zum Denken des Denkens. Sie enthält — allgemein gesprochen — die Werdenseinheiten alles Gewordenen überhaupt. So kann von einem Dualismus schon gar nicht, von einer Verdoppelung der Welt aber höchstens insoweit gesprochen werden, als man darüber streiten mag, ob man das Denken oder das Gedachte (als Verwirklichtes), das Konzipieren oder die Ausführung, das Perzipieren oder die

Perzeption als das Eigentliche ansehen will. Die individuellen Substanzen sind individuell jedenfalls nur als werdende, welche im Gewordensein jeweils erscheinen. Die Gegenwart trägt die Zukunft in ihrem Schoße und dies entspricht ihrem in sich unendlichen Begriff, d. h. ihrem ontologischen Bezug.

C. Methodische Konsequenz

1. *Kausalität oder Finalität*

Nachdem wir unsere Leibniz-Darstellung somit im wesentlichen abgeschlossen haben, bleibt eine große Frage. Nicht, was hat Leibniz gewollt? Denn „die ganz großen Geister sind unüberholbar" (Rothacker); wir verstehen, was das heißt: eine echte philosophische Auseinandersetzung begnügt sich nicht mit jenen gewordenen Gedanken, sondern sie geht über diese Gedanken zurück zu dem Denken selbst, das jene ausgebar. Es ist die alte Diskrepanz zwischen Doxa und Episteme, diesmal in umgekehrter Sicht: Gemeint wird immer das Wahre, aber das nützt der Wissenschaft wenig. Die Wissenschaft stellt die Frage, wie weit wird es methodisch gewußt? Denn ohne Methode gibt es keinen Weg, der nachvollziehbar wäre. Unsere Frage muß also lauten: womit könnte Leibniz sich von seinen Ansätzen her bestenfalls noch einverstanden erklären? 250 Jahre Arbeit an der Philosophie bringen schließlich auch methodische Konsequenzen, die sich nicht ignorieren lassen. Die Anzeichen mehren sich, daß wir langsam aus „unserer abendländischen Objektgläubigkeit" (C. G. Jung) herauskommen. Ob man es nun will oder nicht: die Wurzeln liegen jedenfalls schon bei Leibniz und dann bei Hegel. Im wörtlichsten Sinne dazwischen liegt Kant. Doch bevor wir einen Blick auf Kant werfen, soll die methodische Konsequenz von Leibniz her, rückblickend und vorblickend zugleich, gezogen werden.

C. Methodische Konsequenz

Es kann nicht bezweifelt werden, daß Leibniz trotz des aufgewiesenen logischen Vorranges der „Metaphysik" die fundamentallogischen Prinzipien von den bloß mathematischen nicht immer sauber getrennt hat[125]. Darum ist nachdrücklich zu betonen: die Konzeption der individuellen Entwicklungssubstanzen übergreift jeden Zahlbegriff, der auf der identischen Einserreihe basiert. Wenn die Zahl auch unendlich teilbar ist, so doch nur durch zwei Voraussetzungen, die vor aller Mathematik liegen und die Leibniz' fundamentallogische Konzeption gerade aufhebt: eine natürliche Zahl baut sich zwar aus bis unendlich beliebigen, aber nur aus kommensurabel identischen Einheiten auf. D. h. „unendlich" bezieht sich jeweils auf die Vielheit möglicher, jedoch identischer Einsen, nicht aber auf selbst in sich Unendliches, was inkommensurabel wäre. Damit ist die Voraussetzung der Mathematik das konkrete Denken als aktives, nicht aber das Gezählte als passive Eins, Punkt usw. Nach Rickert (und anderen) gibt es „empirische Wirklichkeiten, die einander total gleich wären, wie die Zahlen 1 und 1 oder die Gegenstände 7+5 und 12 ... nicht"[126]. Gerade diese Erfahrungstatsache überträgt Leibniz' Konzeption der individuellen Substanz nun aber in die „Metaphysik". Insofern könnte man diese eine konkrete nennen, die auch insofern einer nur abstrakt geltenden überlegen wäre. Nun hat allerdings gerade Leibniz wie kein anderer den bloß kategorialen Charakter der Mathematik und infolgedessen den logischen Vorrang der „Metaphysik" betont, dennoch aber bleibt sein Ergebnis mit dem Verdacht eines fatalen Risses behaftet. Ein Riß allerdings, der ihn immerhin zur Entdeckung des Infinitesimalkalküls führte und führen mußte[127].

Leibniz' eigene unbefriedigende Lösung des Problems Kausalität/Finalität ist für diesen Riß bezeichnend. Die Seelen wirken nach Finalgründen, die Körper aber nach Kausalität (Monadologie § 79). Das läßt sich durchaus hören, denn unter Körpern versteht Leibniz Monadenaggregate, denen, wie im Beispiel des Marmorblockes, die spezifische Monadizität oder die „Zentralmonade" (WW II, S. 424) fehlen kann. Setzt man also an Stelle der wahren Einheit, der spezifischen Gedanklichkeit (Perzeption, Substanz, Monade) die bloße nicht-einheitliche Körperlichkeit, dann haben wir eine „Sache", die infolge der prinzipiellen Nichtidentität von Phänomen und Substanz unter Umständen ursächlich „quer schießt", jedenfalls als „Summeneinheit", d. h. aber als Einheiten durchaus andere, wenn auch übergeordnete Einheiten stören können. Gerade das aber ist nach Leibniz infolge der prästabilierten Harmonie, die ja ohne Frage, ebenso wie das Reich der notwendigen und der tatsächlichen Wahrheiten, das Reich der Gnade und der Natur, auf einen geheimen Dualismus schließen lassen, ausgeschlossen. Ergo gibt es „zwischen einem Geiste und einem Körper kein Verhältnis" (WW II, S. 219). Ja, wir erfahren sogar, daß man „bei der Erklärung der besonderen (körperlichen) Phänomene ... die Einheit, (oder) den substanziellen Begriff ... nicht brauche" (WW II, S. 213, vgl. auch S. 206, S. 225). Der Schluß scheint unabweisbar, daß Leibniz sich über die methodischen Konsequenzen seines „metaphysischen" Ansatzes nicht hinlänglich klar gewesen sei. Auch das Problem der „Sprünge", das bei Leugnung des Prinzips der Kontinuität entsteht, wodurch dann das Prinzip des zureichenden Grundes umgestürzt würde, wie Leibniz fürchtete (WW II, S. 76), konnte er mit seinen Denkmitteln nicht meistern. Denn es kann vermutet werden, daß er das allgemeine Prinzip der Kontinuität methodisch nicht sicher vom mathematischen Prinzip der Stetigkeit unterschieden hat, so daß dieses dann doch in seine Metaphysik Eingang fand. Bezeichnend für methodische Unzulänglichkeiten ist auch die Prognose der Zoophyten (WW II, S. 78). Denn die von der modernen Biologie inzwischen erwiesenen Viren als stoffwechselnde Kristalle stellen im strengen Sinne keine „Übergangstypen" dar. Die Tatsache des Stoffwechsels ist genauso wie die des selbständigen Zellaufbaues spezifisch lebensorganisch. Wenn also ein Phänomen diese organischen Funktionen aufweist, dann erweist es sich damit als aus dem angeblich bloß „anorganischen" Bereich herausgesprungen, und das genügt.

C. Methodische Konsequenz   57

Trotzdem aber läßt sich die Finalität nicht nur retten, sondern sie ist gegenüber der Kausalität die aus der Monadenkonzeption folgende einzig legitime Gesetzmäßigkeit. Denn es ist ja nicht so, daß generell für die Monaden die Finalität und für die „Phänomene" die Kausalität gelte, wie man gemeinhin sagt. Denn bei dieser Auffassung ist die grundlegende Unterscheidung zwischen Substanz und Aggregat unterschlagen, so, als ob alle Phänomene „gut fundiert" seien. Nimmt man jedoch diese Unterscheidung so ernst wie Leibniz selbst sie nahm, dann folgt unwiderleglich: es gibt nur individuelle Monaden; sie unterscheiden sich durch den Grad ihres deutlichen Perzipierens. Monadenaggregate ohne Zentralmonade (z. B. der Marmorblock), können niemals einheitlich (individuell) wirken, weil sie keine Einheit sind. Mit Kausalität haben wir es demnach nur dort zu tun, wo an Stelle der individuellen Substanz als Grund die bloße Körperlichkeit als Causa gesetzt(!) wird. Und zwar ohne Rücksicht darauf, ob sie mit ihrer spezifischen Monadizität identisch ist oder nicht. Aus der Tatsache, daß es im bloß subjektiven, phänomenalen Sinne Monadenaggregate (= Körperlichkeit) ohne Zentralmonade gibt, folgt also, daß durch die Setzung der Körperlichkeit als Causa an Stelle der einheitlichen logischen Substanz, die nichteinheitliche bloße Vielheit als Uneigentlichkeit treten kann, aber nicht mehr. Denn es gibt, wie Leibniz ausdrücklich hervorhebt, zwischen einer wahren Substanz und einer nur kollektiven Pluralität kein bloß empirisches Kriterium[128]. Wir sahen ja bereits, daß Leibniz den Zweck bei den Gebilden des objektiven Geistes der Geisteswissenschaften als Einheit ablehnt. Seine thematische Akzentuierung des Ansich-Problems läßt ihn hier wichtige Konsequenzen als vermeintlich bloß anthropologische übersehen[129]. Er lehnt beispielsweise die „bloß moralische" Einheit eines Armeekorps etwa ab, anerkennt dagegen aber die Fortdauer der moralischen Person[130]. Für die Definition der *Kausalität* halten wir demnach fest: sie betrifft nicht die Substanz als individuelles Werden, sondern das *pure* Gewordensein, sei dies nun einheitlich oder bloß plural entstanden; sie hat lediglich *phänomenale* Bedeutung. Spengler hat darum recht, wenn er bemerkt: „So sonderbar es klingt, der Zufall im alltäglichen Sinne ist mit dem Kausalitätsprinzip innerlich verwandt. Das Anorganische, Richtungslose verbindet sie"[131]. Ebenso Bertalanffy: „Die klassischen Gesetze sind letzten Endes Gesetze der Unordnung; ... wie Boltzmann zeigte, arbeitet die Kausalität auf Zerstörung der Ordnung hin..."[132].

Wenn Kausalität sich also nur auf phänomenale Wesenlosigkeit als auf bloße Körperlichkeit bezieht, so kann andererseits die Setzung der Causa dennoch mit dem einheitlichen Grund sozusagen unwahrscheinlicherweise zur Deckung kommen, nämlich dann, wenn es sich bei der fraglichen Körperlichkeit um eine wahre Einheit, beim Zusammenfall des körperlichen Phänomens mit der sie individuell repräsentierenden zentralen Monade also, handelt. Nur trifft ein solches „Ereignis", das — methodisch gesehen — die substanzielle Verifizierung einer Hypothese wäre, und das darum „Zufall" genannt werden müßte, eben nur selten ein. Soweit Leibniz. Ein weiteres kommt hinzu. Da alles eigentliche Wesen aus immateriellen Substanzen (Perzeptionen) besteht, so existiert auch das vorzügliche Geistwesen, der Mensch, wesentlich nur in der Betätigung dieses seines Wesens, unmittelbar und mittelbar, bewußt und unbewußt, im Denken und dessen freiheitlicher Ausübung. Das „Material", d. h. das Leben überhaupt, die Natur, die Geschichte sind niemals materiell, niemals mechanisch oder kausal, sondern fundamentallogisch und final. Und zwar gerade in dem, was ihre *Wirklichkeit* ausmacht. Der Mensch kann also nur teilweise und unvollständig jenem wesentlich nicht von ihm selbst, und schon gar nicht von seinem bloßen Bewußtsein, geschaffenen „Material" auch vermittels der Denk-Kategorie der Kausalität beikommen, es wird dadurch manches plausibel, vor allem aber beherrschbar. Aber, und dies ist das große Aber, es ist im fundamentallogischen Sinne nicht wahr. Man könnte hier vielleicht von Stufen des Denkens sprechen. Fundamentallogische Vernunfteinsichten wären dann die jeweilige Korrektur, die sich das einzelwissenschaftliche Verstandesdenken gefallen lassen müßte. Aber: über dem Herrschenwollen vergißt der abendländische Mensch zu leicht den substanziellen Zusammenhang. Verstand ist nicht Vernunft. Hier liegt der Grund für die „Bodenlosigkeit" des Bodens seit Descartes' Begründung der Neuzeit. Sie ist bis heute nicht behoben [133].

2. Apperzeption als Selbst-Besinnlichkeit durchbricht die Endlichkeit

Die einmalige historische Leistung Leibniz' für die „philosophia perennis", die ja nur in der unendlichen Arbeit des Geistes selbst besteht, liegt darin: er hat uns einen „Gegenstand" gewiesen, der kein Gegen-stand ist, sondern unendliches Denken, Vernuft, Sinn, Geist. Und er hat dieses nichtgegenständliche „Etwas" auf Grund der trinitarischen Wirklichkeitsaxiome als das überhaupt einzige, die Subjekt-Objekt-Spaltung übergreifende wirkliche Wesen, das es je gibt und geben kann, erwiesen. Er sagt uns zwar nicht methodisch klar, wie wir uns dieses einzigen „Gegenstandes" erkenntnistheoretisch bemächtigen können, aber er beweist uns das „Daß", daß es in Wahrheit nichts „Anderes" geben kann. Ein Denken, das mit dem Anspruch auf Wahrheit (im Unterschied zur bloßen Richtigkeit) auftreten will, kann in jenem weitesten Sinne wesentlich nur „Denken" denken. Es gibt nichts „Anderes", sofern man nicht dem sinnlichen Augenschein als Wirklichkeitskriterium den Vorrang vor dem Denken zuerkennen will. Aber dann könnte der Kurzsichtige mit demselben Recht die Zweidimensionalität der Körper als ihre „Wahrheit" proklamieren. Für Leibniz bestehen die Monaden nur im Denken ihrer selbst. Im unendlichen Perzipieren ihrer Perzeptionen wandelt sich die Monadizität unaufhörlich.

Damit ist, wie Günther sagt, die Einsicht gegeben, „daß die traditionelle Logik nur *eine* Seite des theoretischen Denkens repräsentiert, und daß der Bereich der *exakten* Rationalität unvergleichlich viel weiter reicht, als eine mehr als zweitausendjährige Entwicklung der abendländischen Philosophie angenommen hat..."[134]. Diese bei Hegel gegebene Einsicht ist nun weiter zurück schon bei Leibniz nachweisbar. Es steckt darin zugleich die Forderung nach einer Erweiterung der Erkenntnistheorie über die angeblich bloß „gegenständliche" Erkenntnis hinaus.

Das Entscheidende scheint mir zusammengefaßt in folgendem zu liegen. Der Ansatz der Monade als „individueller Substanz" meint ein Doppeltes: das naturisch zentrierte „in sich vermittelte" Wesen (Heintel) und das denkende Ich, *beide* sollen dieselbe individuell-monadische Substanz sein. Diese ist uns nur als sich entwickelnde inhaltliche Logizität — als substanziell-logische Zeitigung — gegeben. Der Ansatz wird damit zu einem onto-logischen Identitätsansatz. Monade als sich perzipierende Perzeption — als Wesen und Denken — kann in Wahrheit nichts anderes als dies „in sich vermittelte" Wesen denken. Die nicht-gegenständliche Monade soll also etwas denken, was wesentlich kein Gegenstand ist, jedenfalls soweit mit Denken der Anspruch auf Wahrheit erhoben wird. Der wahre „Denkgegenstand" kann hiernach also nicht das materielle Substrat im Sinne der „res extensa et corporea" des Descartes sein. Denn dieses als Einheit zu nehmen ist verbürgt und vorausgesetzt allein durch den Augenschein naiven Seinsglaubens. Der gesuchte „Denkgegenstand", genannt individuelle Substanz, wird als wahre Einheit nun aber nicht auch schon etwa dadurch erreicht, daß man in transzendentaler Reflexion auf den Denkakt oder auf die Konstitutionsleistung allein meint, ihn gefunden zu haben. Leibniz fordert vielmehr im Gegensatz zu traditioneller wie zu transzendentaler Logik das Denken des Denkens als absolute „noologische Besinnung" von Ich[135], welches als Selbstbewußtsein in sich unendlich, in seinem ontischen Dasein — als bloßes Bewußtsein — aber dennoch empirisch endlich ist. Das ist der eigentliche Sinn der Leibnizschen Apperzeption: vermittels der Apperzeption lösen wir das sinnlich gegebene phänomenale Augenscheinding — den Gegenstand von Wahrnehmung und

C. Methodische Konsequenz 61

Vorstellung als vermeintlich einzige, verabsolutiert endliche und letzte Gegebenheit überhaupt — auf in seine ihn integral fundierende Perzeption *oder* in seine diffusen, ihn nicht individuell fundierenden pluralen Perzeptionen. Das eine ergibt das fundierte, das andere das nicht fundierte Phänomen. Solche durch analytische Apperzeption durchgeführte fundamentallogische Differenzierung führt in jedem Fall zu individuellen Substanzen, zu sich entwickelnder inhaltlicher Logizität, zu dem Werden alles Gewordenen als Unendlichkeit. Worin der Sinn des Werdens bestehe, sagt uns Leibniz nicht, er begnügt sich mit dem Hinweis, daß das große Gesetz des Grundes alles sinnvoll besorge. Wie also die Vermittlung zwischen „in sich vermittelten" Wesen und Ich begrifflich genau zu verstehen sei, das erfahren wir bei ihm nicht. Im Vorstehenden wurde mit dem Nachweis der fundamentallogischen Wirklichkeitsaxiome der Versuch unternommen, seine Ansätze im Hinblick auf eine empirisch fundierte Onto-Logik näher zu präzisieren. In diesem Nachweis liegt aber zugleich, ohne daß es der nochmaligen Hervorhebung bedürfte, die Ablehnung jedes einseitigen Transzendentalismus — als ob „an aller Ordnung und Gestaltung, die es nur immer geben mag, die Selbsttätigkeit des Subjekts beteiligt sein müsse"[136] — auch und gerade dann, wenn wir nicht genau wissen, d. h. nicht mit Sicherheit ausschließen können, ob nicht bereits den „in sich vermittelten" Wesen so etwas wie selbsttätige Subjekthaftigkeit wird notwendig zukommen müssen. Die methodische Unterscheidung zwischen Aggregat und Substanz bei Leibniz bedeutet jedenfalls die grundsätzliche Verneinung jeder bloß materiell kategorialen Körperlichkeit als etwaiger Wirklichkeit, und, einzig vermittelt durch das Gesetz vom zureichenden Grunde, den Durchbruch zu einem „Unendlichkeitsstandpunkt", der Leibniz gerade über Kant hinweg mit dem deutschen Idealismus verbindet[137]. Wie dies bei Fichte und Hegel erfolgt, werden wir uns genauer deutlich machen müssen, vorerst aber sei der Blick in Kürze wenigstens auf Kant gelenkt.

II. DIE ABSEITIGKEIT KANTS

Es sollen nun die bei Leibniz gewonnenen Einsichten mit dem „System der Kritik" Kants verglichen werden [138]. Die Unterschiede springen hervor: während wir bei Leibniz nur einen untergründigen Dualismus haben, der ihm ständiger Ansporn zum Denken aus nur einer Wurzel wird, haben wir bei Kant einen geradezu feierlich proklamierten Dualismus aus „zwei Stämmen" (B 29). Sinnlichkeit und Verstand, Anschauung und Begriff, Erscheinung und Ding an sich, intuitiv und diskursiv, regulativ und konstitutiv, Freiheit und Naturnotwendigkeit, praktische und theoretische Erkenntnis —, sie alle stehen sich, mehr oder weniger gewaltsam verbunden, im Grunde doch nur gegenüber. Das hat einen sehr elementaren Grund, dessentwegen Kant sich später den Spott Hegels zuzog. Kant war nämlich der Meinung, daß die Logik durch Aristoteles vollendet und somit keiner weiteren Bearbeitung mehr bedürfe. So bedeutet für ihn die traditionelle, generalisierende Subsumtionslosigkeit in nur „gegenständlicher" Einstellung die Methode des Denkens schlechthin. Diese Einstellung setzt aber die zwei durch Descartes formulierten Substanzen voraus. Ja, Denken ist für Kant eigentlich nichts anderes als Vor-stellen [139]. Dem entspricht es völlig, daß er den Ruhm seiner Kritik lediglich in einem negativen Resultat erblickt: „Der größte und vielleicht einzige Nutzen aller Philosophie der reinen Vernunft ist wohl nur negativ; da sie nämlich nicht als Organon zur Erweiterung, sondern als Disziplin zur Grenzbestimmung dient, und anstatt Wahrheit zu entdecken nur das stille Verdienst hat, Irrtümer zu verhüten" [140].

Der spezielle Einwand von der bei Leibniz bereits errungenen Position gegen Kant richtet sich gegen die Verabsolutierung dessen, was Kant „gegeben" nennt. Als ob ausschließlich sinnliche Anschaubarkeit das Nonplusultra der Gegebenheit wäre. Leibniz hat uns gezeigt, daß das sinnlich Gegebene noch nicht das Gegebene sei. Jedoch: „Daß alle unsere Erkenntnis mit der Erfahrung anfange, daran ist gar kein Zweifel; denn wodurch sollte das Erkenntnisvermögen sonst zur Ausübung erweckt werden, geschähe es nicht durch Gegenstände, die unsere Sinne rühren..."[141]. Hieran ist nicht zu rütteln, auch nicht von Leibniz her. Nur bedeutet „Erkennen" eben nur einen Teilbereich des Denkens, und wenn man um eine These gegen einen sich absolut setzenden Transzendentalismus verlegen wäre, so leuchtet sie — auch gerade von Leibniz her — trefflich auf in Herders „Sinn der Sinnlichkeit"[142].

Ich werde die Konfrontierung Leibniz/Kant, den drei Kritiken entsprechend, in drei Abschnitten durchzuführen versuchen. Hierbei glaube ich, Kant gegenüber kein Unrecht zu begehen, wenn ich mich in unserem Zusammenhang auf die drei Kritiken beschränke, wenngleich Kant in den „Metaphysischen Anfangsgründen der Naturwissenschaft" die in der Kr. d. r. V. gegen Leibniz erhobenen Vorwürfe auch zurückzunehmen scheint, wie einige glauben. Und auch darin nicht, wenn in den „Ideen zu einer Geschichte in weltbürgerlicher Absicht" von einem „Plan der Natur", gewissermaßen als immanenter Weltvernunft, gesprochen wird. Gerade dieser scheinbare Einbruch in das „System der Kritik" und der Versuch zu einer Vermittlung des Dualismus findet sich auch an mehreren Stellen innerhalb der drei Kritiken.

Nach der Kr. d. r. V. erscheint jede Versöhnung mit Leibniz ausgeschlossen. In der Kr. d. pr. V. erfolgt ein erster Durchbruch zur „intelligiblen Welt", der namentlich in Rücksicht auf Fichte auch theoretisch bedeutsam ist. Jedoch hat die „Dauer" des unendlichen Regresses, d. h. das Postulat der unendlichen Annäherung der Seele an das „höchste Gut", nichts mit der „individuellen Substanz" Leibnizens zu tun. Genauso wenig wie das „moralische Gesetz ... zugleich das Gesetz einer intelligiblen Welt" sein kann[143]; wohl in einer beliebigen idealen, weil subjektiv gesollten, nicht aber in der von Leibniz gemeinten intelligiblen, weil wirklich-notwendigen Welt. In der Kr. d. U. scheint dann die Nähe zu Leibniz faktisch erreicht. „... Keine menschliche Vernunft (kann) ... die Erzeugung auch nur eines Gräschens aus bloß mechanischen Ursachen zu verstehen hoffen" [144]. Dennoch ist uns jenes Verstehen völlig transzendent. Die Kategorien lassen sich empirisch nicht erweitern; „... das übersinnliche Substrat der Natur ist (das), von dem wir nichts erkennen" [145]. Die materielle Gegebenheit bleibt unaufhebbar, die Leibnizschen Wirklichkeitsaxiome bleiben unbeachtet und somit die „teleologische Beurteilung" eine bloß subjektive Hypothese.

A. In der Kritik der reinen Vernunft

Kant selbst sieht den entscheidenden Einwand gegen seine Kritik der reinen Vernunft bezeichnenderweise in der möglichen, von ihm allerdings für utopisch gehaltenen Verifizierung eines zentral Leibnizschen Gedankens: „Ein großer, ja sogar der einzige Stein des Anstoßes wider unsere ganze Kritik würde es sein, wenn es eine Möglichkeit gäbe, a priori zu beweisen, daß alle denkenden Wesen an sich einfache Substanzen sind ... Denn auf diese Art hätten wir doch einen Schritt über die Sinnenwelt hinaus getan: wir wären in das Feld der *Noumenen* getreten" [146]. Der Hauptunterschied zwischen beiden Denkern liegt hier natürlich im Begriff der Substanz selbst. An der Konzeption des Substanzbegriffes scheiden sich die Geister; handelt es sich um den natürlichen Glauben an die Welt der passiv identisch seienden Dinge, wie bei Kant, oder um das Nichtgenügen hieran, um den begründbaren Durchstoß zu der Überzeugung, daß das eigentlich Durchhaltende nicht passiv dinglich, sondern aktiv, logisch-dynamisch und somit nicht identisch „sein" müsse, wie bei Leibniz und Hegel. Freilich hat sich der Denker Kant nicht mit diesem natürlichen Glauben zufrieden gegeben. Sein bekannter Kunstgriff war ja der, daß er alles Gegebene (mit Ausnahme des transzendentalen Subjekts selbst [B 506 Anm.]) als „Erscheinung" erklärt wissen wollte, dem ein unbegreiflich mysteriös affizierendes „Ansich" gegenüberstehe. Aber deswegen huldigte er doch zweifellos diesem naiven Seins-Glauben [147].

Das wird deutlicher in der unabdingbaren Forderung Kants nach anschaulicher Gegebenheit, ohne die der Verstand nichts denken könne. „Gedanken ohne Inhalt sind leer, Anschauungen ohne Begriffe sind blind" [148], lautet seine berühmt gewordene Formulierung. Aber man muß sich doch fragen, wo in aller Welt gibt es denn einen „leeren Gedanken", ist ein Gedanke „ohne Inhalt" überhaupt denkbar? Worin bestände denn seine Gedanklichkeit, die von „einem Gedanken" zu sprechen erlaubte, wenn nicht in einem Inhalt? Das gilt sogar für das mathematische A = A, auch als Tautologie. Ein Gedanke ohne Inhalt ist überhaupt kein Gedanke, der Gedanke kann richtig oder falsch, ja blödsinnig, er kann wahr oder unwahr sein, aber er kann nicht ohne Inhalt sein. Und wenn er für niemanden Gehalt haben sollte, so hat er doch Gehalt für einen einzigen, ob er darum weiß oder nicht, nämlich für den ihn gerade denkenden und mit ihm identisch sich modifizierenden, gesunden oder kranken Menschen. Unser erster Einwand gegen Kant lautet also: *Es gibt keine leeren Gedanken.* Das hat natürlich auch Kant sagen wollen, nur ist darum seine Begründung nicht auch schon zutreffend. Da es eben Inhalte gibt, die durchaus nicht anschaulich gegeben sind. Und zwar ebenso im Denken wie in der höheren Mathematik.

Der „Stein des Anstoßes" wird, wie wir im Leibniz-Kapitel sahen, tatsächlich der Stein (Marmorblock). Er wurde als Substanz und damit überhaupt als *Ein* Etwas verworfen. Damit aber wurde dieser Gedanke zum Eckstein einer neuen fundamentallogischen Einsicht, die wir als Denken des Denkens durchaus im Sinne noologischer Besinnung kennzeichneten. Hiervon aber findet sich bei Kant kaum eine Spur. „Eine Substanz, welche beharrlich im Raume gegenwärtig wäre, doch ohne ihn zu erfüllen (wie dasjenige Mittelding zwischen

Materie und denkenden Wesen, welches einige haben einführen wollen), oder eine besondere Grundkraft unseres Gemüts, das Künftige zum voraus anzuschauen (nicht etwa bloß zu folgern) . . .: das sind Begriffe, deren Möglichkeit ganz grundlos ist, weil sie nicht auf Erfahrung und deren bekannte Gesetze gegründet werden kann"[149]. Es ist also immer nur der anschauliche „Stoff" der wahrnehmenden Erfahrung, der sich dem Denken darbieten muß, ohne den der Verstand, nach Kant, nichts denken kann. Unsere zweite These von Leibniz her gegen Kant lautet: *Es kann uns sehr wohl eine „Substanz" gegeben sein, die nicht räumlich ist;* gerade davon spricht der (von Kant sogenannte) „Intellektualphilosoph". Wir brauchen nicht nur über Räumliches und Körperliches, sondern wir können auch über substanzielles Denken denken, über eine biologische Struktur etwa oder über eine thematisch geschichtliche Einheit. Nur das Unräumliche verdient überhaupt den Namen Substanz.

Was aber heißt denn bei Kant „Erfahrung"? In der Erscheinung heißt „das, was der Empfindung korrespondiert, die Materie derselben"[150]. Ein wenig später wird die Empfindung mit der Materie gleichgesetzt[151], so daß „das Reale der Empfindung" nichts anderes ist „als bloß subjektive Vorstellung, von der man sich nur bewußt werden kann, daß das Subjekt affiziert sei . . ."[152]. Durch die reinen Anschauungsformen der transzendentalen Subjektivität, durch Raum und Zeit, ist „die empirische Wahrheit der Erscheinungen genugsam gesichert"[153]. Überdies unterliegt es heute keinem Zweifel mehr, daß das, was Kant als „Raum" und „Zeit" bezeichnete, lediglich dem Begriffsgefüge der mathematischen Naturwissenschaften zugehört[154]. Wenn wir also von „Gegenständen äußerer Anschauung" sprechen, so brauchen wir nur eingedenk zu sein, daß, da „der Raum schon eine Form derjenigen Anschauung ist, die wir die äußere nennen", alle Erfahrung niemals auf Gegenstände an sich selbst, sondern nur auf Gegenstände als Erscheinungen bezogen ist[155]. Man sieht sich also mit diesem *immanenten* Erfahrungsbegriff gegenüber den

Einleitungsworten: „Daß alle unsere Erkenntnis mit der Erfahrung anfange, ..." in die Irre geführt, sofern man der Meinung war, daß das in der Erfahrung Gegebene irgendwie „anmute" oder allenfalls doch die Subjektivität transzendiere. Kant sieht sich infolgedessen genötigt, „die *subjektive Folge* der Apprehension von der *objektiven Folge* der Erscheinungen" abzuleiten [156]. Aber, man bedenke wohl: mit der Apprehension ist die Vorstellung des empirisch Mannigfaltigen, aus deren Mehrzahl der Begriff gezogen wird, zu verstehen; und mit der empirischen Objektivität ist nur Erscheinungs-Objektivität gemeint. Das heißt, Kant sieht sich genötigt, die erfahrbaren Erscheinungen von etwas abzuleiten, was er die „Erscheinung selbst (die doch nichts an sich selbst ist)" nennt [157]. Die sogenannte empirische Welt liegt ausschließlich in der Immanenz des transzendentalen Subjekts, das aber selbst nicht zur Erscheinung zählt (B 506 Anm.) und somit unbegreiflich auf eine als bloßen Grenzbegriff aufleuchtende Transzendenz bezogen sein soll, die unter dem Rätsel des Ansich verborgen bleibt. Mit dieser *Äquivokation der „Erfahrung"*, diesem, wenn man so will, Selbstmißverständnis Kants, wird aber die sinnlich anschauliche Gegebenheit fragwürdig. Denn die materiale Anschauung soll doch das vom Denken schlechthin Unterschiedene sein: „... denn die Anschauung bedarf der Funktionen des Denkens auf keine Weise" [158].

Indem so das anschaulich Gegebene, das ja gar nicht primär in meinem „Verfügungsbereich" liegt, von dem ich mich ansprechen lassen, das ich in *seinem* Selbst (im Gegensatz zu meinem) ernstnehmen muß, indem dies so seinen „Anmutungscharakter" vor dem Gespenst eines bloß transzendental-subjektiven „Konstitutionsproduktes" zu verlieren droht, weil das Ansich zwar möglicher Einstrahlpunkt, aber — da wir darüber gar nichts wissen — theoretisch und faktisch doch nur die unübersteigliche Grenze bedeutet, so wird es verständlich, daß auch das transzendentale Subjekt selbst eine eigentümliche theoretische Einkapselung erfährt. *Zu der wirklichkeitslosen Objektivität tritt das subjektlose Subjekt.* Die Ratlosigkeit Kants gegenüber dem Ich, an deren theoretischer Durchleuchtung später Fichte — freilich ohne befriedigende Lösung des Transzendenzproblems — einsetzen sollte, wird besonders deutlich in jenen Sätzen, in denen es von dem Ich, dem derselbe Kant doch so viele theoretische „Vermögen" zuschrieb, heißt: „... die leere Vorstellung: *Ich*, von der man nicht einmal sagen kann, daß sie ein Begriff sei, sondern ein bloßes Bewußtsein, das alle Begriffe begleitet. Durch dieses Ich, oder Er, oder Es (Das Ding), welches denkt, wird nun nichts weiter als ein transzendentales Subjekt der Gedanken vorgestellt = x, welches nur durch die Gedanken, die seine Prädikate sind, erkannt wird, und wovon wir, abgesondert, niemals den mindesten Begriff haben können"[159]. Aber gerade dadurch, daß dem Ich seine Subjekthaftigkeit theoretisch genommen wird, wird es verständlich, inwiefern dies nun auf der anderen Seite zu praktischen Postulaten führen muß. Das heißt, die Zweideutigkeit der „Erfahrung" und damit zusammenhängend die Überbetonung der Seite der „leeren" Subjektivität muß den Dualismus aus praktischer Nötigung hervorbringen. Ansonst gäbe es nur Naturkausalität, eine theoretisch „unsittliche Wirklichkeit"[160]. In der dritten Antinomie der reinen Vernunft heißt es: „Es setzt aber ein jeder Anfang zu handeln einen Zustand der noch nicht handelnden Ursache voraus..." (B 474). Das ist logisch keineswegs so einsichtig, wie es scheint. Es ist der Standpunkt eines reinen Endlichkeitsdenkens; denn in der Bevorzugung des kontradiktorischen Gegensatzes (Handeln: Nicht-Handeln) an Stelle eines ebenso zulässigen, bloß konträren (Handeln a: Handeln b) zeigt sich Kants vortheoretische Neigung zur natürlichen und dinglichen Seinseinstellung. Weil die Kausalreihe zu keinem Ende führt und überdies die Erscheinungen ja keineswegs für etwaige Dinge an sich genommen werden dürfen, „... schafft sich die Vernunft die Idee von einer Spontaneität, die von selbst anheben könne zu handeln..."[161]. Diese Spontaneität, die „Kausalität aus Freiheit", steht außerhalb der Reihe der Erscheinungen und gehört selbst auch nicht der Welt der Erscheinungen an[162].

Wir werden dieses Problem bei der Kr. d. pr. V. noch einmal aufnehmen müssen. Hier sei nur auf die Unstimmigkeit hingewiesen, die vor allem darin liegt, daß die Kategorie der „Kausalität", die doch ausdrücklich auf die Immanenz möglicher „Erfahrungen" als Erscheinungen eingeschränkt ist, nun als „causa noumenon" zur Vermittlung der intelligiblen mit der sensiblen Welt dienen soll[163]. Unter dem Titel, „daß wir davon nichts wissen können", sagt Kant dann über diese Verbindung doch allerlei aus. Zur „unsittlichen Wirklichkeit" tritt die „unwirkliche Sittlichkeit"[164].

Das bisher Gesagte wird noch deutlicher in dem Abschnitt der Kr. d. r. V., der „von der Amphibolie der Reflexionsbegriffe" handelt. Kant wirft dort Leibniz vor, daß er die „numerische Identität" durch sein „Prinzip der Identität des Ununterscheidbaren" auf Erscheinungen angewandt habe, die doch jederzeit sinnlich, d. h. zumindestens doch durch die „Verschiedenheit der Örter" charakterisiert seien; diese jedoch sei ein „genugsamer Grund der numerischen Verschiedenheit". Der Raum allein bedinge sie als äußere Erscheinungen der Sinnlichkeit. Ob diese Kritik aus Kants eigenen Überzeugungen legitim ist, kann hier nicht ausführlich dargestellt werden. Anzumerken ist nur, daß der Raum für Kant bekanntlich nichts an sich sein kann, sondern lediglich eine subjektive Form der Sinnlichkeit. Darin wäre er mit Leibniz einig. Wenn nun aber derselbe Raum als Kriterium für das dem Intellekt (und jeder Intellektualisierung) ganz Andere und Heterogene fungieren soll, so wird die Fragwürdigkeit dieses Einwandes deutlich. Besonders deutlich noch durch die mit der Äquivokation der „Erfahrung" mitgegebene Zweideutigkeit der Rede vom „Außen". Geradezu falsch wird es aber, wenn Kant behauptet: „Leibniz nahm die Erscheinungen als Dinge an sich selbst, ..." Das Gegenteil ist, wie wir im ersten Kapitel gesehen haben, wahr. Leibniz nahm ausdrücklich gewisse Erscheinungen (bloßes Aggregat, z. B. Marmorblock, Steinhaufen) aus. Sie waren ihm als lediglich subjektive „Einheiten" gerade wegen ihrer *nur* diffusen Räumlichkeit, d. h. wegen ihrer nur plural und passiv kausierten Körperlichkeit, objektiv Fiktionen (Nicht-Einheiten = bloße Aggregate) und keineswegs Dinge an sich. Genauso und aus demselben Grunde falsch ist die Kantische Behauptung, daß Leibniz „aus allen Substanzen, weil er sie sich als Noumena vorstellte..." Monaden gemacht hätte. Wörtlich stimmt es durchaus. Substanzen sind für Leibniz mit Monaden identisch. Dennoch stimmt es der Sache nach bei Kant nicht, da bei Kant, im Gegensatz zu Leibniz, die Substanz die Kategorie der räumlichen Beharrlichkeit meint. Das Gegenteil davon aber, die nichträumliche logische Werdenseinheit, bei Leibniz die Monade ausmacht. Unsere dritte These gegen Kant lautet demnach: *es kann nur bedingt davon die Rede sein, daß Leibniz „die Erscheinungen als Dinge an sich selbst" nahm*. Eingeschränkt eben durch den von Kant nicht berücksichtigten Unterschied zwischen individueller Substanz und Aggregat. Es trifft also keineswegs generell zu, daß „Leibniz die Erscheinungen intellektuierte". Leibniz ging durchaus von der sinnlichen Gegebenheit aus, aber er blieb nicht bei ihr als bei einem *anderen* „Stamm der Erkenntnis" stehen, sondern er durchstieß, wie später Hegel, diesen räumlich-körperlichen Schein, um zum „Ansich" zu gelangen [165].

Ist einmal dieser Durchstoß zum Ansich gelungen, wie wir ihn in Leibniz' Unterscheidung zwischen Monade und Aggregat, zwischen Einheit und Vielheit als prinzipiell geleistet anerkennen mußten, d. h. ist einmal eingesehen, daß für die Erkenntnis das räumliche Substrat zwar die erste Gegebenheit, von der immer ausgegangen werden muß, sei, so ist damit doch nicht zugleich gesagt, daß dies Substrat im Fortgang der Erkenntnis auch das letzte bleiben müsse. Denn hier stellt sich gerade das Umgekehrte heraus: was für die *Erkenntnis* das erste ist, das ist für das fundamentallogische *Wissen* das zweite. Aristoteles' Unterscheidung, wonach das Werden dem Gewordenen vorausgeht, so daß nur über das „spätere" Gewordensein das „frühere" Werden erkannt werden kann, trifft auch hier zu [166]. Diese Richtungsumkehrung der Erkenntnis gegenüber der Wirklichkeit gilt — ergänzend zum vorigen Kapitel — auch für die Kausalität: in der Erkenntnis fragen beide, die finale sowie die kausale Betrachtung, nach rückwärts; die methodologischen Unterscheidungen zwischen „Gegenständlichkeit" und „Selbstbesinnlichkeit" sind nur die Fortführung dieses bei Leibniz erstmals gesichteten Problemstandes, vor dem Kants Denken sich verschloß. Und woraus denn schließlich sollte man hier einen Beweis führen, wenn nicht „nach bloßen Begriffen"[167]? Es geht niemals ohne die primäre anschauliche Gegebenheit, aber diese darf nicht, wie im Grunde bei Kant, das letzte Kriterium des Wissens bleiben. Dann nämlich würde man bei einer bloßen Deskription der doxischen Dinglichkeit stehenbleiben, wo der Augenschein des natürlichen „lebensweltlichen Glaubens" (Husserl) den Vorrang vor dem Denken hätte. Unsere vierte These lautet demnach: *ein echter Beweis ist allein „rein aus Begriffen" möglich.*

Genau genommen „sind" die Monaden aber auch keine Dinge. Denn Dinge und identisches Substrat der Anschauung sind ganz dasselbe. Unsere letzte, fünfte These gegen das Leibniz-Verständnis der Kr. d. r. V. heißt: *Die Monaden können logischerweise keine Dinge sein*, denn als zeitlich-individuelle Einheiten dynamisch sich entwickelnder Logizität stellen sie mit der Aufhebung des statischen Seins (= Gegen-stand) zugleich die Aufhebung der beharrenden Identität dar. Schon bei Chr. Wolff wird für ein „wirkliches Ding" ausdrücklich Widerspruchslosigkeit gefordert. Daß Kant aber einen anderen Dingbegriff als den Wolffischen besessen habe, müßte erst bewiesen werden[168]. Auch ist die mit der subsumtiven Dinglogik immer zugleich mitgegebene Entindividualisierung zugleich eine Entzeitlichung[169].

B. In der Kritik der praktischen Vernunft

In der „Kritik der praktischen Vernunft" setzt nun das Ringen mit „jenem schweren Problem, ... an dessen Auflösung Jahrtausende vergeblich gearbeitet haben", zentral ein [170]. Es ist das Problem Freiheit/Kausalität, das, sofern es theoretisch gelöst werden könnte, doch den wissenschaftlichen Zugang zum Intelligiblen ermöglichen würde.

Zunächst gilt die Ablehnung des „Gefühls" bei der Deduktion des „Gesetzes der Kausalität durch Freiheit" und die dadurch gewonnene faktische „Autonomie des Willens" (das „moralische Gesetz"), ebenso wie das Apriori bei Kant überhaupt, als Index für den Vorrang des Denkens [171]. Aber die radikale Ablehnung der „Neigungen", die „immer ein noch größeres Leeres übrig lassen", steht doch — damals wie heute — im schroffen Gegensatz zu denselben Tatsachen, durch die uns das Sittengesetz selbst, nicht theoretisch, sondern eben gerade nur faktisch gegeben ist. Es ist einfach nicht wahr, und zwar theoretisch und empirisch nicht zutreffend, daß die Neigungen „immer ein noch größeres Leeres übrig lassen" [172]. Wir wissen heute aus den theoretisch und empirisch genugsam gesicherten Erkenntnissen der modernen Psychologie, daß die Seele ein „selbstregulierendes System" sei, welches „balanciert (ist) wie das Leben des Körpers. Für alle exzessiven Vorgänge treten sofort und zwangsläufig Kompensationen ein, ohne die gäbe es weder einen normalen Stoffwechsel, noch eine normale Psyche" [173]. Wenn Kant zu seiner Zeit der Meinung war, daß die Neigungen ins Bodenlose führen, dann anerkennt er damit für die Seele statt der Vielfalt lebensnotwendiger Neigungen nur Triebe nach dem Auslösungsschema der Willkür. Man könnte einwenden, daß es unbillig sei, von Kant Einsichten zu verlangen, die er doch nun einmal nicht hatte und seiner Natur nach auch nicht haben konnte. Dem ist aber zu erwidern, daß Leibniz, Carus, Herder und Hamann — um auch Zeitgenossen zu nennen — derartigen Problemen wesentlich aufgeschlossener gegenüberstanden und daß es für uns darauf ankommt, die einmal errungenen Einsichten festzuhalten. Auch sind gerade diese ethischen Maximen Kants noch etwas zu sehr in unseren Köpfen steckengeblieben. Zudem haben wir es hier mit dem Denkschema der Aufklärung zu tun. Der

Absolutismus des bloßen Verstandes duldet keine Einsichten ohne Angst.

Mit der Rede von der faktischen Gegebenheit der Freiheit als einer „Autonomie des Willens" wird nun der Gegebenheitsbegriff der sinnlichen Empirie, wie wir ihn in der Kr. d. r. V. beobachteten, wesentlich erweitert, wo nicht gar umgestoßen. Und zwar erfolgt auch hier der Einsatz genauso wie in der 3. Antinomie der Kr. d. r. V. Bei dem einmal angenommenen Dualismus der beiden Reiche, dem der Sinnlichkeit und dem des Verstandes, folgt das Gesetz der Freiheit — e contrario — kontradiktorisch aus der Naturnotwendigkeit. Denn die „bloße Form des Gesetzes lediglich von der Vernunft vorgestellt ... kann ... nicht unter die Erscheinungen" gehören[174]. Es ist nun ebenso bewundernswert wie lehrreich, zu sehen, wie der Kant der Kr. d. r. V. den entscheidenden Durchbruch zum Intelligiblen (das ein Ansich zu nennen er sich nicht gewehrt hat, z. B. B 567 und pr. V. 133, 139) als ein bloßes Faktum, das nicht weiter erklärbar sei, vollzieht. Bewundernswert, daß er diesen Durchbruch aus dem Gehäuse der theoretischen Immanenz überhaupt vollzieht. Lehrreich aber insofern, wenn wir sehen, wie sehr die Unmöglichkeit, diesen Durchbruch auch theoretisch zu bewältigen, mit dem Problem der Zeit verknüpft ist. Es ist dies fast tragisch zu nennen, da Kant sich hier in seine eigenen, in der transzendentalen Ästhetik gesponnenen Netze einfängt.

Die Kausalität als Naturnotwendigkeit bezieht sich auf die Existenz der Dinge in der Zeit als Erscheinungen. Jede Wirkung steht unter der zeitlichen Bestimmung einer ihr vorhergehenden Ursache. Notwendigkeit und Freiheit sind unvereinbar. Das ist vollkommen richtig, sofern wir die dinglich körperliche Realität, d. h. mit Leibniz zu reden, sofern wir die aggregathafte Körperlichkeit generell — ohne Rücksicht auf das etwaige Vorhandensein einer sie individuell zentrierenden Monadizität — verabsolutieren. Kants Begründung in unserem Zusammenhang ist, wo nicht für diese Verabsolutierung, so doch für diesen, entgegen Leibniz' grundsätzlicher Unterscheidung von Monade und Aggregat, typischen Denkfehler bezeichnend. Wir werden das noch genauer und explizit aufzeigen. Die Begründung lautet vorerst: „Da nun die vergangene Zeit nicht mehr in meiner Gewalt ist, so muß jede Handlung, die ich ausübe, durch bestimmende Gründe, die nicht in meiner Gewalt sind, notwendig sein, d. i. ich bin in dem Zeitpunkte, darin ich handle, niemals frei" [175]. Zunächst also spricht Kant hier gar nicht von Kausalität, sondern von motivierten Handlungen [176]. Das aber schließt ein: das handelnde Ich als Ich ist niemals Causa, sondern Grund. Die bloße Körperlichkeit kann natürlich als Causa fungieren, etwa, wenn Leichname an Stelle von Sandsäcken als Barrikaden benutzt werden; aber gerade dann hat man es ja nicht mehr mit Ichen zu tun. Kant ist nun weit entfernt, dermaßen vom „Ich" zu abstrahieren und seine Lösung des Problems besteht demnach darin, daß die notwendige Naturkausalität den „Erscheinungen", die Freiheit aber „eben demselben Wesen, als Dinge an sich selbst" beigelegt wird [177]. Denn, wie könnte, wenn wir die Zeit den Dingen an sich selbst beilegten, die „Fatalität vermieden" werden [178]? Es ist dies genau der Einwand, den Kant schon, wie wir sahen (S. 65 f.) gegen seine Kritik d. r. V. befürchtete. Denn jene einfache Substanz denkender Wesen ist uns eben nicht als „leere Vorstellung", sondern — und dies wesentlich — als logisch-konkrete Zeitigung gegeben.

Damit kehren wir zu Kants Begründung zurück: „Da nun die vergangene Zeit nicht mehr in meiner Gewalt ist..." Wie eben gezeigt wurde, handelt es sich hier nicht um Kausalität, sondern um zureichende Motivgründe. Und da stimmt es, wie wir bei der Untersuchung der „individuellen Substanz" und deren unendlichem Perzeptionsstrome sahen, offensichtlich nicht oder jedenfalls nicht völlig, daß „die vergangene Zeit nicht mehr in meiner Gewalt ist". Denn ich habe doch nur Gewalt auf Grund der niemals abreißenden, die Vergangenheit in der Gegenwart mit der Zukunft verbindenden, individuellen logischen „Substanzzeit" selbst. Logische Zeitigung aber in Form des Erinnerns ist — wie man seit Hegel wissen kann —

Geist. Das ist der begriffliche Sinn dessen, was bei Leibniz als „individuelle Substanz" auftrat und das dann später bei Hegel als jenes Rätsel des „Begriffs" in nur allzuoft und geradezu normaliter unbegriffener Weise wieder auftauchen sollte. „Wir müssen überzeugt sein, daß das Wahre die Natur hat, durchzudringen, wenn seine Zeit gekommen, und daß es nur erscheint, wenn diese gekommen, und deswegen nie zu früh erscheint, noch ein unreifes Publikum findet"[179].

Daß Kant die fragliche Unterscheidung zwischen Grund und Causa nicht explizit, sondern de facto nur mit dem Kunstgriff der Unterscheidung von „Ding an sich" und „Erscheinung" durchführen konnte, hat seinerseits einen durchaus expliziten und zureichenden Grund. Schon in der Kr. d. r. V. wird ein und dasselbe „Wesen" in zweierlei Hinsicht betrachtet. Als „sensibel" in Ansehung der Erscheinungen, hier gilt die Naturkausalität, und als „intelligibel" in Ansehung der Dinge an sich selbst, hier gilt die Freiheit. Es ist zu beachten, daß Kant hier den Ausdruck „Wesen" verwendet; so ganz wohl wird ihm dabei nicht gewesen sein. Und doch ist seine wörtliche Formulierung, wonach man die „*Kausalität* dieses Wesens auf zwei Seiten betrachten (kann), als *intelligibel* nach ihrer Handlung, als eines Dinges an sich selbst, und als *sensibel* nach den Wirkungen derselben, als einer Erscheinung in der Sinnenwelt" schwerlich abzulehnen[180]. Die Unklarheit kommt nur dadurch hinein, daß für beide Bereiche das Wort Kausalität verwendet wird. Kausalität ist eine bloße Denkkategorie für *Gedachtes*, für *bloß* Körperliches, für etwas, das ich nach Leibniz unter Ignorierung seiner etwa gegebenen individuellen Logizität als bloß Materielles verwende oder anschaue. Nur dem Gedachten, nicht aber dem Denken ist die Kausalität angemessen. Würde ich also die Kausalität auf das Ich qua Denken anwenden, so würde ich mich gerade nach Kant der größten Pervertierung des Sittengesetzes schuldig machen. Denn „der Mensch, und mit ihm jedes vernünftige Geschöpf, ist Zweck an sich selbst". Die „Persönlichkeit, d. i. die Freiheit" gründet gerade in der „Unabhängigkeit von dem Mechanismus der ganzen Natur", so daß ich ein vernünftiges Wesen „niemals bloß als Mittel, sondern zugleich selbst als Zweck zu gebrauchen" berechtigt bin [181]. Gerade deswegen kann man aber nicht sagen, daß der Mensch „zugleich ... zu beiden Welten gehörig" sei. Denn als körperlicher Kadaver ist er kein Mensch mehr. Schließlich haben wir es nur mit einer Welt zu tun. Und in dieser unserer Welt stellt die Kausalität eine ganz bestimmte Art der menschlichen Weltanschauung dar, von der es mehr und mehr feststeht, daß sie der lebendigen Natur nicht angemessen ist, ja, wie wir gesehen haben, nicht angemessen sein kann.

Diese unsere fundamentallogischen Erkenntnisse werden von der Fachwissenschaft bestätigt. (Wir können daher über etwaigen Streit innerhalb der Fachwissenschaft ganz beruhigt sein.) So setzt z. B. Bertalanffy dem summenhaften Zusammentritt einzelner Komponenten beim Kristallgitter die hierarchische Ausgliederung eines Keimes entgegen. Er sagt dazu: „... im biologischen Bereich (ist) keimes- und wahrscheinlich auch stammesgeschichtlich primär das Ganze, das sich in Teilsysteme aufgliedert" [182].

Man kann somit nicht sagen, wie Kant tut, daß es „eben dasselbe Wesen" oder „Subjekt" sei, das man „zugleich" nach zwei Seiten zu betrachten habe. Denn, um es noch einmal zu wiederholen: der bloß körperliche Kadaver ist ebensowenig *ein* Ich wie ein Mensch. Und wenn Kant dennoch der Ansicht ist, daß „der Wille eines vernünftigen Wesens, das als zur Sinnenwelt gehörig, sich gleich anderen wirksamen Ursachen (!) notwendig den Gesetzen der Kausalität unterworfen erkennt, im Praktischen, doch zugleich ... seines in einer intelligiblen Ordnung der Dinge bestimmbaren Daseins bewußt ist, ..."[183], so hat dies — abgesehen von banaler Richtigkeit — philosophisch nur einen zureichenden Grund. Es ist jener typische Denkfehler, den Leibniz' Unterscheidung zwischen individueller Substanz (Monade) und Aggregat beseitigte und deren Nichtberücksichtigung Kant ein Hinausgehen über die traditionell subsumtive Gegenstands-Logik nicht gestattete. Sein naiver Glaube an die *dingliche* Seinsgegebenheit hat hier seiner Methode die Grenzen gesetzt.

Das vernünftige Wesen, das wir Mensch nennen, ist ein ausschließlich geschichtliches Wesen und sein organischer Leib ist als organischer, d. h. solange er lebt, niemals kausal, sondern, was die Eigentlichkeit seiner Prozesse anlangt, immer final. Das abstrakte Sollenspostulat des Sittengesetzes vermag niemals die Vergangenheit auszulöschen. Das ist eine Tatsache von weittragendster geisteswissenschaftlicher Bedeutung. Mit der Auslöschung der Vergangenheit würde man jenes vernünftige Wesen ins Mark treffen. Saulusbekehrungen hat es immer gegeben, aber gerade sie lebten wesentlich aus dem, was Hegel „negative Beziehung" nannte. Ihre Vergangenheit war ihr Motor. Wenn, theologisch gewendet, Gott nicht der Schöpfer der substanziellen Zeit selbst sein kann, „weil diese als notwendige Bedingung a priori dem Dasein der Dinge vorausgesetzt werden muß", so hieße das Gott verendlichen. Gott ist aber kein Transzendentalphilosoph, sondern eher diese substanziell erfüllte Zeit selbst. Gelänge es — eine Utopie —, die Struktur dieser Zeit völlig sichtbar zu machen, so hätten wir das Weltgesetz, das „TAO". Natürlich hat Kant diese substanzielle Zeit nicht gemeint. Dennoch aber finden wir bei ihm Gedanken, wie diesen: daß „Gott doch nicht die Ursache der Zeit selbst sein kann"[184], woraus erhellen mag, daß wohl sein systematischer Zwang, nicht aber seine Einfälle derartige Fragen ausschlossen. Ich habe dies auch nur darum anführen wollen, um zu zeigen, wie absurd es wäre, wenn man die kantische Zeit verabsolutieren wollte[185].

Wenn also Kants Methode hier ganz bestimmte Grenzen gesetzt sind und wenn, wie es nach dem Hinweis auf Leibniz klar sein dürfte, die Unterscheidung zwischen Monade und Aggregat sich keineswegs mit der zwischen „Ding an sich" und „Erscheinung" deckt, so ist es anderseits, wie bereits gesagt, doch bewundernswert, daß Kant den Durchbruch zum Intelligiblen überhaupt vollzieht. Und wenn ausdrücklich gesagt wird, daß die „causa noumenon" unmöglich in ihrem logischen Verhältnis erweisbar sei, es mithin keine Theorie der Freiheit gäbe[186], sondern sie nur als bloßes „Faktum, worin sich reine Vernunft bei uns in der Tat praktisch beweiset"[187], gegeben sei, so liegt in diesem Hinweis dennoch, so wie er auch von Fichte aufgefaßt wurde, der mögliche Ansatz zu einer auch theoretischen „Erweiterung im Felde des Übersinnlichen" (pr. V, 144). Es „fängt von meinem unsichtbaren Selbst, meiner Persönlichkeit an, und stellt mich in einer Welt dar, die wahre Unendlichkeit hat"; obgleich es nicht einzusehen ist, woher mir, einem „tierischen Geschöpf, das die Materie, daraus es ward, dem Planeten wieder zurückgeben muß", die „Lebenskraft" kommt[188]. Kant kommt — entgegen allen Einwänden — an einer Stelle der Kr. d. pr. V. Leibniz sogar sehr nahe; es geschieht dies im Zusammenhang mit der „intellektuellen Anschauung", bei der Fichte dann einsetzen sollte. Es heißt dort, daß das „Sinnenleben ... in Ansehung des Bewußtseins seines intelligiblen Daseins (der Freiheit) absolute Einheit eines Phänomens [habe] ... sofern es ... nicht nach der Naturnotwendigkeit, sondern nach der absoluten Spontaneität der Freiheit beurteilt werden muß. Man kann also einräumen", heißt es weiter, „daß, wenn es für uns möglich wäre, in eines Menschen Denkungsart, so wie sie sich durch innere sowohl als äußere Handlungen zeigt, so tiefe Einsicht zu haben, daß jede, auch die mindeste Triebfeder dazu uns bekannt würde, im gleichen alle auf diese wirkende äußere Veranlassung, man eines Menschen Verhalten auf die Zukunft mit Gewißheit, so wie eine Mond- oder Sonnenfinsternis, ausrechnen könnte, und dennoch dabei behaupten, daß der Mensch frei sei. Wenn wir nämlich noch eines andern Blicks (der uns aber freilich gar nicht verliehen ist, sondern an dessen Statt wir nur den Vernunftbegriff haben), nämlich einer intellektuellen Anschauung desselben Subjekts fähig wären, so würden wir doch inne werden, daß diese ganze Kette von Erscheinungen ... von der Spontaneität des Subjekts, als eines Dinges an sich selbst, abhängt, von deren Bestimmung sich gar keine physische Erklärung geben läßt"[189].

So hat uns Kant in der Kr. d. pr. V. doch einen bedeutsamen Hinweis gegeben, einen Hinweis freilich, der aus den genannten methodischen Beschränkungen heraus für Kant nicht mehr als ein nur praktischer Hinweis sein sollte. An Stelle der Einheit der Welt tritt die „Einheit der Erfahrung"; die Kritik der reinen und der praktischen Vernunft wird durch die Klammer der einen zeitlosen Vernunft zusammengehalten, die ihm, einmal theoretisch und zum anderen praktisch, „durch die Tat bewiesen" ist [190]. Allein die Reflektion auf diesen Beweis „durch die Tat" hätte ihn, so sollte man meinen, doch auch zum Eingeständnis einer theoretischen Erweiterung der Erkenntnis führen können. Dies verhinderte jedoch der dualistische Grundansatz des Systems. Er wäre einer solchen Reflektion vielleicht zum Opfer gefallen.

C. In der Kritik der Urteilskraft

Die eigentliche Frage der Kr. d. U. lautet erstens: ob die Maxime der Zweckmäßigkeit „ein objektives Prinzip der Natur sei", und zweitens: „ob die Zweckverknüpfung in der Natur eine besondere Art der Kausalität für dieselbe beweise" [191]? Die Antwort Kants geht dahin, daß ein solches Prinzip „weder objektiv bejahend noch objektiv verneinend, ..." behandelt werden könne, „weil" einem solchen Begriffe, „da er nicht aus der Erfahrung gezogen werden kann, auch zur Möglichkeit derselben nicht erforderlich ist, seine objektive Realität durch nichts gesichert werden kann" [192]. Um diese Antwort zu verstehen, müssen wir etwas weiter in den Aufbau der Kr. d. U. eindringen. Wir erinnern uns zunächst daran, was im Zusammenhang der Kr. d. r. V. über den Doppelsinn der „Erfahrung" gesagt wurde. Entsprechendes gilt für den Begriff der „Natur". „Natur" ist für Kant einmal der „Zusammenhang der Erscheinungen ihrem Dasein nach, nach notwendigen Regeln, d. i. nach Gesetzen" a priori [193]. Denn, wie Georg Simmel sagt: „Die Welt ist ihm

Realität, insofern sie Inhalt der — schon gewonnenen oder möglichen — Wissenschaft ist; was den Bedingungen dieser nicht entspricht, ist nicht ‚wirklich' " [194]. Dann aber wird von der „Natur im Subjekte", vom „Talent" als „Naturgabe", von der „Natur ... sofern sie wirklich (obzwar übermenschliche) Kunst ist", von „der Natur ... in ihrer Freiheit", zu der „wir selbst ... im weitesten Verstande gehören", gesprochen [195]. Wir haben also, modern gesprochen, die Natur einmal als bloßes Konstitutionsprodukt, es ist die Natur der mathematischen Naturwissenschaften und zum anderen die „ewig schaffende Natur" selbst, die Natur Rousseaus und Goethes. Beide stehen im schärfsten Gegensatz zueinander und werden bei Kant vielfach in nicht immer deutlicher Unterscheidung voneinander gebraucht. Im wesentlichen jedoch wird die erste Bedeutung der theoretischen und die zweite Bedeutung der praktischen Vernunft zugeordnet.

Die Beantwortung der Hauptfrage, ob Zweckmäßigkeit ein objektives Prinzip der Natur sei, fällt in der Kritik der ästhetischen Urteilskraft durchaus negativ aus. Ein Realismus der Zweckmäßigkeit ist in keiner Weise erlaubt, es herrscht allein das Prinzip der „Idealität der Zweckmäßigkeit". Es ist nicht eine „Gunst", die die Natur uns Menschen „erzeigt", sondern im Gegenteil, es ist unsere Gunst, „womit wir die Natur aufnehmen". „Die Eigenschaft der Natur" besteht gerade darin, „daß sie für uns Gelegenheit enthält, die innere Zweckmäßigkeit in dem Verhältnis unserer Gemütskräfte in der Beurteilung gewisser Produkte derselben wahrzunehmen ..." Das heißt, die ästhetische Urteilskraft ist „selbst gesetzgebend", alle Objektivität wird als „Heteronomie" ausgeschlossen [196]. Die „Eigenschaft der Natur" liegt demnach darin, uns Gelegenheit zur Freiheit zu geben.

Diese Problemverschiebung enthält den Schlüssel zu Kants theoretischer Lösung der in der Kritik der Urteilskraft behandelten Hauptfragen. Eine Lösung, die seinen kritisch dualistischen Grundansatz, der durch die ehrliche Anerkenntnis jener „organisierten Produkte" der Natur mehr als gefährdet war, dennoch zu retten gestattete. Eine Lösung freilich, die für uns heute kaum noch stichhaltig sein dürfte: es ist die „Deduktion der Geschmacksurteile", ein Beginnen, das sich bereits am Schlusse der Kr. d. pr. V. ankündigt [197] und den Versuch zu einer Überwindung des Subsumtionsschemas darstellt, in Wahrheit aber doch nur die theoretische Grenze eines für allmächtig genommenen transzendentalen Subjekts bedeutet. Diese theoretische Grenze gilt es aber nicht nur in praktischer, sondern auch in theoretischer Hinsicht zu überwinden. Kant selbst hat uns gerade auf Grund seiner explizierten theoretischen Selbstbeschränkung manche Sicht in dieser, seit Leibniz eingeschlagenen, Richtung freigelegt. Er stellt, so gesehen — in Hinsicht auf die logischen Grundeinsichten —, die Negation der Leibnizschen Position dar, deren methodische Zusammenschau das Thema der Hegelschen Philisophie ausmacht.

Wie aber wird nun die Deduktion der Geschmacksurteile vorgenommen? Nehmen wir an, es sei uns ein irgendwie angenehm affizierender Gegenstand der sinnlichen Natur gegeben. Hierdurch werden die Erkenntniskräfte, Einbildungskraft (Apprehension) und Verstand (Apperzeption) in ein „freies Spiel" versetzt, das als „proportionierte Stimmung" subjektive Allgemeinheit „zu einer Erkenntnis überhaupt" besitzt und daher „für jedermann, der durch Verstand und Sinne in Verbindung zu urteilen bestimmt ist", gültig sein muß [198]. In einem Geschmacksurteile geht daher diese „allgemeine Gültigkeit" der bloß „privaten" Lustempfindung voran. Diese „Allgemeingültigkeit" der „subjektiven Bedingungen des Gebrauchs der Urteilskraft überhaupt", die „man in allen Menschen voraussetzen kann", muß somit „als für jedermann gültig a priori angenommen werden...". „Also ist es nicht die Lust, sondern die Allgemeingültigkeit dieser Lust, die mit der bloßen Beurteilung eines Gegenstandes im Gemüte als verbunden wahrgenommen wird, ..." [199]. Man fragt sich, wieso soll ein singuläres Geschmacksurteil frei von Empfindung und allgemein sein? Kants Antwort darauf lautet, indem hierbei nicht auf die Empfindung als solche, sondern auf die formale Relation der transzendentalen Ermöglichung eines Empfindungsurteils reflektiert werden müsse. Diese apriorische Relation ist allgemein für alle urteilenden Subjekte.

Daß diese subjektive Allgemeinheit als Bedingung der ästhetischen Beurteilung keine objektive Zweckmäßigkeit dartun könne, wird niemand bestreiten. Die Frage in unserem Zusammenhang aber ist eine andere. Während die Kr. d. r. V. ebenso wie die Kr. d. pr. V. vom abstrakt Allgemeinen ausgeht — den Kategorien und dem Sittengesetz —, geht die Kr. d. U., im Gegensatz dazu, gerade vom Besonderen aus. Die Aufgabe als logisches Problem gefaßt, hieße demnach: wie kann ich zu dem individuell und konkret Besonderen eine ebenso konkrete Allgemeinheit gewinnen? Die von Kant vorgenommene Reduktion auf eine subjektive Allgemeinheit nur der transzendentalen Relation nach, d. h. aber nur der formalen apriorischen Urteilsbedingung nach, bietet hierzu keinerlei Ansatz. Sie kann eine solche konkret-wirkliche Allgemeinheit, die ja die gesuchte objektive Zweckmäßigkeit wäre, keinesfalls begründen.

Damit ist der Weg für die weitere Behandlung der beiden Hauptfragen in der „Kritik der teleologischen Urteilskraft" vorgezeichnet. Die teleologische Beurteilung gehört lediglich „zur reflektierenden, nicht zu der bestimmenden Urteilskraft". Ihre Anwendung ist dort zulässig, „wo die Gesetze der Kausalität nach dem bloßen Mechanismus derselben nicht zulangen"[200]. So gelangt Kant zur Beschreibung des „eigentümlichen Charakters der Dinge als Naturzwecke": „Ein Ding existiert als Naturzweck, wenn es von sich selbst Ursache und Wirkung ist"; z. B. ein Baum. Er erzeugt sich selbst erstens der Gattung nach; zweitens erzeugt er sich als Individuum (Wachstum) und drittens werden die Blätter zwar von ihm erzeugt, aber dennoch erhalten sie wiederum ebenso den Baum. Jedes „Auge" und „Pfropfreis" ist „wechselweise" Wirkung wie Ursache des „Ganzen"[201]. „Denn das Ding selbst ist ein Zweck, folglich unter einem Begriffe oder einer Idee befaßt, die alles, was in ihm enthalten sein soll, a priori bestimmen muß"[202]. Man könnte einen Augenblick im Zweifel sein, wer hier spricht, Leibniz oder Kant; es ist aber Kant. Die Rede vom „Ganzen", vom unendlichen Funktionsganzen „des" Baumes führt uns in fast unmittelbare Nähe zu Leibniz. Denn was sollte ein „organisiertes und sich selbst organisierendes Wesen", ein solches Funktionsganzes letztlich anderes sein, als die nach konkreten Unterschieden wie Eiche und Buche, Apfel und Birne differierende monadisch lebendige *Struktur* selbst, die uns in ihrer spezifischen „Gestaltzeit" greifbar wird? Kant bewahrt uns jedoch sehr schnell vor einer solchen Orientierung auf Leibniz hin. Im Gegensatz zum ὅλον (Monade) bei Leibniz hat jenes „Ganze" bei Kant natürlich Teile und mit der Rede von den Teilen ist zugleich das dingliche Körper-Denken wieder inthronisiert, das populäre Denken des naiven Glaubens an den Augenschein, das Denken „über" etwas, das auf alle Fälle „Anderes" sein soll als Denken oder Wesen (infinitivisch). Dieses „Andere", was jenes „organisierte Wesen" als Funktionsganzes außerdem noch „ist", tritt uns dann an der zitierten Stelle auch sogleich entgegen als „gegebene Materie", als der „Körper" dessen, was „an sich und seiner inneren Möglichkeit nach als Naturzweck beurteilt werden soll", als „Stoff" der „liefernden Natur"[203]. Es ist nur zu beachten, was gemeinhin übersehen wird: die Rede von den „organisierten Wesen" der Natur stellt hier eine zwar genaue, dennoch aber eine bloße Deskription dieser Phänomene dar. Sie sind nämlich bei Kant mit einer „unerforschlichen Eigenschaft" begabt, mit einer „in sich bildenden Kraft", die im Gegensatz zu Leibniz nicht das Wesen der „Materie" selbst ausmacht, indem sie diese nämlich konstituiert —, sondern sie ist „eine solche, die sie den Materien mitteilt"[204]. Dadurch werden diese Materien zu jenem ganz „Anderen", das Kant philosophisch nicht begreift, sondern (als körperlich teilbare Materie) voraussetzt, um etwas als Objekt „vorstellen", d. h. für ihn — um „über" etwas als Objekt *formal* „denken" zu können. Leibniz ist Kant hier philosophisch überlegen, nicht, weil er eine genauere Deskription gegeben hätte, sondern darum, weil er diese „unerforschliche Eigenschaft" nicht unerforscht gelassen hat, wodurch jener naive Glaube an eine tote Materie erlosch und diese Kraft wieder als substanzielle Logizität, als Substanz des Logos *begriffen* werden konnte.

Nach den Voraussetzungen der Kr. d. r. V. könnte man hiergegen vielleicht versucht sein, die körperliche Materie für bloße „Erscheinung" zu erklären und alles erschiene in bester Ordnung. Zumal dann, wenn man sich rechtens darauf beruft, daß der Begriff der „Erscheinung ... bei Kant eine schlichte und eine ontologische Bedeutung" habe [205]. Es fragt sich jedoch, wie eine solche „schlichte" Erscheinung mit der oben skizzierten Äquivokation der Erfahrung methodisch in Einklang zu bringen ist und weiter, warum bei einer solchen Annahme die ganze Kritik überhaupt notwendig war. Andererseits hat uns gerade Leibniz belehrt, daß nicht jede Erscheinung auf ein Erscheinendes zurückweise; daher muß jene „schlichte" Erscheinung prinzipiell zweifelhaft werden. Dennoch, so könnte man von Seiten der Wissenschaftstheorie unter Hinweis auf Kant selbst einwenden: „... es kommt nicht darauf an, was die Natur ist, ... sondern wie wir sie aufnehmen." Es kann sich daher gemäß der Kr. d. r. V. nur um die „Idealität der Gegenstände der Sinne als Erscheinungen ..." handeln [206]. Und sofern man damit bei einer immanenten Kritik Kants, allein aus seinem System heraus, stehen zu bleiben gedächte, ließe sich darauf wenig sagen. Bei Leibniz kann es jedoch nicht zweifelhaft sein, daß es ihm gerade um eine Erweiterung einer auch so verstandenen Wissenschaftstheorie ging, daß es ihm durchaus darauf ankam, theoretisch zu klären, was die Natur selbst oder „an sich" sei.

Wie in der Kr. d. pr. V. bei der „Spontaneität des Subjekts ... von deren Bestimmung sich gar keine physische Erklärung geben läßt" [189], genauso erfolgt nun in der „Dialektik der teleologischen Urteilskraft" bei dem Funktionsganzen des „organisierten Wesens" — das man bei Weglassung dessen, was Leibniz „Apperzeption" nannte (die nur den Geistern zukommt), ebenso als Spontaneität (Perzeptivität) zu bezeichnen berechtigt ist — der Hinweis auf jenen „intuitiven Verstand". Der Aufweis dieses Zusammenhanges muß doch nachdenklich stimmen. Es drängt sich allen Ernstes die Frage auf, ob die von Kant festgestellte Beschränkung des Denkens auf die Diskursivität des Verstandes eine endgültige und unwiderlegbare sei? Hegel jedenfalls dachte anders [207]. Der „intuitive Verstand" tritt nämlich erstens immer in der Dialektik und zweitens immer bei der Spontaneität von Ich oder der eines anderen Wesens auf. Daß es sich dabei tatsächlich um ein Desiderat handelt, welches das ganze „System der Kritik" aus den Angeln zu heben geeignet wäre, geht auch schon daraus hervor, mit welcher Behutsamkeit Kant am Schluß der Einleitung der Kr. d. r. V. dieses Problem umschreibt: „Nur soviel scheint zur Einleitung oder Vorerinnerung nötig zu sein, daß es zwei Stämme der menschlichen Erkenntnis gebe, die vielleicht aus einer gemeinschaftlichen, aber uns unbekannten Wurzel entspringen, ...". Es wird damit der dualistische Grundansatz in Frage gestellt, denn schon in der A-Ausgabe war von einer „Syn-opsis" die Rede [208].

Kant erkennt nämlich klar, daß jener „intuitive Verstand" (negativ als nicht-diskursiver) eigentlich den angemessenen methodischen Schlüssel zu jenen Besonderheiten als Nicht-Gegenständen, die die „organisierten und sich organisierenden Produkte" doch sind —, und deren Untersuchung die Kr. d. U. gewidmet ist — enthalten müsse: Der diskursive Verstand geht von der abstrakten Allgemeinheit aus, ihm ist das Besondere nur zufällig; der intuitive Verstand dagegen müßte, vom Besonderen ausgehend — und, wie man hinzufügen muß, nicht generalisierend —, zu einer Allgemeinheit zu gelangen suchen, die nicht abstrakt, sondern konkret und „ganz" wäre. Ihr wäre dann das Besondere nicht zufällig, sondern notwendig [209]. Kant führt an dieser Stelle die Alternative für den intuitiven Verstand zwar nicht so aus, sondern begnügt sich mit der Nennung der einen (diskursiven) Seite, indem er die andere offen läßt. Seine Ausführung der anderen (intuitiven)

Seite, wenige Zeilen später, sieht etwas anders aus. Er setzt sich ausdrücklich von der Subsumtion und der mit ihr verbundenen Kontingenz ab und sagt dann: der intuitive Verstand müsse im Gegensatz zum diskursiven, der vom „analytisch-Allgemeinen (von Begriffen)" ausgehe, „vom Synthetisch-Allgemeinen (der Anschauung eines Ganzen, als eines solchen) zum Besonderen..., d. i. vom Ganzen zu den Teilen" (!) gehen [210]. Damit ist dann das Problem als theoretische Aufgabe — wie wir oben sahen — infolge des von Kant vorausgesetzten dualistischen Denkens „über" Materie gescheitert. Wie sollte auch eine Anschauung, die ja laut Voraussetzung niemals denkt, zu jenem „Synthetisch-Allgemeinen" gelangen? Was versteht Kant überhaupt unter einem „Synthetisch-Allgemeinen"? Lauter ungeklärte Fragen. Die Möglichkeit des Ganzen selbst hängt jedenfalls bei ihm nur diskursiv von den Teilen ab und nicht umgekehrt, die Möglichkeit der Teile vom Ganzen. (Vgl. hierzu oben S. 76). Es ist daher lediglich unsere „Vorstellung eines Ganzen", die für die „Beurteilung"(!) der fraglichen Erscheinungen einen solchen Grund als Zweckabhängigkeit vom Ganzen bedeutet, enthält [211].

Es gibt in dem ganzen „System der Kritik" nur eine einzige Stelle, an der Kant von *einem* „Ganzen" spricht, das dem morphologisch gegebenen Augenschein widerspricht — überdies ein Beispiel, das man bei ihm so leicht nicht vermuten sollte, das, durch die moderne Forschung jedoch längst bestätigt, Zeugnis gibt von einem durchaus unvoreingenommenen Blick. In der „Methodenlehre der teleologischen Urteilskraft" heißt es: „Es gibt nur eine einzige äußere Zweckmäßigkeit, die mit der inneren der Organisation zusammenhängt... Dieses ist die Organisation beiderlei Geschlechts in Beziehung aufeinander zur Fortpflanzung ihrer Art; denn hier kann man immer noch, ebenso wie bei einem Individuum fragen, warum mußte ein solches Paar existieren? Die Antwort ist: Dieses hier macht allererst ein organisierendes Ganze aus, obzwar nicht ein organisiertes in einem einzigen Körper" [212]. Aber diese Stelle bleibt nur ein Hinweis und wird, wie schon die Rede von der „äußeren Zweckmäßigkeit" bezeugt, methodisch nicht weiter ausgewertet. Daß die äußere Zweckmäßigkeit ebenso eine „innere" ist, übersah Kant auch noch an einem anderen Sachverhalt. Es hängt dies ebenfalls, wie mehrfach gezeigt wurde, mit seinem in methodischer Hinsicht streng durchgehaltenen dualistischen Grundansatz zusammen, der ihm eine theoretische Einsicht in die Logik des Ich-Problems versagte. Es geht hierbei speziell um die logische Struktur der artifiziell erzeugten Gebilde, vor allem der Genieprodukte. Mit Nachdruck hat Theodor Litt darauf hingewiesen, daß hier ein „Umsturz" der Prinzipien der kritischen Philosophie vorliege: „In der Entstehung des Kunstwerkes sehen wir, im Schöpferwillen sich zu ihrer höchsten Äußerung zusammenfassend, dieselbe Potenz am Werke, die als ‚Natur' dem schauenden Menschen die auf ihn abgestimmten Gestalten entgegenträgt." Der „Ursprung dessen, was im ästhetischen Bewußtsein erfahren wird", ist nicht mehr „in die Dunkelheit eines ‚Ansich' abzuschieben". Es ist die „individuelle Kraft der Gestaltung..., daß keiner dieser schöpferischen Prozesse ein beliebig oft wiederholbarer Fall eines [abstrakt] Allgemeinen ist, ... daß das logische Schema der Subsumtion ... dem Intelligiblen nicht angemessen ist. Daß das Genie einer begrifflichen Rechenschaftsablage über sein Tun nicht fähig ist, darin bezeugt es gerade seine Verwurzelung in jenen ‚Ansich' der Natur, welche in der Idee des ‚intelligiblen Substrats' zwar gedacht, aber nicht erkannt wird" [213].

Wenn also „die Natur im Subjekte der Kunst die Regel" gibt, d. h. wenn der Künstler sich müht, die „Produkte der schönen Kunst" zu gestalten, „um sie dem Gedanken angemessen..." werden zu lassen, so muß sich doch wohl eine logische *Struktur* dieser Erzeugung finden lassen [214]. Und diese Struktur kann sich nicht nur auf die unbewußte Genieschöpfung beziehen. Denn der Akzent liegt zunächst gar nicht auf dem „unbewußt", sondern auf der Schöpfung oder der Erzeugung selbst. Nun hat Leibniz der bloß gedachten Zweckmäßigkeit ebensowenig den Rang des Substanziellen zugesprochen wie

Kant bei der „äußeren" Zweckmäßigkeit etwa die Struktur des Denkens aufgegangen wäre. Aus seinem Ansatz heraus hätte Leibniz dies aber tun müssen. Die „petites perceptions" geben dafür — im Zusammenhang mit dem Satz des Grundes — einen Hinweis, den wir uns am Begriff der „Intuition" klarmachen können. Es hat noch bei niemandem eine Intuition gegeben, ohne daß er „daran" dachte. Er dachte natürlich nicht genau den Inhalt dessen, was ihm dann als „Intuition" widerfuhr, sondern seine Gedanken bewegten sich im engeren oder weiteren Umkreis jenes (intuitiven) Inhalts, und zwar so lange, bis er plötzlich „da" war. Dies gilt sogar für die Umkehrung: jemand hat eine „Intuition". Er hatte niemals „daran" gedacht. Im Gegenteil, seine Gedanken erschöpften sich vollends — beispielsweise mit den Möglichkeiten der mechanischen Physik. Aber gerade indem sie vollständig in dieser Thematik aufgingen, konnten sie, sofern nicht der Tod eine Grenze setzte, so nicht weiter gehen und die — mit Hegel zu reden — „negative Beziehung" aufs Gegenteil, in unserem Beispiel etwa auf die Metaphysik des Lebendigen, mußte sich als neue Thematik einstellen. Aus Saulus wurde Paulus. Unsere Gedanken kommen aus unserem Denken und dieses „entwickelt" sich — wie wir seit Hegel wissen — niemals linear, sondern unendlich dialektisch. Wenn Kant nun bei der Erzeugung aus „äußerer" Zweckmäßigkeit, wo nicht gänzlich, so doch in methodischer Hinsicht völlig von der Struktur des Denkens absehen konnte, so ist das nicht verwunderlich. Denn Denken hieß ihm wesentlich vorstellen, wovon das Vorgestellte selbst — von der genannten Ausnahme in der Kr. d. pr. V. abgesehen — grundsätzlich unberührt bleiben sollte. Er spricht zwar ausdrücklich von einem „nexus finalis" als „idealer" und von einem „nexus effectivus" als „realer Ursache"; aber beide stehen sich unverbunden dual gegenüber [215]. Da die Gleichung Denken = Vorstellen aber keinesfalls aufgeht, so ergibt sich die Frage, ob nicht jene Struktur, die bei der Erzeugung von artifiziell gefertigten Gebilden vorliegt, auf Denken überhaupt zu übertragen sei, so, daß damit der eigentliche „Sachverhalt", den „Denken" meint, näher gekennzeichnet wäre. Denn, wenn dem Denken auch nicht immer artifizielle Gebilde entspringen, so wird, wie schon gezeigt wurde, „etwas" doch immer gedacht, d. h. gebildet, zumindestens doch der Denkende selbst in seiner nicht identischen Identität von Denken (= Wesen) und Gedanke. Litt sagt dazu im Zusammenhang: „Und doch hätte er (Kant) in Erinnerung an das Schema der Subsumtionslogik sich fragen können, ob nicht die Begriffe ‚Genie' und ‚Originalität', die höchsten in diesem Kreise, durch den ihnen innewohnenden Geltungsanspruch genau so die Alleinherrschaft jener Logik umstoßen, wie sie die dieser Logik beigeordnete Weise der Wertung aus den Angeln heben" [216]. Es ist dies insofern von Interesse, da jene Begriffe genau die sind, die man seit der Deutschen Historischen Schule als eigentlich „geisteswissenschaftliche Kategorien" herausgearbeitet hat, an denen sich dann das Problem des „Verstehens" entzündete [217]. Das „Verstehen" kann durchaus als Index für die aus der noologischen Stellung des Denkens heraus erwachsenen unbewältigten fundamentallogischen Probleme gelten. Und wenn Gerhard Krüger, wie man ihm in gewisser Hinsicht durchaus zugeben muß, sagt, daß Kants Ergebnis „... eine grundsätzlich von der Tradition emanzipierte Philosophie" sei; an die Stelle der Tradition sei „... das historische Bewußtsein getreten", so ist dies unser Zusammenhang [218].

Kant war von derartigen Konsequenzen moderner Selbstbesinnung weit entfernt. Er räumt zwar ein, daß niemand „die Erzeugung auch nur eines Gräschens aus bloß mechanischen Gründen zu verstehen hoffen" könne, daß die mechanische Ursache „blind" sei, daß „die Materie, sofern sie organisiert ist", den Begriff eines Naturzweckes „notwendig bei sich führt", ja sogar, daß die Annahme dieses Begriffes „nun notwendig auf die Idee der gesamten Natur als eines Systems nach der Regel der Zwecke" führe [219]. Aber damit ist weder gesagt, daß er die Materie selbst als eine sinnvoll wirkende Naturkraft aufgefaßt hätte, noch, daß er eine Theorie des Konkret-Allgemeinen besessen hätte. Die Möglichkeit dazu wird vielmehr ausdrücklich abgelehnt. Während es in der Kritik der ästhetischen Urteilskraft unsere „Gunst" war, die wir der Natur erzeigen, ist es jetzt, in der Kritik der teleologischen Urteilskraft, die Natur, die uns ihre „Gunst" erweist, indem sie uns zu jener „Idee eines großen Systems der Zwecke der Natur ... berechtigt"[220]. Es ist also nicht die Natur der mathematischen Naturwissenschaften, die Natur Newtons, die uns ihre „Gunst" erweist, denn dort schreibt der Verstand ihr die Gesetze vor (U 31). Mit der Gunst der Natur ist nur die teleologische gemeint. Die Idee jenes „großen Systems der Zwecke der Natur" bleibt indes bloß „regulativ (nicht konstitutiv)", ein bloß „regulativer Begriff für die reflektierende Urteilskraft", eine unbeweisbare Hypothese. Man könne sich zwar „von diesem teleologischen Grundsatze *ebensowenig* lossagen, als von dem allgemeinen physischen ..."[221]; aber, und hier bemerken wir wieder das alte Argument, das wir als geradezu typische Verwechslung und Ineinssetzung von Leibniz' grundlegender Unterscheidung von substanzieller Einheit und bloßer Körperlichkeit kennenlernten: daß man „in Ansehung ebendesselben Produkts" ... „getrost beiden" Prinzipien, dem mechanischen und dem teleologischen, „nachforschen dürfe"; denn die „Materie" unterliege der Mechanik. Gewiß — warum aber hier „für äußere Gegenstände, als Erscheinungen, ein sich auf Zwecke beziehender hinreichender Grund gar nicht angetroffen werden kann" —, dafür werden wir nur an das für uns völlig unzugängliche „übersinnliche Substrat" jener Erscheinungen verwiesen, wo wir es doch offenbar weder suchen noch finden können[222].

Im Hinblick auf die Gegenüberstellung von „konstitutiv" und „regulativ", der die Unterscheidung von *bestimmender* und *reflektierender* Urteilskraft entspricht, ist es nun lohnend, noch auf diese Unterscheidung selbst einzugehen. Die Urteilsfunktion wird von Kant als eine Kraft angesehen. Sie soll als Kraft, die sie ist, das Einheit stiftende Mittelglied zwischen dem, „was der Natur zum Grunde liegt" und dem, „was der Freiheitsbegriff praktisch enthält", sein [223]. Kant sagt von ihr allgemein, sie müsse „für sich ein Prinzip a priori enthalten" [224], um dann eine allerdings schwerwiegende Unterscheidung zu treffen, eben die zwischen der bestimmenden und der reflektierenden Urteilskraft. Die bestimmende Urteilskraft subsumiert das Besondere unter ein *gegebenes* Allgemeines, sei dies nun eine Regel, ein Prinzip, ein Gesetz oder eine transzendentale Bedingung. Die *reflektierende* Urteilskraft hingegen vermag dies nicht, da ihr ein solches Allgemeines nicht gegeben ist, sondern „nur das Besondere..., wozu sie das Allgemeine finden soll" [225]. Das aber heißt — und wird von Kant ausdrücklich gesagt —, die *bestimmende* Urteilskraft ist einerseits subsumtive Funktion und zum anderen — als Verstandeskraft, die sie ist — auch „transzendentale" Deduktion dieser ihrer Funktion. Sie muß sich nämlich dies ihr „a priori vorgezeichnete" Gesetz selbst erst „angeben", d. h. mit anderen Worten, sie muß dies ihr „gegebene" Gesetz doch offenbar selbst hervorbringen, so daß sie darin von der Definition der *reflektierenden* Urteilskraft, welche ja gerade „für sich selbst auf ein Gesetz zu denken" nötig habe, gar nicht so sehr unterschieden ist [226]. Die „Formen der [organischen, Anm. d. Verf.] Natur", die als empirische durch „transzendentale Naturbegriffe... unbestimmt gelassen werden" [227], lassen sich also philosophisch vielleicht doch noch bestimmen. Aber, so meint Kant, dies könne als notwendig nur aus einen „uns unbekanntem Prinzip der Einheit des Mannigfaltigen" dargetan werden [228]. Denn die *reflektierende* Urteilskraft ist nur darum verpflichtet, sich das selbst zu gebende Prinzip auch selbst zu suchen, weil sie dies Prinzip *nicht* „der Natur vorschreiben könne", womit sie laut Definition zur bestimmenden Urteilskraft würde [229]. Das aber macht, wie gezeigt, keinen Unterschied aus, da die bestimmende Urteilskraft sich ihr Gesetz ja auch selbst hervorbringen muß. Es mag aus dem Gesagten deutlich geworden sein, daß das Spiel — anders läßt es sich kaum bezeichnen — mit diesen Reflektionskategorien kein wirkliches Denken in sich enthalten kann, da zum Begriff von Denken der Gedanke der Selbstbewegung und Selbstbestimmung wesentlich gehört. Kant sagt zwar einleuchtend: „Weil die Reflexion über die Gesetze der Natur sich nach der Natur, und diese (sich) nicht nach den Bedingungen richtet, nach welchen wir einen in Ansehung dieser ganz zufälligen Begriff von ihr zu erwerben trachten" [230]. Aber gerade hierin, im Begriff der Natur, liegt doch wieder die nicht aufgelöste Äquivokation. Der Unterschied zwischen bestimmender und reflektierender Urteilskraft fällt somit in sich zusammen, wir können uns auf die weittragenden Folgen dieses Zusammenbruchs hier nicht im einzelnen einlassen, sie bilden ohnehin das Thema unserer auf Leibniz zurückgehenden neuen Grundorientierung. Wir wollen nur noch dieses anmerken: die in sich nichtige Unterscheidung von bestimmender und „bloß" reflektierender Urteilskraft durch Kant bedeutet die ebenso verzweifelte wie programmatische Abwertung wirklicher Reflektion zu Gunsten einer „Logik der Herrschaft", welche man historisch in tragisch verzweifelter Weise nicht Kant, sondern Hegel anlastete. Aufschlußreich für Kants durchsichtig konstruierte Unterscheidung von bestimmender und reflektierender Urteilskraft sowie für den davon abhängenden — als gefährdet erkannten und daher rechtmäßig befürchteten — Einsturz der Geltung seiner Kritik ist auch folgende Stelle, die zwar mit manchen Einschränkungen versehen, am Ende aber doch nur auf Grund dieser Unterscheidung apodiktisch verkündet wird. Er sagt über dies von der reflektierenden Urteilskraft zu suchende Prinzip, „welches sie nicht von der Erfahrung entlehnen kann, weil es eben die Einheit aller empirischen Prinzipien ... begründen soll", weiter: „Nun kann dieses Prinzip kein anderes sein, als: daß, da allgemeine Naturgesetze ihren Grund in unserem Verstande haben, der sie der Natur (ob zwar nur nach dem allgemeinen Begriffe von ihr als Natur) vorschreibt, die besonderen, empirischen Gesetze in Ansehung dessen, was in ihnen durch jene unbestimmt gelassen ist, nach einer solchen Einheit betrachtet werden müssen, als ob gleichfalls ein Verstand (wenngleich nicht der unsrige) sie zum

Behuf unserer Erkenntnisvermögen, um ein System der Erfahrung nach besonderen Naturgesetzen möglich zu machen, gegeben hätte. Nicht, als wenn auf diese Art wirklich ein solcher Verstand angenommen werden müßte (denn es ist nur die reflektierende Urteilskraft, der diese Idee zum Prinzip dient, zum Reflektieren nicht zum Bestimmen), sondern dieses Vermögen gibt sich dadurch nur selbst und nicht der Natur ein Gesetz"[231]. Abgesehen davon, daß niemand etwas gegen die Notwendigkeit von Hypothesen einwenden wird, sofern sie sich wissenschaftlich verifizieren lassen, so ergibt sich hieraus zusammengefaßt doch zweierlei: einmal, daß Kant lediglich seiner bestimmenden Urteilskraft Realität — als Konstitution anschaulich gegebener Gegenstände — zuerkennt; zum anderen aber ergibt sich — da die Unterscheidung nicht leistet, was sie soll —, daß auch die reflektierende Urteilskraft konstitutiv sein muß. Damit aber ist schon dem anschaulichen Phänomen sein für das kantische Denken qua Vorstellen beherrschendes Richtmaß genommen. Der kantische Versuch, jene „mannigfaltigen Formen der Natur", die durch transzendentale Konstitution „unbestimmt gelassen", zu erfassen, ist somit gescheitert. Kant sagt, daß „der Begriff von einem Objekt, sofern er zugleich den Grund der Wirklichkeit dieses Objekts enthält", Zweck sei „und die Übereinstimmung eines Dinges, mit derjenigen Beschaffenheit der Dinge, die nur nach Zwecken möglich ist, die Zweckmäßigkeit der Form derselben heißt", um dann zu folgern: „Die Zweckmäßigkeit der Natur ist also ein besonderer Begriff a priori, der lediglich in der reflektierenden Urteilskraft seinen Ursprung hat. Denn den Naturprodukten kann man so etwas, als Beziehung der Natur an ihnen auf Zwecke, nicht beilegen..."[232]. Das Erste können wir unbesehen zugeben, denn Zweck, Vernunft und Sinn sind freilich apriorische Synonyme für Denken. Mit dem Zusammenfall von bestimmender und reflektierender Urteilskraft im wirklichen Denken aber wird nun zugleich auch jenem „Grund" der empirischen Einheit des Mannigfaltigen — und zwar gerade auch insofern dieser Grund nach Kant als „Einheit des Übersinnlichen, was der Natur zum Grunde liegt" und welches als solches sogar „mit dem, was der Freiheitsbegriff praktisch enthält", zusammenstimmen soll [233] — *dieselbe* Notwendigkeit zuerkannt, die Kant allein seinem transzendental konstituierten Naturbegriff zuerkennen wollte. Das heißt — und hier müssen wir eine *kritische* Einschränkung machen —, sofern dieser Grund *fundamentallogisch* erkannt wird; das aber kann nach Leibniz nur heißen, sofern diese empirische Mannigfaltigkeit eine substanzielle Einheit an sich selbst besitzt *oder* ihr solche, wie wir nach Kant und gegen Leibniz sagen müssen, „nur" von uns verliehen worden ist. Beides wäre mit gleicher Notwendigkeit substanzielle Einheit und Grund. Im Hinblick auf die transzendentale Gültigkeit der Subjektivität ist Kant gegen Leibniz nicht zu widerlegen. Damit aber, daß *eine* substanzielle — an sich und selbst gegebene — Einheit in einem apprehensiv ergriffenen Phänomen enthalten sein kann *oder* auch nicht, darin ist Leibniz gegen Kant nicht zu widerlegen. Leibniz forderte darum für die Erkenntnis über die bloß gegenständliche Erkenntnis hinaus, innerhalb der Phänomenalität fundamental zu differenzieren zwischen einer wirklich fundierten Erscheinung und „einem" bloß erscheinenden Scheinding.

Jene von Kant vorgenommene methodische Selbstbeschränkung hatte unabsehbare Folgen. Und zwar war es gerade die im philosophischen Sinne fragwürdige Ambivalenz des kritischen Werkes, bei welcher positiv oder negativ anzuknüpfen dem nachkantischen deutschen „Idealismus" dann dringlich wurde. Anders wäre es ja auch kaum verständlich gewesen. Aber: es darf und soll nicht verkannt werden, daß das offiziell methodisch philosophische Selbstverständnis auch noch unserer Zeit über diese theoretische Beschränkung der teleologischen Urteilskraft nicht wesentlich hinausgelangt ist. Dieses zu revidieren, ist dringende Aufgabe. Kants ergriffene Anrufung der „Gunst" der Natur ebenso wie ihre lediglich phänomenologische Beschreibung in der Kritik der Urteilskraft kann nicht verdecken, daß damit einer philosophischen

C. In der Kritik der Urteilskraft

Bestimmung der organischen Natur ausgewichen wird. Für sie war im „System der Kritik" kein Platz. Die Aufgabe einer Naturphilosophie unserer Zeit bestände demnach weniger darin, naturwissenschaftliche Begriffe nachzudenken und methodologisch einzuordnen, als vielmehr darin, die von Kant wissenschaftlich nicht erweisbare — heute aber einzelwissenschaftlich längst erkannte — objektiv vielfach nachweisbare, zweckmäßige und sinnvolle Struktur der lebendigen Natur zunächst einmal fundamentallogisch zu entwickeln und diese — einmal aufgewiesen — alsdann auch philosophisch zu begreifen. Sie würde damit der philosophischen Anthropologie einen wertvollen Dienst erweisen, denn wir Menschen unterliegen jener Natur in uns letztlich nicht weniger als dem bloßen Verstande. Die von Kant geübte theoretische Beschränkung bedeutet in Wahrheit — und das muß klar erkannt werden — die Ablehnung und Zerreißung jedes logisch begründbaren Sinnzusammenhangs der menschlichen Welt. Der „intelligible Urheber der Natur" steht der menschlich neigungsvollen Natur ohne jede erkennbare Beziehung ferner noch und abstrakter gegenüber als der Herr im Alten Testament. Das nur gegenständlich denkende transzendentale Subjekt Kants vermag so zwar die Einheit *seiner* Erfahrung zu begründen, nicht aber auch nur eine einzige vollinhaltliche Welterfahrung. Eine sinnvolle Welt für die „Erfahrung des Bewußtseins" philosophisch zu begründen, wurde damit zum Ansatz für Hegel. Bevor wir uns diesem letzten Kapitel zuwenden, muß ein Hinweis auf Fichte erfolgen. Er setzte bei Kant, so wie er ihn faßte, ein und lieferte damit in methodischer Hinsicht weniger einen Brückenschlag als einen Abstoß von Kant zu Hegel.

III. DIE IMMANENT-LOGISCHE GESETZLICHKEIT DES TRANSSUBJEKTIVEN (ABSOLUTEN) ICH BEI FICHTE

Fichte ist eigentlich, sofern Nationalunterschiede in Betracht kommen, der deutsche Descartes. So klar wie Descartes, so schwierig ist Fichte. Er zieht die eine Konsequenz des „philosophe au masque", die in Hegels Descartes-Würdigung so leidenschaftlich begrüßt wurde [234]. Es ist die fundamentallogische „nach-neuzeitliche" Konsequenz des sum cogitans, wobei die andere, die der Autonomie „gegen über" der res extensa, die neuzeitliche, die der Naturwissenschaften war [235].

Auch Fichte hat im Grunde nur einen einzigen Gedanken gehabt: die Logizität des Ich, seine Dialektik von Endlichkeit und Unendlichkeit. Hieraus ergibt sich das ganze System. „In te ipsum redi." Er geht, was seinen eigentlichen Ansatz anlangt, von Leibniz aus, dessen Philosophie ihm möglicherweise schon in Leipzig durch Platner [236], dann aber im Hause Lavaters in Zürich und nicht zuletzt durch F. H. Jacoby vertraut war. Fichte ging insofern von Leibniz aus, als er an derjenigen Stelle Kants einsetzte, deren erkenntnismäßige und wissenschaftsmethodische Erweiterung Kant selbst, im Zuge seiner Auseinandersetzung mit Leibniz, gerade ausdrücklich abgelehnt hatte: nämlich von jener „gemeinschaftlichen, aber uns unbekannten Wurzel" der beiden „Stämme" unserer Erkenntnis, Sinnlichkeit und Verstand.

Die nach Kant uns nicht verliehene „intellektuelle Anschauung" wurde sein methodischer Ausgangspunkt. Der schaffende Spiegel Leibniz' wird zum intellektuellen Auge, zur Anschauung. Zur Anschauung deshalb, weil das von Fichte gesuchte oberste Prinzip, aus dem alle anderen erst abzuleiten seien, nur die ursprüngliche Einheit von „Sinnlichkeit" und „Verstand", von „Kopf" und „Herz" sein konnte. Diese

III. Die Gesetzlichkeit des Ich bei Fichte

Einheit aber, so meinte er im Anschluß an Kant, ließe sich unmöglich „auf Begriffe bringen", sondern höchstens anschauen. Ganz ähnlich, wie es bei Leibniz nur eine (unendliche) Substanz gibt, die auf alle anderen unmittelbar einwirkt (II, 339), gibt es auch bei Fichte nur einen Grund für die Objekte. Die „Objekte" werden von dem „absoluten Ich" „hingeschaut". Aber was heißt das?

Alles Wollen in der Realität ist bedingt durch die Logik der Tathandlung, als dem letzten An-sich. Hierbei soll uns nun weniger der oft dargestellte praktisch sittliche Sinn der Fichteschen Philosophie beschäftigen, als vielmehr die fundamentallogische Grundlage der Wissenschaftslehre selbst. Diese Grundlage gilt es, unabhängig von Fichtes Unterteilung der Wissenschaftslehre in theoretisches Wissen und Wissenschaft des Praktischen, herauszuarbeiten. Ihre bei Fichte selbst oft verborgene Gesetzmäßigkeit und dunkle, ans Paradoxe streifende Darstellung in möglichst helles Licht zu rücken, stellt die Aufgabe dieses Kapitels dar. Denn wie Kroner mit vollem Recht sagt: „Man ist noch weit davon entfernt, dieses Buch auch nur verstanden zu haben"[237]. Darum aber geht es meines Erachtens gerade nicht, in diesem System eine Dichotomie anzunehmen — wie Kroner dies tut —, derart nämlich, daß die „spekulative Idee" dem „absoluten Ich" und die „ethische Idee" dem „sittlichen Ich" so zukäme, als wären sie voneinander getrennt und als ob Fichte sich gegen ihre Identität hätte „wehren" müssen, indem das „Streben" nur der „praktischen Vernunft" und das „Sichbegreifen" nur der „spekulativen Vernunft" zugerechnet wird und hier dann ein „Spalt" klaffe, „der das Fichtesche System sprengt"[238]. Das, was das Fichtesche System als System sprengt, ist nicht dieser Kantische Dualismus, sondern ihr innerer Werdensgehalt selbst. Das „Streben" ist nicht nur als sittliches, sondern ebenso als fundamentallogisches (metaphysisches) zu verstehen; schließlich war es Kroner, der in der Fichteschen Philosophie erkannte, daß hier „... der ‚Philosophie des Nicht-Unmöglichen', des bloß Denkbaren ein Ende" gemacht worden sei[239].

III. Die Gesetzlichkeit des Ich bei Fichte

Doch dies nur vorweg. Es soll nun in drei kurz skizzierten Abschnitten zunächst Fichtes *Grundfrage*, dann seine *Methode* und schließlich seine *Lösung*, die dialektische Logizität der Ichheit, an Hand der Wissenschaftslehre dargestellt werden.

A. Die Grundfrage

Die grundsätzliche Schwierigkeit bei Fichte ebenso wie bei Hegel liegt darin, daß „das Wahre nur das Ganze" ist. Dies soll keinen Rückfall in romantische Ganzheitsvorstellungen bedeuten, vielmehr das eigentliche mit der fundamentallogischen Frage unabdingbar gegebene Dilemma genau umreißen. Das „Ganze" ist nicht das System. Das System ist immer „Pseudomorphose" (Spengler), oder wie Kroner vom Fichteschen System sagt: „Das System *wird* eigentlich immer nur, aber es kommt nicht zustande, nicht zum Stehen; alles bleibt im Flusse, ..."[240]. Das Ganze ist nur die fundamentallogisch-dialektische Gesetzmäßigkeit selber, die aber jeweils nur „da" ist in konkreter inhaltlicher Erfülltheit. Die Gesetzmäßigkeit ist also eine zeitliche und kann somit nur jeweils über ihre inhaltliche „Verkörperung" erkannt werden. Alle Gedankenbestimmungen des Systems weisen von jeweils anderer Perspektive auf dasselbe, sie gehören wesentlich zueinander und gehen nur auseinander hervor.

Das Dilemma besteht nun nach Fichte genauer darin, „daß die gesamten Handlungsarten der Intelligenz, welche die Wissenschaftslehre erschöpfen soll, nur in der Form der Vorstellung — nur insofern, und so, wie sie vorgestellt werden —, zum Bewußtsein gelangen"[241]. Das heißt, es ist nur die Diskursivität, die einen Stein auf den anderen setzt und so tut, als ob jeder Stein eine mehr oder weniger isolierte Monas wäre. Es gibt aber für Fichte nur eine ursprüngliche Monas, die des trinitarischen Ich, von Ich, Nicht-Ich und absolutem Ich; in ihr liegt alles beschlossen, hieraus geht alles hervor. Die noch näher darzustellende dialektische Logik dieser Ichheit aber zielt in ihrem Kern auf eine Sprengung

A. Die Grundfrage

der Diskursivität als vermeintlich letzter Schranke aller Rationalität. Daher die Schwierigkeiten.

Fichte geht zunächst aus von der Frage: „Welches ist der Grund der Vorstellungen, oder, was ganz dasselbe heißt, welches ist das ihnen Entsprechende"[242]? Es ging ihm um die Vereinigung des Kantischen Dualismus von Materie und Intellekt, „Realismus" und „Idealismus", von Notwendigkeit und Freiheit. Es muß einen Punkt oder ein Prinzip geben, das vor diesem Dualismus liegt, in dem die Gegensätze zusammentreffen und ein Gemeinsames haben. Und es geht ihm dabei auch um die Aufhellung jenes dunklen Grenzbegriffes des An-sich, von dem wir nach Kant nichts wissen und der doch den Einstrahlpunkt dafür bildet, daß uns „affizierende" Gegenstände „gegeben" seien.

Fichtes fruchtbares Mißverständnis der Kantischen Philosophie sowie Kants eigene Distanzierung von der Fichteschen Wissenschaftslehre sind bekannt. Äußerungen verehrender Anerkennung über Kant stehen neben ironisierender Verurteilung jeder von der seinigen etwa abweichenden Auslegung der Kantischen Philosophie, wobei man keineswegs sicher ist, ob Fichte mit der „milden Denkart unseres Zeitalters"[243] wirklich nur die „übliche" Aufnahme Kants oder aber diesen selbst mitgemeint habe. Urteile wie: „ ... so bleibt dem erhabenen Manne doch *das* Verdienst ganz eigentümlich, die Philosophie zuerst mit Bewußtsein von den äußeren Gegenständen abgezogen und sie in uns selbst hineingeführt zu haben. Dies ist der Geist und die innigste Seele seiner ganzen Philosophie, dasselbe ist auch der Geist und die Seele der Wissenschaftslehre" (III, 63); und: „Kant ist bloß darum geduldet worden, weil es möglich war, ihn zum Dogmatiker zu machen ... Die schnelle Verbreitung der Kantischen Philosophie, nachdem sie gefaßt worden, wie sie gefaßt wurde, ist nicht ein Beweis von der Gründlichkeit, sondern von der Seichtigkeit des Zeitalters ..., teils läßt sich leicht nachweisen, daß sie nur dadurch sich empfahl, weil man durch sie alle ernsthafte Spekulation über die Seite gebracht und sich mit einem Majestätsbriefe versehen glaubte, den beliebten oberflächlichen Empirismus ferner zu pflegen" (III, S. 14, Anm.), offenbaren eine eigentümliche Ambivalenz.

Philosophie wird bei Fichte radikal: sie hat „den *Grund* aller Erfahrung anzugeben"[244]. Die eigentliche Frage der Wissenschaftslehre lautet in anderer Fassung: „Wie kommen wir dazu, dem, was doch nur subjektiv ist, objektive Gültigkeit beizumessen? ... Wie kommen wir dazu, ein Sein anzunehmen?" An dieser Stelle wird der Ausgangspunkt von Kant und zugleich seine deutliche Abhebung von ihm sichtbar. Denn an dem dinglich gegebenen Sein hatte Kant doch niemals ernstlich gezweifelt. Fichtes Fragestellung geht aber gleich einen entscheidenden Schritt darüber hinaus: „Die aufgestellte Frage ... fragt nach dem Grunde des Prädikates von Sein überhaupt, werde es nun beigelegt oder abgesprochen: *aber der Grund liegt allemal außerhalb des Begründeten, d. i., er ist demselben entgegengesetzt*"[245]. Der Gedanke vom Gegensatz zwischen Grund und Begründeten geht nun deutlich über Leibniz (ebenso wie über Kant) hinaus; denn wir finden bei Leibniz zwischen den naturischen und den Geistmonaden nur Kontinuität. Darin liegt die Aporie, die wir im Leibniz-Kapitel mit dem Hinweis auf den *zeitlichen* Perzeptionsstrom als Werden und seiner eigenen, jeweils gegensätzlichen Umkehrung in *räumliches*, nicht-zeitliches Gewordensein anzugeben versuchten. Man mag darin so etwas wie eine „Realdialektik" erblicken, die bei Leibniz nicht vorkomme. Dennoch glaube ich, daß das Problem der sich perzipierenden Monaden in ihrer von Leibniz behaupteten absoluten Realität anders nicht erfolgreich angegangen werden kann. Ob man dabei nun von Selbstwiderlegung, Umkehr, Verkehrung oder aber von realer Dialektik spricht, ist weniger wichtig. Was Fichte anlangt, so darf man vielleicht ohne Übertreibung sagen, daß seine Einsicht vom Grunde, welcher dem Begründeten „entgegengesetzt" sei, daß dieser Gedanke des jungen Fichte den deutschen nachkantischen Idealismus zutiefst begründet. Das Wort vom Gegensatz zielt also auf jene Selbstaufhebung und Verkehrung der jeweils sich verwirklichenden Logizität, und zwar auch in dem, was ihren Inhalt ausmacht. Es ist, wie später Hegel in der „Phänomenologie des Geistes" sagte, „die Handlung selbst", die „diese Verkehrung des *Gewußten* in sein *Gegenteil*" erfährt, das Vollbringen des Geistes, der „erfährt, daß ... sein Sieg vielmehr sein eigener Untergang ist"[246]. Es liegt hier also eine um die Dialektik aller Wirklichkeit wissende fundamentallogische Einsicht Fichtes vor.

Fichte findet nun jenes oberste Prinzip, jenen gemeinsamen Grund im Ich. Daß damit aber kein Solipsismus oder ein personaler Subjektivismus gemeint ist, die *Ichheit* vielmehr den absoluten Grund in seiner eigentümlich dialektischen Struktur — und zwar durchaus *empirisch* — als das konkreteste Allgemeinste schlechthin aufzuhellen unternimmt, wird gleich genauer darzustellen sein. Vorerst sei die Fichtesche Grundfrage noch einmal abschließend in seiner Sprache fixiert. Wenn ich von allem abstrahiere und nur mein Ich denke, wenn ich infolgedessen alles, was *nicht* dieses mein denk-*tätiges* Ich ist, als Nicht-Ich bezeichne, so ist es klar, daß alles das, was von dem Nicht-Ich eingeschlossen ist, durch die negative Beziehung des „Nicht-", ebenso wie durch den Gegensatz (es ist immer ein ganz bestimmter Gegensatz), dennoch auf dieses denktätige Ich bezogen ist. Die Frage zielt also sozusagen doppelt und geht dabei zugleich in entgegengesetzte Richtung. Sie lautet einmal: *wie unterwerfe ich dem Ich alles Nicht-Ich?* Das heißt, wie ziehe ich das Geistige aus dem Sinnlichen? Und zum anderen: *wie „konkresziert" die Tathandlung des Ich zu einem Nicht-Ich?* Das heißt, wie materialisiert sich der Geist? Für Leibniz' zweifellos geringer ausgeprägtes Methodenbewußtsein wären die so gestellten Fragen überflüssig. Denn das materiell erfahrbare Nicht-Ich ist für ihn nichts wirklich Gegebenes, sondern lediglich etwas, das aus der Logizität der Monaden resultiert: Phänomen überhaupt, entweder in sich einheitlich begründet (substanziell geworden), oder bloß vielheitlich fundiert (aggregativ geworden). Im Gegensatz hierzu wäre bei Kant umgekehrt nur das materiell Gegebene wirklich gegeben und zum Nicht-Ich zu rechnen. Seine Erscheinung ist der schematische Gegenstand, der dingliche Objektbegriff, konstituiert zwischen Ich und Nicht-Ich qua Ansich. Fichtes zwei Fragen nehmen zu dieser Aporie eine Mittlerstelle ein. Er faßt seine zwei Fragen darum in einer dritten, zentralsten zusammen. Es ist die nach dem „absolut ersten Grundsatz" der, einmal gefunden, „das gesamte Wissen begründen" soll [247]. Wir werden später sehen, daß diese Dreisatz-Frage den drei Grundsätzen der W. L. entspricht und inwiefern die drei Grundsätze eine (dialektische) Einheit bilden. Damit wird zugleich der Rechtsgrund jener allgemeinsten Unterscheidung von Ich und Nicht-Ich seine Klärung erfahren. Die Beantwortung der angeschnittenen Probleme führt uns nun zunächst auf die Fichtesche Methode und auf die Prüfung ihrer Stichhaltigkeit.

B. Die Methode

1. Intellektuelle Anschauung

Die erste methodische Forderung der Philosophie lautet für Fichte: „Merke auf dich selbst: kehre deinen Blick von allem, was dich umgibt, ab, und in dein Inneres"[248]! Man hat diese Forderung oft als ein Paradoxon bezeichnet, ein Paradoxon, das darin läge, eine Theorie mit einer praktischen Forderung zu beginnen, ja sogar die Durchführbarkeit der Theorie von jener praktischen Forderung abhängig zu machen. Aber das ist ein bloß modernes Mißverständnis, das seinen Dualismus so weit getrieben hat, daß es nicht mehr weiß, daß alles Denken ein Handeln ist und seine praktische Konsequenz in seiner jeweiligen — substanziellen — Verbindlichkeit hat. Ein Lexikon „hat" wohl auch mannigfaches Wissen, aber dieses „Haben" ist kein eigentlich substanzielles, womit sich eben der Ding-Charakter des Lexikons erweist. Ein Mensch jedoch ist kein Ding; wir haben das bei Leibniz gesehen und die Irrtümer

Kants aufgezeigt. Ein Mensch kann natürlich auch ein Quasi-Lexikon sein, dann nämlich, wenn sein Wissen kein Wissen, sondern nur ein intellektuelles Parat-Haben, ein ungeordnetes und dissoziiertes ist. Aber darum bleibt er doch ein Mensch, und sein Wissen bleibt auch als ungeordnetes immer spezifisch eines; nur ist diese Einheit eben nicht identisch mit dem, was jenes Aggregat von intellektuellem Parat-Haben beinhaltet. Das Aggregat bleibt substanziell-logisch nicht integriert.

Wenn man also eine Theorie verstehen will, dann muß man sie nicht nur an-erkennen, sondern man muß sie *denken*, und dieses Denken ist ein handelnder Vollzug. Das ist es, was Fichte sagen will: Denke dich selbst! Wie mache ich das? *Ich* denke *mich*. Das ist ein dreifach tautologischer Satz. „Ich" und „mich" gehen auf ein Identisches, und „denken" heißt nichts anderes, es ist vom „Ich" nicht unterschieden und heißt nicht Tat, sondern Tun. Ich denke mich. Das Denkende und das Gedachte sind dasselbe, also geht *meine* Tätigkeit auf nichts „anderes", sondern *in sich* selbst zurück (Moment der Reflektion). Wenn ich von allen Denkinhalten abstrahiere, bleibt nur das Ich als reine Tätigkeit, „Agilität" übrig. Dieses reine Handeln als unendliche Position ist das Ergebnis der *intellektuellen Anschauung*. Hiernach ist evident, daß dies Denken meines reinen Selbst nichts anderes ist als das Denken dieses reinen Handelns, „daß *Ich* und *in sich zurückkehrendes Handeln* völlig identische Begriffe sind"[249], daß das Bewußtsein meines Selbst (nicht eines „Anderen") nur auf dieses Handeln geht, und *daß mein Selbstbewußtsein allem Bewußtsein fundamentallogisch* (nicht erkenntnistheoretisch) *vorhergeht* und es *begründet*. „Ich rede mit denen, die mich über diesen Punkt verstehen. *Euer Denken ist ein Handeln*, euer bestimmtes Denken ist sonach ein bestimmtes Handeln, d. h. das, was ihr denkt, ist gerade dieses, weil ihr im Denken gerade *so* handeltet; und es würde etwas anderes sein (ihr würdet *etwas anderes* denken), wenn ihr in eurem Denken anders gehandelt hättet (wenn ihr *anders* gedacht hättet)"[250]. Anders denken heißt anders handeln. Jedoch: „Was handeln sei, läßt sich nur anschauen, nicht aus Begriffen entwickeln und durch Begriffe mitteilen. Aber das in dieser Anschauung Liegende wird *begriffen durch den Gegensatz des bloßen Seins*. Handeln ist kein Sein, und Sein ist kein Handeln"; „... kein Sein, sondern ein Leben" [251].

Damit hätten wir die „intellektuelle Anschauung" und ihren methodischen Zugang gewonnen. Was ist sie? Sie ist das Ich, oder besser die Ichheit selbst. Was aber ist diese Ichheit? Die sprachliche Formulierung gerät mit dem Inhalt der Antwort in Konflikt: man könnte in einer Abwandlung jenes unendlichen Urteils, das Hegel über den Verstand prägte, ganz ebenso sagen: Das *Ich* ist kein Tisch [252], „ist" ein Nicht-Tisch. Was ist es also? Es „ist" nicht, *es ist kein Etwas*, sondern intelligentes Tun, und indem es Tun „ist", läßt es sich nicht vorstellen, sondern nur denkend nachvollziehen. Weil sich dieses denkende Nachvollziehen nicht im Sinne eines generalisierten Gattungsallgemeinen begrifflich fixieren, feststellen (Gegen-stand) läßt, nennt Fichte es eine *Anschauung*. Einfach aus dem Gegensatz zum traditionell-logischen Begriff heraus. „Das Ich ist in dieser Gestalt nur *für den Philosophen*, und dadurch, daß man es faßt, erhebt man sich zur Philosophie"; „... der Begriff eines in sich zurückkehrenden Denkens, und der Begriff des Ich, erschöpfen sich gegenseitig" [253].

Mit der Charakterisierung der „intellektuellen Anschauung" als Anschauung eines „in sich zurückkehrenden Denkens" oder Handelns erhalten wir eine erste Anweisung auf jene „notwendigen Gesetze der Intelligenz", auf „etwas *Notwendiges*, das aber nur in und bei einer freien Handlung vorkommt" [254]. Das Ich qua Ich entsteht und existiert für uns nur im Verfahren der in sich zurückgehenden Tätigkeit; es ist diese Tätigkeit selbst. Die Aufmerksamkeit auf dieses Verfahren ist das Subjektive, das Verfahren des Selbst-Denkens aber das „gemeinschaftliche *Objektive*" [255]. Was kann das heißen? Es heißt, wie wir bei der Erörterung der Reflexion gleich noch sehen werden, daß alles Denken, das bewußte „subjektive" und das unbewußte „objektive", immer teleologisch kreisend, identisch in sich zurückkehrend „ist". Wobei das „in sich" einmal den inneren Zusammenhang, die Autonomie des Denkens, seine „Fensterlosigkeit" meint und zum anderen, auf Grund des Zeitcharakters, des stets wachsenden Vor-gangs des Denkens, involviert jenes „in sich", daß es sich jeweils um eine nicht-identische Identität handeln muß; denn das sich vollendende Zurückkehren des Denkens erreicht als Ausführung notwendig eine andere „Ebene", einen anderen logischen Inhalt als den der vorherigen Intention. Allerdings ist dieser letzte Gedanke bei Fichte noch nicht so klar ausgeprägt wie bei Hegel.

Ist die unendliche Position des All-Handelns einmal erreicht, so geschieht bei Fichte nun genau das, was Kant anläßlich der Erörterung der „intellektuellen Anschauung" für utopisch gehalten hatte: „Von dem Endlichen aus gibt es keinen Weg in die Unendlichkeit; wohl aber gibt es umgekehrt einen von der unbestimmten und unbestimmbaren Unendlichkeit durch das Vermögen des Bestimmens zur Endlichkeit (und darum ist alles Endliche Produkt des Bestimmenden)." Von dem Endlichen gibt es deswegen keinen Weg, weil das endliche Ich, das doch mit der intellektuellen Anschauung zu beginnen hat (!), in seinem Kern jenen Unendlichkeitsgehalt in sich hat, also gar nicht rein endlich — eine ebenso moderne wie leere Abstraktion — ist. Der Weg der intellektuellen Anschauung geht also vom endlich-unendlichen Ich aus, um zum unendlich sich verendlichenden Ich zu gelangen. Hiernach, erst nach Erreichen dieser unendlichen Position, läßt sich verstehen, wenn Fichte sagt: „Die Wissenschaftslehre ... muß ... vom Allgemeinen zum Besonderen herabsteigen"[256]. Das Handeln schlechthin, das Bestimmen als All-Setzen ist das Ich selbst, und der Weg zu diesem Ich die „intellektuelle Anschauung" des Ich denke mich, als in sich zurückgehende Tätigkeit. Der Sache nach ist Kroner also durchaus zuzustimmen, wenn er sagt: „Das ‚Setzen' ist kein spekulatives, sondern ein vorspekulatives, in dem Tun und Denken noch nicht geschieden, sondern ungeschieden eines sind"[257], wenngleich von Fichte her hinzuzusetzen wäre: ein Denken, das kein Handeln, ist nicht substanziell, weil selbstvergessen oder allenfalls bloß vorstellend.

Damit haben wir aber eigentlich und ausdrücklich nur mehr das „subjektive Verfahren" kennengelernt; ihm entspricht, wie wir noch genauer sehen werden, das „objektive Verfahren", die Dialektik der „Ichheit". Das heißt mit anderen Worten: es gibt eine „subjektive" und eine „objektive" Dialektik. Das ist bei Fichte, ebenso übrigens wie bei Hegel, nicht immer deutlich genug voneinander geschieden. Die subjektive denkt die objektive einerseits *nach*, andererseits *vor*. Dies läßt sich am Problem der Reflektion verdeutlichen.

2. *Reflektion*

Die Schwierigkeiten ergeben sich hieraus: wenn alle Idealität und Realität, d. h. wenn die *gesamte* Wirklichkeit dem zugeschrieben werden soll, was Fichte das absolute Ich nennt, dann ist dieses Ich als absolute Ichheit niemals mit der endlich empirischen Person gleichzusetzen, dann muß auch die Reflektion dieser Ichheit eine Ausweitung erfahren, die ihr im normalen Sprachgebrauch des Wortes nicht zukommt. Die Reflektion wird also in eine subjektive und in eine objektive oder substanzielle zu unterscheiden sein, wobei innerhalb der subjektiven wiederum die Reflektion des Verstandes von der der Vernunft zu unterscheiden ist. Die objektiv-substanzielle Reflektion können wir auch die der Wirklichkeit nennen. Zu diesen nicht ganz einfachen Unterscheidungen tritt eine eingangs erwähnte weitere Schwierigkeit hinzu: Das dialektische Denken will die Dialektik der Wirklichkeit (ihr Gegenstreben) nach-denken und stellt somit wesentlich ein Überschreiten der Diskursivität dar. Da die dialektische Gesetzmäßigkeit als oberstes intelligentes (vernünftiges) Prinzip sowohl den theoretischen wie den praktischen Teil der W. L. durchzieht, ist es gleichgültig, ob die Belege für die Dialektik der Reflektion diesem oder jenem Teil entnommen werden. Fichte sagt: „Jene Forderung, daß alles mit dem Ich übereinstimmen, alle

Realität durch das Ich schlechthin gesetzt sein solle, ist die Forderung dessen, was man praktische Vernunft nennt..."[258]. Nur nach diesen Vorbemerkungen kann das Problem der Reflektion bei Fichte überhaupt angegangen werden.

Zunächst die natürliche Reflektion des Verstandes, die innerhalb der Reflektion der Vernunft nur eine Stufe darstellt. Fichte sagt darüber: „Es wird sich zeigen, daß man in der natürlichen, der der künstlichen transzendentalphilosophischen entgegengesetzten Reflexion, vermöge der Gesetze derselben, nur bis auf den Verstand zurückgehen könne, und in diesem denn allerdings etwas der Reflexion Gegebenes, als einen Stoff der Vorstellung antreffe; der Art aber, wie dasselbe in den Verstand gekommen, sich nicht bewußt werde. Daher unsere feste Überzeugung von der Realität der Dinge außer uns und ohne alles unser Zutun, weil wir uns des Vermögens ihrer Produktion nicht bewußt werden. Würden wir in der gemeinen Reflexion uns bewußt, wie wir in der philosophischen uns dessen allerdings bewußt werden können, daß sie erst durch die Einbildungskraft in den Verstand kommen, so würden wir wieder alles für Täuschung erklären wollen, und würden durch das letztere ebenso unrecht haben, als durch das erstere"[259]. Wenn man sich die zentrale Rolle der *Einbildungskraft* vergegenwärtigt, die ihr bei Kant ebenso wie bei Fichte zugeschrieben wird, so kann man im Rückgriff auf Leibniz die Einbildungskraft oder Phantasie tatsächlich als die genuin perzeptive Kraft bezeichnen. Fichte weist nun — entsprechend den zwei Stufen der Reflektion — offenbar auch der Einbildungskraft eine natürliche, „gemeine" und eine „philosophische" Bedeutung zu. Auf alle Fälle wird mit dem angeführten Zitat eine etwa voreilig gezogene solipsistische Folgerung abgewiesen; denn es sagt, daß die Einbildungskraft zur Quelle der Produktion der Dinge — lediglich auf der Stufe des Verstandes — genommen, zu genau solchen Täuschungen führe wie die Annahme einer von der Vernunft unabhängigen Außenwelt. Wir werden das im 3. Abschnitt noch deutlicher sehen. Im übrigen zeigt sich hier eine Übereinstimmung mit den bei Leibniz gewonnenen Einsichten. Der gegebene *Stoff* des Verstandes ist *nicht* das eigentlich Fundierende. Das fundamentallogisch zuerst „Gegebene", das originäre und *primäre Konstituens* (= Monade) entstammt „... dem schlechthin setzenden Vermögen im Ich, oder der Vernunft"[260]. Monade ist das, was im Erkenntnisprozeß das zweite, das Ergebnis der Reflektion der Reflektion oder der Selbstbesinnung ist, wohingegen der sinnlich gegebene Stoff zwar aus monadischer Substanz resultiert, derselbe Stoff für die Erkenntnis aber dennoch das ist, womit sie diskursiv beginnt. *Verstand* ist sozusagen der jeweils endliche Ausschnitt der unendlichen Vernunft. Verstand „... ist das Vermögen, worin ein Wandelbares *besteht*, gleichsam *verständigt* wird (gleichsam zum Stehen gebracht wird), ... Der Verstand ist Verstand, bloß insofern etwas in ihm fixiert ist; und alles, was fixiert ist, ist bloß im Verstande fixiert", er ist „der bloße Behälter des durch die Einbildungskraft Hervorgebrachten und durch die Vernunft Bestimmten und weiter zu Bestimmenden"[261]; denn die Vernunft ist das „schlechthin setzende Vermögen", das Bestimmen schlechthin.

Was nun aber ist die Reflektion der *Vernunft?* Sie ist als *Wissen* um die Grenze des Verstandes zugleich das *im* Bewußtsein erweiterte *Nach-Denken dieser Grenze*, d. h. ihre *Aufhebung;* — eben damit aber das Nach-Denken der Reflektion der Wirklichkeit *als* Wirklichkeit und von dieser somit praktisch nicht zu trennen. Fichte sagt: „Eine Richtung ist gar keine..."[262]. Das ist eine absolute, fundamentallogisch zeitliche Aussage, die sowohl für das Wissen wie für jede Wirklichkeit gilt. Denn *Wirklichkeit*, das ist sich zeitigende Logizität. Alles Existierende — auch das je existierende Wissen — besitzt somit ein substanziell-logisches Woher und ein Wohin, einen Grund und das aus ihm Gegründete. Unterscheiden wir ganz allgemein *die* Reflektion als Bestimmung von dem Reflektieren als Bestimmen und bezeichnen wir das Bestimmen ebenso allgemein als Denken, so lassen sich bei Berücksichtigung dieses logisch-dynamischen, d. h. dialektischen Richtungsgegensatzes in der Reflektion der Vernunft als Wissen drei

Momente unterscheiden. Erstens Denken (Re-*flektieren*, Setzen, Handeln) als aktiv gerichtetes Moment; zweitens *Nach*-denken (*Re*-flektieren) als rückbezügliches, reaktives Moment. Und drittens das Abbrechen des spezifischen Reflektierens, die Zäsur zwischen Denken (Werden) und Gedanke (Gewordenes), zwischen Bestimmen und Bestimmung, Setzen und Setzung, Handeln und Handlung, jener *Umschlag*, der bei Fichte „Hemmung" oder „Schranke" genannt wird. Denn von der absoluten Spontaneität heißt es: „Sobald über diese reflektiert wird, hört sie auf, Spontaneität zu sein", durch die Reflektion wird die Handlung „Produkt"; „Bestimmung und Sein sind Eins"[263]. Hegel sagt allgemein: „Das Produkt des Denkens ist Gedachtes überhaupt"[264]. Innerhalb des Fichteschen Systems setzt bei diesem dritten Moment mit der Funktion der bewußten Intelligenz[265] auch — eine Folge aus dem jeweiligen Grad der Bewußtheit — die des Gefühls ein[266]. Aber darauf kommt es hier weniger an, worauf es ankommt ist, daß in der deutschen Sprache Denken und Nachdenken synonym gebraucht werden und daß sich die logische Relevanz dieser Sprachtiefe aufweisen läßt.

Die objektive oder substanzielle *Reflektion der Wirklichkeit* wäre also das, was die Reflektion der Vernunft nach-denkt und damit zugleich selber ist. Was heißt das? Für Kant hätte das keinerlei Sinn. Denn es soll nach ihm zwar so gut wie alle Realität von transzendentaler Reflektion — die also existieren muß (dazu B 423) — produziert werden, *nicht* aber als wirkliche, sondern lediglich als erscheinende Realität. Wie aber könnte transzendentale Reflektion sich je selbst — und noch dazu als individuelle — produzieren? Kant umgeht diese Aporie, indem er das transzendentale Subjekt selbst nicht zur Erscheinung zählt, sondern als sozusagen alleinige Wirklichkeit — als Hypothese von wirklicher Intellektualität und Reflektion — voraussetzt, von welcher Wirklichkeit wir allerdings nur über deren transzendentale Ausstattung belehrt werden. Fichte hingegen ist mit Leibniz darüber einig, daß nicht nur das je denkende Ich, sondern *alles* Wirkliche nicht gegenständlich sein müsse und weiter darüber, daß alle dinglich erscheinende Realität nur ein Absterben von intelligibel vernünftiger Ichheit sei. Ihr allein kommt Wirklichkeit zu. Der Unterschied zu Kants „Ich" ist der, daß dieses mit Hilfe seiner transzendentalen Ausrüstung — den Formen der Anschauung und den Kategorien — zwar synthetisieren und vorstellen, *nicht* aber im vollinhaltlichen Sinne des Wortes wirklich *denken* kann. Denn dazu wäre das erforderlich, was bei Leibniz Apperzeption heißt und was bei Fichte durch intellektuelle Anschauung vermittelt werden soll. Denken heißt bei Fichte ebenso wie bei Leibniz Selbstbesinnung bzw. Selbstbewußtsein. Und diese Fähigkeit findet bei beiden Denkern nicht nur im Rahmen transzendentaler Reflektion statt, sondern als Wirklichkeit schlechthin. Denn Wirklichkeit — und zwar alle Wirklichkeit, einschließlich derjenigen, die in Kants erscheinender Realität liegt — wird so *selbst* zu subjekthafter Natur oder ist — als erscheinende Realität — aus dieser hervorgegangen bzw. — wie Leibniz sagt — „resultiert". Darin aber liegt nun *keinerlei* Übereinstimmung mit Kant, denn erstens ist die methodisch erreichbare (!) subjekthafte Natur absolute Wirklichkeit, d. h. wirkliches Denken und „selbstbildendes" Wesen — von welchem Kant in seiner Rezension der Herderschen Ideen „große Verwüstungen unter den angenommenen Begriffen" befürchtet hatte (Hildebrandt, a. a. O., S. 382f.) —, niemals also bloßes Vorstellen. Und zweitens ist diese Wirklichkeit mit Verstandes-Kategorialem niemals erreichbar oder gar identifizierbar. Wirklichkeit kann darum für Fichte — und zwar auch als erscheinende Realität — *in Wahrheit* nur intelligibel vernünftige Ichheit sein. Es kann somit gesagt werden, daß die Reflektion der Wirklichkeit nach der Wissenschaftslehre ebenso die Dialektik der Wirklichkeit selbst sei, wie umgekehrt, daß die Wirklichkeit dialektische „Reflexion" sein müsse. Mit anderen Worten, die substanzielle Reflektion der Wirklichkeit ist im Leibnizschen Sinne die immanente Logizität der Welt; sie muß als antinomische oder realdialektische Wirklichkeit, d. h. als unbewußte das sein, was später im

„absoluten Wissen" Hegels bewußt nachgedacht werden sollte. Dies schlägt der herkömmlichen Ansicht ins Gesicht, ergibt sich aber zweifellos aus jener Erweiterung des „Sachverhaltes Denken", den wir von Leibniz her beachten müssen. Denn daß die Wissenschaftslehre etwa den immanent dialektisch-logischen Charakter der Weltwirklichkeit habe leugnen wollen, müßte erst bewiesen werden. Die „Reflexionsfähigkeit" ist die Fähigkeit, „sich zu setzen". Der „Trieb" des Strebens „äußert sich" selbst, und zwar mit Notwendigkeit; „Streben und Reflexion wird dadurch innigst vereinigt"[267]. Einen dem unseren nahekommenden Interpretationsansatz finden wir bei Heimsoeth. Es heißt dort: „Trieb ist nach Fichte kein Angezogenwerden durch ein vorgegebenes Sein, wie es der platonische Eros auch der geistigen Erhebung nach sein will, sondern ‚ein sich selbst produzierendes Streben', ursprüngliche Tendenz nach Tätigkeit — ähnlich wie das Streben der Leibnizschen Monade." Durch den Hinweis auf die Leibnizsche Perzeptionssubstanz wird der Verdacht einer bloß „geistig" ichlich-personalen Auffassung des Fichteschen Ansatzes zugunsten eines transsubjektiven fundamentallogischen entkräftet[268].

Hiernach mag es deutlicher geworden sein, was eigentlich Reflektieren, was Denken im weitesten Sinne des Wortes heißt. Im Hinblick auf die letzte Apperzeptivität des Weltgrundes ist alles Denken nur ein Nach-Denken. Das heißt, wir können letztlich nur denken, was in diesem unendlich wissenden Grunde schon vorgesehen, angelegt, mithin schon „gedacht" wurde. Und es hat nicht an Stimmen gefehlt, die „unser synthetisches Denken" als ein „reflektierendes Nach-Denken des formerzeugenden göttlichen Denkens" glaubten interpretieren zu können[269]. Allein die Ausführung des Denkens erreicht nur sehr langsam die Ausführung jener „Gedanken". Dazwischen liegt „tatsächlich" die Weltgeschichte. Wenn z. B. das Christentum im „adventistischen Heidentum" der Antike, der Gedanke der göttlichen Transzendenz bei Plato etwa, bereits gedacht war, so brauchte die Ausführung dieses Gedankens dennoch Jahrtausende; ein Beweis für das, was Hegel die „Langsamkeit des Weltgeistes" nannte. Die Identität von Denken und Nachdenken gilt auch für die stille Reflektion, gilt selbst dann, wenn unser ichliches Perzipieren sich in etwas versenkt, was nun keinesfalls von uns primär geschaffen wurde; so, wenn Goethe etwa der Gestaltzeit einer Pflanze nachsann. Der Begriff der *Ehrfurcht* hat hier seinen Grund.

Das wäre die eine Seite. Jedoch, wenn all unser Denken letztlich nur ein Nach-Denken des in jenem absoluten Grunde Vorgesehenen ist, dann sind wir Menschen darum noch nicht jener absolute Grund selbst. Wir haben nur ein begrenztes Wissen, und unser Denken und unser Tun würde völlig durchsichtig nur im Zusammenhang jenes Alls, das wir niemals voll inhaltlich verstehen können. Das eine ist die Idee, das andere ihre Ausführung. Es liegt hier also kein Fatalismus vor. Denn wenn Leibniz sagt, daß mit dem Begriff Adams schon das ganze Menschengeschlecht gegeben sei, so darf man dabei nicht von dem absehen, worauf es gerade ankommt: es handelt sich bei diesem Begriff ja nicht um irgendeine Fabrikationsserie von Dingen, sondern um die geschichtliche Entwicklung des Menschengeschlechtes. Jener letzte apperzeptive Grund ist unendlich tätige Substanz, und seine existierende Wirklichkeit besteht nur in diesem seinem intelligenten Tun (Denken). Nach-Denken ist immer zugleich auch originäres Denken. Man darf darum nicht zugunsten des „nach" das Denken entwerten wollen. Wenn man beim Menschen von seinem individuell denkenden Tun absehen wollte, dann würde man nicht nur das Wesen des Menschlichen preisgeben, sondern damit zugleich die Wirklichkeit der unendlichen Substanz selbst. Das ist die andere Seite.

Bei Fichte kommt noch etwas hinzu, das wir, dem 3. Abschnitt vorgreifend, schon hier nennen müssen: Die für unsere Untersuchung grundlegende dialektische Relation von Werden und Gewordensein vermag uns im Zusammenhang auch eine Aufklärung über das Verhältnis von *Idealität* und *Realität* bei Fichte zu geben. Idealität und Realität verhalten sich wie

Reflektieren als Bestimmen, Setzen, Ich zur Reflektion als Bestimmung, Setzung, Nicht-Ich. „Alles ist seiner Idealität nach abhängig vom Ich, in Ansehung der Realität aber ist das Ich selbst abhängig; aber es ist nichts real für das Ich ohne auch ideal zu sein; mithin ist in ihm Ideal- und Realgrund Eins und ebendasselbe, und jene Wechselwirkung zwischen dem Ich und Nicht-Ich ist zugleich eine Wechselwirkung des Ich mit sich selbst. Dasselbe kann sich setzen als beschränkt durch das Nicht-Ich, indem es nicht darauf reflektiert, daß es jenes beschränkende Nicht-Ich doch selbst setze; es kann sich setzen, als selbst beschränkend das Nicht-Ich, indem es darauf reflektiert" [270]. Diese Stelle ist jedoch nicht zu verstehen, wenn man nicht die Zweideutigkeit der beiden zuerst genannten Iche aufdeckt. Das erste Ich („Alles ist seiner Idealität nach abhängig vom Ich") meint vornehmlich das absolute Ich; das zweite („... in Ansehung der Realität aber ist das Ich selbst abhängig") meint vorwiegend das individuell endliche Ich, das freilich seinem fundamentallogischen Kern nach — und darum geht es Fichte — von dem absoluten Ich nicht zu sondern ist. Beide verhalten sich zueinander wie das absolute Denken zu einem von ihm gedachten (bestimmten) Denken; wie die unendliche Spontaneität zu einer endlichen. Sie sind zwar „absolut" voneinander getrennt, aber dies ab-solut bestätigt gerade ihre dialektische Einheit. Ab-solut heißt abgelöst. Das absolute Ich „ist" unendliche Selbsttätigkeit, also gehört der Vorgang des Sich-Ablösens dem absoluten Ich wesentlich zu; „... darum ist alles Endliche Produkt des Bestimmenden" [271]. Auch Heimsoeth sagt: „Wären wir reines Tun, Spontaneität schlechthin, so wären wir eben nicht ‚wir', nicht einzelne, besondere Ichwesen; nur als gehemmte Tätigkeiten sind wir Individuen" [272]. Dazu Fichte: „Lediglich aus dieser absoluten Spontaneität erfolgt das Bewußtsein des Ich ... nicht durch *Übergang*, sondern durch einen *Sprung*" [273]. Alles Sich-Ablösen geschieht letztlich durch einen Sprung. Alles Absolute atmet, Eingang ist Ausgang und umgekehrt oder, wie Fichte sagt: „Eine Richtung ist gar keine."

3. *Wissenschaftslehre und traditionelle Logik*

„Das: *Ich denke* muß alle meine Vorstellungen begleiten *können*"[274]; das hatte Kant sehr klar gesehen, aber die Relation auf das Subjekt der transzendentalen Apperzeption bleibt bei ihm wissenschaftlich eine rein endliche. Fichte geht darüber hinaus, indem er die wirkliche Unendlichkeit in diesem „Subjekt", im Wesen der Subjektivität selbst entdeckt. Der „Standpunkt des gemeinen Denkens" liegt für ihn darin, daß ich, „wenn ich nur auf das Objekt sehe ... im Denken desselben mein Denken selbst vergesse". Eben dies mein Denken gibt mir aber Anweisung auf das reine und absolute Ich, nun nicht als auf einen bestimmten (endlichen) Inhalt, sondern auf das reine und absolute Ich als Bestimmen und Denken überhaupt, auf die absolute Spontaneität, die jedem endlichen Ich vorhergehen muß. „Indem die Weltweisen den von der Wissenschaftslehre aufgestellten Begriff des Ich in die Schule *ihrer* Logik nehmen, und ihn nach den Regeln derselben prüfen, denken sie diesen Begriff ohne allen Zweifel... Könnten sie ihn *wirklich* nicht denken, so könnten sie auch nicht das Geringste darüber vorbringen"[275]. Fichte ist also überzeugt, daß die Logik dieses Ich eine andere sein müsse als die traditionelle, und daß sich jeder Denkende dieser Logik zwar nicht reflektiv bewußt, dennoch aber faktisch bediene. Das Denken geht nicht vom gegenständlichen Sein, sondern vom nichtgegenständlichen — man möchte mit Böhme und Schelling sagen, vom „urständlichen" — Ich aus. Fichte geht sogar so weit, zu behaupten, daß Logik „überhaupt keine philosophische, sondern ... eine eigene, abgesonderte Wissenschaft" sei. „Man nennt eine solche Absonderung *Abstraktion;* und demnach besteht das Wesen der Logik in der Abstraktion von allem Gehalt der Wissenschaftslehre"[276]. Der Gehalt der Wissenschaftslehre ist das Ich in seiner absoluten Spontaneität, d. h. aber das Denken. Die traditionelle Logik dagegen ist eine *Logik des Gedachten* oder der Gedanken, nicht aber eine Logik des Denkens. Die Gehalte der traditionellen Logik sind das jeweils Gedachte, das real *oder* ideal gegenständliche *Sein*. Wenn die traditionelle Logik das Ich denken will, dann wird es ihr, wie wir noch bei Kant sahen, zum körperlich-dinglichen Gegenstand. Ihre Axiomatik sowohl wie ihre Begriffs-, Urteils- und Schlußlehre haben nur unter der Voraussetzung Sinn und sind überhaupt nur unter der Voraussetzung zu verstehen, daß das Gedachte gegen-steht und nicht etwa schon während des prädizierenden Urteilsaktes davonläuft. Würde diese Voraussetzung nicht gemacht, dann wäre nicht einmal so etwas wie *Sprache* möglich. Demnach zielt selbst die ältere Sprachkritik mit ihrem Vorwurf der Abstraktion auf etwas Notwendiges. Denn abstrahiert wird immer, die Frage ist nur, wovon? Ich kann generalisierend vom dinglich gegebenen Sein weiter zum Gattungsbegriff abstrahieren oder ich kann von der Energeia des Werdens zum Ergon abstrahieren. Das heißt eigentlich „kann" ich letzteres nicht, denn das *Wesen* unseres (ab-soluten) Tat-Handelns besteht ja — auch unbewußt — in nichts anderem. Eigentlich — und zwar bewußt — „können" wir nur das Umgekehrte: über den jeweils dinglichen Ergon-Charakter uns der logischen Energeia, die sich zu jenem Ergon entäußerte, vermittelnd *erinnern*, welches eben die Funktion der Selbstbesinnung ist. So hat Fichte in seiner Zuspitzung nicht recht, wenn er behauptet: „... die Wissenschaftslehre ist notwendig ... die Logik aber ist ein künstliches Produkt des menschlichen Geistes ..."[277]. Denn sie ist nicht ein „nur" künstliches, sondern ein unvermeidliches Ergebnis natürlichen Augenscheins. Sie hat ihre Rechtfertigung in diesem natürlichen Augenschein ebenso wie in der Sprache. Dieselbe Sprache gibt uns aber in ihrer Dialektik von Energeia und Ergon auch die Anweisung auf jene andere Logik des gerichteten Werdens, die Fichtes Wissenschaftslehre als „notwendig" erkennt.

Folgerichtig und in fruchtbarer Ergänzung wendet Fichte nun die Gegenstandsaxiome der traditionellen Logik auf den „Gehalt" der Wissenschaftslehre an. „*A = A gilt ursprünglich nur vom Ich.*" „Die Logik sagt: *Wenn* A ist, ist A; die Wissenschaftslehre: *Weil* A ist, ist A"[278]. Das heißt, sofern man die Möglichkeit der „leeren Tautologie" (Hegel) ausschließt, gilt A = A nur vom zurückgehenden Handeln als der *Form* der Wissenschaftslehre. Denken — abstrahiert von allem Inhalt — als *reines* Handeln (Ich „ist" A = A) gewinne ich nur durch die *Re*-flektion der intellektuellen Anschauung. Im Rückblick auf das über die beiden Stufen der Reflektion Gesagte (2. Teil dieses Abschnitts) mag es nun auch deutlich werden, inwiefern es nicht „zwei ganz verschiedene Wege" sind, auf denen Fichte — wie Kroner meint — zum ersten Grundsatz gelangt, nämlich einmal auf dem „von *Reflexion und Abstraktion*" und zum anderen auf dem „*intellektueller Anschauung*"[279]. Es ist ein und derselbe Weg. Nur handelt es sich nicht um generalisierende Abstraktion, auch nicht um ein „Abscheiden des apriorischen Moments", sondern um fundamentallogische Besinnung. Ich ist das unableitbare „auf sich selbst Gegründete"[280]. Es ist schlechthin, weil es ist. „*Das absolute Ich* des ersten Grundsatzes *ist nicht etwas* (es hat kein Prädikat, kann keins haben)"[281]. Aber da es sich um keine Tautologie handelt, liegt darin eine Beziehung, ein Zusammenhang, der „die höchste Tatsache des empirischen Bewußtsein..., die allen zum Grunde liege und in allem enthalten sei"[282], ist: „Es gibt notwendige Gesetze der Intelligenz"[283]. Soweit der *erste* Grundsatz.

Weil das Ich „schlechthin gesetzt" ist, „kann nur dem Ich schlechthin entgegengesetzt werden. Aber das dem Ich entgegengesetzte ist = *Nicht Ich*"[284]. Nicht-A nicht = A; Nicht-Ich nicht gleich Ich, heißt der *zweite* Grundsatz. Die Realität, die das Nicht-Ich hat, insofern es doch ein Nicht-*Ich* ist, ist im Ich „aufgehoben"[285]. Dieser Terminus kommt schon bei Fichte vor, wenngleich er hier — im Unterschied zu Hegel — eher soviel wie „aufgegeben", „herausgesetzt" bedeutet. Man kann, wie gesagt, das Nicht-Ich als Nicht-Wirken durchaus als Realität, eben als Gewirktes überhaupt, bezeichnen.

Diese beiden Grundsätze bestimmen nun den *dritten:* Ich = Nicht-Ich und Nicht-Ich = Ich. Wurde der erste Grundsatz als „die höchste *Tatsache* des empirischen Bewußtsein" bezeichnet, so stellt der dritte die „*höchste Synthesis*" selbst dar. „Alle aufgestellten Synthesen sollen in der höchsten Synthesis, die wir eben vorgenommen haben, liegen, und sich aus ihr entwickeln lassen"[286]. Die dialektische Lösung der ersten zwei Grundsätze im dritten geschieht, wie Fichte sagt, „durch einen Machtspruch der Vernunft". Formal jedoch dadurch, daß der zweite Grundsatz „sich selbst entgegengesetzt" ist; er „hebt sich selbst auf"[287]. Aber was heißt hier formal? Ich = Nicht-Ich. Die *Wirklichkeit* des Nicht-Ich ist in Wahrheit das Ich, und die jeweils vorhanden seiende *Realität* des Ich nur das Nicht-Ich. Die Unmittelbarkeit muß mittelbar werden, sonst ist sie nicht *da;* die Mittelbarkeit aber muß auf ihre sie je konstituierende Unmittelbarkeit zurückgeführt, d. h. vermittelt werden, sonst ist sie nicht *wahr*. Es geht hier um das, was später Hegel in kritischer Auseinandersetzung mit dem 2. Hauptstück der traditionellen Logik, in Ablehnung des Urteils, so ausspricht: Die Wahrheit läßt sich im Satze nicht ausdrücken[288], weil, ja weil, wie wir es schon an der Sprache sahen, die Wahrheit dialektisch ist, und zwar gerade, was ihre Einheit anlangt. Anders ausgedrückt, die „Natur des Gedankens" heißt für Fichte *Bestimmen*. Darum wäre es ungereimt, *ihr* die bloß formale „Bestimmung" zum Kriterium der Wahrheit setzen zu wollen. Die Wahrheit heißt nicht A = A — das ist eine bloße Richtigkeit —, sondern A = —A. Das ist ihre kürzeste Formel, die bei Fichte im dritten Grundsatz ausgesprochen ist.

Alle drei Grundsätze bilden somit nur Momente *einer* logisch-dynamischen Wirklichkeit. Die Wahrheit kann nur das *Wissen* um die spezifische und individuelle Nicht-Identität dieser jeweiligen Wirklichkeit, dieser sich entwickelnden Logizität, d. h. aber, das Wissen um die jeweilige konkrete Dialektik selber sein.

Damit ist die Umwandlung der traditionellen Gegenstandsaxiome in die Grundsätze der Wissenschaftslehre vollzogen. Die Wissenschaftslehre geht also, was ihren innerst substanziell-logischen Kern anlangt — im bewußten Gegensatz zur traditionellen Überformungslogik — vom Konkret-Allgemeinen zum Besonderen. Nicht als Überformung einer „an sich" seienden Wirklichkeit, sondern als Form der Wirklichkeit an sich selbst. Zur weiteren Begründung der trinitarischen Grundsätze zieht Fichte dann den *Satz des Grundes* heran [289]. Seine Verdeutlichung wird noch im nächsten Abschnitt auszuführen sein. Die im Folgenden versuchte Darstellung der dialektischen Logik der Ichheit wird manches bisher Gesagte wieder aufnehmen und thematisch zusammenfassen.

C. Die Ichheit

1. Das absolute Ich

So wie Leibniz den dinglich räumlichen Schein vermittels seiner fundamentallogischen Axiome durchstößt, und — unabhängig von der Mathematik — zu einem Unendlichkeitsdenken kommt (die infinitesimalen Setzungen sind im Gegensatz zu den individuellen Wirklichkeits-Substanzen lediglich ideal [Leibniz WW II, S. 361, Brief an Bernoulli]), so gelangt Fichte vermittels der intellektuellen Anschauung zur Unendlichkeit des absoluten Ich, das in seiner Dialektik Bestimmen und Bestimmung, Setzen und Setzung zugleich „ist". Eine unendliche Werdenswirklichkeit, die, abstrahiert von allen Inhalten, diesen Inhalten vorhergeht und sie als logische allererst begründet. Kroner sagt daher mit vollem Recht: „Erst Fichte befreit das Denken völlig von dem Vorurteil, das in der mathematischen Naturwissenschaft das unerreichte und unerreichbare Vorbild aller Wissenschaft sieht. Nicht unsere sinnliche Beschränktheit macht es uns unmöglich, die Dinge an sich so ‚objektiv' zu erkennen, wie die Naturwissenschaft ihre Gegenstände, sondern eine solche objektive Erkenntnis darf gar nicht als Muster dienen, weil die sogenannten Dinge an sich eben keine Dinge, sondern vielmehr Vernunft,

Ichheit sind"²⁹⁰. Leibniz vermochte uns für seinen faktisch geleisteten Durchbruch vom Endlichen zum Unendlichen keine Methode im eigentlichen Sinne anzugeben, und Kant hielt dergleichen überhaupt für „Luftbaumeisterei". Den methodischen Zugang zu jener Unendlichkeit des gerichteten Werdens *vor* allem Gewordenen, die Fichtes absolutes Ich meint, gibt erst die intellektuelle Anschauung. Sie geht aus vom empirisch endlichen Ich und gelangt, wie wir sahen, über das „Ich denke mich" zum absoluten Ich als „alle Spontaneität", ja, als das „Leben" selbst. Ist diese Position einmal denkend erfaßt, dann ist eine weitere Ableitung dieser „absoluten Thesis" unmöglich. Das absolute Ich ist selbst nicht deduzierbar, sondern nur aufweisbar. „Das Ich entsteht durch keine Synthesis, deren Mannigfaltiges man weiter zerlegen könnte, sondern durch eine absolute Thesis"²⁹¹. Dazu die bereits zitierte Stelle: „Durch kein Naturgesetz und durch keine Folge aus dem Naturgesetze, sondern durch absolute Freiheit erheben wir uns zur Vernunft, nicht durch Übergang, sondern durch einen Sprung" (WW I, S. 490). Bedenken wir aber die eigentümliche Natur von Ich als „das sich selbst Setzende, das, was bestimmend und bestimmt zugleich ist"²⁹², so werden wir in doppelter Weise an Leibniz gemahnt, denn die *Monade* ist ja das individuell Bestimmte, das sich selbst bestimmt und nur in diesem Wissen *frei* ist.

Das endlich empirische und das absolute Ich sind also nicht schlechthin voneinander getrennt, sondern sie bilden eine dialektische Einheit. „Das Ich (das endliche, Anm.) ist demnach abhängig seinem Dasein nach; aber es ist schlechthin unabhängig in den Bestimmungen dieses seines Daseins. Es ist in ihm kraft seines absoluten Seins, ein für die Unendlichkeit gültiges Gesetz dieser Bestimmungen, und es ist in ihm ein Mittelvermögen, sein empirisches Dasein nach jenem Gesetze zu bestimmen. Der Punkt, auf welchem wir uns selbst finden, wenn wir zuerst jenes Mittelvermögens der Freiheit mächtig werden, hängt nicht von uns ab; die Reihe, die wir von diesem Punkte aus in alle Ewigkeit beschreiben werden, in ihrer ganzen Ausdehnung gedacht, hängt völlig von uns ab [293]. Der Mensch kann denkend sein Schicksal gestalten; jedoch: „es gibt notwendige Gesetze der Intelligenz" (III, S. 25). Welches ist dies „für die Unendlichkeit gültige Gesetz"?

Es handelt sich hierbei, um eine Formulierung Heinrich Maiers zu gebrauchen, um die „dialektischgenetische Herleitung aus einer intellektuellen Tätigkeit des Ich. Nicht etwa des Einzel-Ichs, sondern der in diesem wirksamen allgemeinen Ichheit, die ... als eine ursprünglich handelnde und wirkende Potenz betrachtet wird" [294]. Maier sieht mit Recht in dem Emporsteigen zur „weltschöpferischen Aktion des allgemeinen Ich" Fichtes eigentliche Leistung [295]. Deutlicher noch Kroner: „Das Geheimnis der Weltschöpfung und des ‚Abfalls der Engel' hat kaum in irgendeinem philosophischen Systeme eine so großartige und einfache, eine so ins Prinzipielle erhobene Darstellung erfahren; *im Ursprung des Denkens selbst*, in den logisch ersten Gründen aller Erkenntnis wird es aufgespürt und an die Spitze des Systems gestellt." Und: „Fichte will *nicht* die Bedingungen der Erfahrung, sondern *die Bedingungen des Denkens überhaupt* an die Spitze seines Systems stellen" [296]. Auch Erich Heintel spricht im Sinne einer „integralen Wirklichkeitsphilosophie" von der „meistens mißverstandenen Selbstsetzungslehre" des Fichteschen „Ich" [297]. Man mag darüber streiten, ob Fichte in der Wahl seiner Termini eine glückliche Hand gehabt habe, nicht aber kann man ihm unterstellen, daß er mit seinem „Ich" nur das endlich personale oder erkenntnistheoretische Subjekt gemeint habe. Ein solcher Vorwurf wäre tatsächlich „unter der Würde einer ernst zu nehmenden Widerlegung". Auch hätte ein solcher Vorwurf als Beweislast die Widerlegung alles bisher Dargestellten zu übernehmen. Fichte selbst sagt: „Wenn ... ein System, dessen Anfang und Ende und ganzes Wesen darauf geht, daß die Individualität theoretisch vergessen, praktisch verleugnet werde, für Egoismus ausgegeben wird ..." [298], so ist dies für unser heutiges Problembewußtsein natürlich ungeschickt formuliert. Es unterliegt aber keinem Zweifel, daß mit „Individualität" an dieser Stelle nur die subjektive „Persona" gemeint ist. Wird die Wissenschaftslehre dennoch „für Egoismus ausgegeben", so kann dies seinen Grund nur darin haben, daß man die in diesem System erstmals aufgedeckte *konkret-allgemeine* Gesetzmäßigkeit übersah. Darauf kommen wir gleich zurück.

Versuchen wir zum Abschluß noch einmal eine Stelle der W. L. im Sinne unserer Interpretation zu verdeutlichen: „Also das Ich vergißt in dem Objekte seiner Tätigkeit sich selbst, und wir haben eine Tätigkeit, die lediglich als ein Leiden erscheint, wie wir sie suchten. Diese Handlung heißt eine *Anschauung;* eine stumme, bewußtseinslose Kontemplation, die sich im Gegenstande verliert. Das *Angeschaute* ist das Ich, inwiefern es empfindet. Das *Anschauende* gleichfalls das Ich, das aber über sein Anschauen nicht reflektiert, noch insofern es anschaut, darüber reflektieren kann" [299]. Das „Objekt" ist die „vergessene" Tätigkeit, das, „worin" die Tätigkeit jeweils endete. Es ist die jeweils vollendete Tätigkeit als Getätigtsein, als Tat, *nicht* als Tun, was Tätigkeit wäre. Darin liegt, daß das gewordene Objekt als Setzung, in seiner wahren Wirklichkeit Setzen — aktive thematisch konstituierte *und* sich konstituierende Logizität *war.* Die aus jeder objektiven Setzung der Ichheit mir nachträglich wieder innewerdende, d. h. zu vermittelnde Logizität des Setzens ist die Fichtesche „Anschauung", einfach deswegen, weil der traditionell-logische Begriff — auch der Kantische — diese fließende Logizität im Gegenstand getötet hat. Das Ich qua Ich aber kann nichts Totes anmuten, sondern nur das in jenem „Tod" (= Objekt) versenkte Leben. Soweit dieses Anmuten jedoch nur ein „Innesein" ist — wie man dies über Fichte hinaus anmerken mag —, solange haben wir es noch nicht mit methodischer Reflektion der Reflektion, sondern nur mehr mit kontemplativer Anschauung zu tun.

2. Die Substanz als Zeit

Welches ist nun die absolute Gesetzmäßigkeit der Ichheit? „... absoluter und relativer Grund der Totalitätsbestimmung sollen Eins und eben dasselbe sein; die Relation soll absolut, und das Absolute soll nichts weiter sein als eine Relation"[300]. „Also ... die Totalität besteht bloß in der vollständigen Relation, und es gibt überhaupt nichts an sich Festes, was dieselbe bestimme. Die Totalität besteht in der Vollständigkeit eines *Verhältnisses, nicht* aber einer Realität." Dieses Absolute, das „bloß" in einer „vollständigen" Relation besteht, wird nun weiter, ähnlich wie bei Leibniz, als *Substanz* gefaßt, „... daß in der Substanz gar nichts Fixiertes zu denken ist, sondern ein bloßer Wechsel..."[301]. Soll das Absolute Relation sein, dann muß diese Relation als bestimmbare eine substanziell-logische Relation sein. Da sie aber absolute Relation sein soll, so muß sie alle anderen Relationen bedingen; sie muß ihnen zugrunde liegen und als zugrunde liegende alle anderen — jeweils realen — Relationen zugleich dennoch übergreifen. Sie muß — mit einem Wort — das fundamentale *Logikon* schlechthin sein. Das aber heißt, sie gilt nicht nur als ichliche Zutat des Menschen, sondern *ist* absolutes Gesetz, nach dem Wirklichkeit sich verwirklicht, Leben lebt und Reflektion sich reflektiert.

Als *reine* Relation, abstrahiert von allen Inhalten, läßt sich dieses Gesetz darstellen nur als dialektisches Zeitgesetz. Daß es im eigentlichen Sinne zeit-logische Probleme sind, mit denen Fichtes Dialektik ringt, wird bei ihm nirgends explizite klar. Daher rühren zum guten Teil die Schwierigkeiten der Wissenschaftslehre. Man setzt ja im allgemeinen Zeit = Vergänglichkeit = Nichtigkeit und vergißt so über ihren Ewigkeitsgehalt nachzudenken. Dialektik hängt mit sich ablösenden, mit jeweils wechselnden Gegensätzen zusammen. Fichte aber sagt: „Die Substanz kommt nicht in den Wechsel"[302]. Das kann nach allem, was wir darüber gehört haben, nur heißen: weil sie als Substanz *dieser* Wechsel *selbst* ist. „Die Substanz ist *aller Wechsel im allgemeinen gedacht:* Das Akzidens ist ein *Bestimmtes, das mit einem anderen Wechselnden wechselt*"[303]. Dennoch betont Fichte gemäß dem dritten Grundsatz: „... die Existenz von X und die Nicht-Existenz von —X sind schlechterdings nicht zu verschiedenen Zeiten, sondern sie sind in *demselben Momente.*

C. Die Ichheit

Sie sind demnach ... gar nicht in der Zeit"[304]. Dieser Satz läuft dem Satz des Widerspruchs der traditionellen Logik direkt zuwider und scheint sogar der hier vorgebrachten These von der substanziell-zeitlichen Gesetzmäßigkeit der Dialektik entgegengesetzt zu sein. Er läßt sich aber auf überraschende Weise dennoch halten. Die Begründung lautet: die existierende Relation von X (Ich) und —X (Nicht-Ich) ist deshalb nicht „in der Zeit", weil die Existenz dieser Relation die *substanzielle* oder die *Wirklichkeitszeit* selber ist, in der Weise, daß alle anderen Zeiten erst von hier aus ihre Fundierung, Ableitung und Erklärung erfahren. „Hier aber wird das wesentliche Entgegensein, das Entgegensein an sich, als Grund der Mittelbarkeit des Setzens aufgestellt..."[305].

Sollte das zugestanden werden, dann ist es nicht mehr schwer einzusehen, daß die fundamentallogische absolute Relation als in sich dialektische Zeitrelation sich eigentlich nicht mehr vor-stellen, sondern „nur" noch denken und nachdenken läßt. Genau das sagt Fichte, wenn es heißt: „Das Ich, ob es gleich gesetzt und darauf etwas bezogen werden sollte, kommt dennoch in dieser Beziehung für die Reflexion gar nicht vor. Das Ich handelt"[306]. Das Handeln als reines Tun ist ebensowenig vorstellbar wie die Zeit. Reflektiere ich auf mein Tun, dann habe ich das unmittelbare Tun schon unterbrochen. Nur mittelbar über die verräumlichte Zeit kann ich diese selbst wahrnehmen, nur über die Tat mir das Tun selbst vermitteln.

Der Unterschied der Fichteschen Substanzauffassung zu der Leibnizschen liegt darin, daß die Perzeptionssubstanz bei Leibniz zwar ebenso das absolute Zeitgesetz, *mehr* aber noch dessen jeweilig thematisch inhaltliche Erfülltheit meint. Es wird dies zwar von Leibniz explizite nicht ebenso formuliert, wohl aber wird es von ihm sachlich so vorausgesetzt, wie es auch nur so aus seinen Ansätzen notwendig folgt. Bei Fichte ist die Substanz abstrakter, als Darstellung der konkreten Dialektik selbst, welche bei Leibniz gerade nicht thematisch ist, zu verstehen.

3. Die immanent dialektische Logik der Ichheit

Wir hatten im ersten Abschnitt dieses Kapitels erfahren, daß der Grund dem Begründeten stets entgegengesetzt sei, und daß dies keine etwa bloß psychologische, sondern eine fundamentallogische Einsicht sei. Am Ende des dritten Teils des zweiten Abschnitts wurde darauf hingewiesen, daß der Satz des Grundes — ähnlich wie bei Leibniz — auch die Begründung der trinitarischen Grundsätze der Wissenschaftslehre vermittle. Seine genauere Berücksichtigung soll uns nun zum Ausgangspunkt für die zusammenfassende Darstellung der Dialektik dienen.

„Bestimmung geschieht durch Aufzeigung des Grundes"[307], wobei wir uns daran erinnern, daß der Ausdruck „Bestimmen" oder „Setzen" bei Fichte durchaus mit dem Ausdruck „Denken" in jener weitesten Fassung gleichbedeutend ist. Setzen, Bestimmen, Handeln, Wollen, Denken, sie unterliegen alle der gleichen fundamentallogischen Struktur. Darum auch kann nicht nur das Wollen, auch nicht das „absolute sittliche Wollen", wie Kroner meint, „Akt an sich" und „schöpferische Vernunft" sein[308]. Das absolute Ich, d. h. die trinitarische Einheit seiner selbst zusammen mit Ich und Nicht-Ich, steht jenseits des Satzes vom Grunde. Es kann selbst nicht begründet werden, da seine dialektische Funktionseinheit eben Form des jeweiligen Begründens schlechthin ist. Der Satz des Grundes gilt genauer also für die Relation zwischen Ich und Nicht-Ich (Bestimmen und Bestimmung). Oder, damit man diese fundamentallogische Aussage nicht einseitig erkenntnistheoretisch mißverstehe: der Satz des *Grundes* ist „die *bloße Form der Vereinigung Entgegengesetzter*"; d. h. aber: als die Vereinigung, deren Form das trinitarische Ich darstellt, vermittelt oder bestimmt er die Einheit aller überhaupt vorhandenen Gegensätze. Fichte unterscheidet hierbei genauer den Beziehungs- und den Unterscheidungsgrund. Denn: „Jedes Entgegengesetzte ist seinem Entgegengesetzten in Einem Merkmale = X gleich; und: jedes Gleiche ist seinem Gleichen in einem Merkmale = X

entgegengesetzt." Das erste ist der „Beziehungsgrund", das zweite ist der „Unterscheidungsgrund" [309]. Fichte folgt darin Leibniz' fundamentallogischen Wirklichkeitsaxiomen. Denn nicht nur die empirischen Iche sind individuell, sondern als logisch-zeitlicher auch jeder einzelne Bestimmungs- oder Setzungsakt. Darum ist die Logik, nach der diese gegensätzliche Relation zwischen Grund und Begründung geschieht — durchaus konkret — die Logik der absoluten Ichheit. Neu gegenüber Leibniz ist bei Fichte allerdings der Gedanke der dialektischen Entgegensetzung. Dieser Gedanke geht über Leibniz hinaus und schon im Problem des „in sich zurückkehrenden Handelns" angekündigt, auf Hegel zu. Fichte sagt: „Jedes begründete Urteil hat demnach nur Einen Beziehungs- und nur Einen Unterscheidungsgrund. Hat es mehrere, so ist es nicht Ein Urteil, sondern mehrere Urteile" [310]. Jeder konstituierende Akt, ob des Denkens oder Handelns, hat wesentlich nur *einen* Grund. Das absolute Denken oder Handeln der absoluten Ichheit besteht nur in dem *Gesetz* dieses immer individuellen, dieses somit immer inhaltlich erfüllten Sich-Ablösens von Bestimmen und Bestimmung. Dieses Gesetz ist die „ab-solute Thesis", welche nach Fichte als solche nicht begründet, von welcher nur das *reine* dialektische Verfahren und, wie es aufzufinden sei, begründet werden kann.
Ich setze mich, d. h. Ich qua Setzen setze Setzen, Ich als reines Setzen „ist" unendlich. Die *Kopula*, unweigerlich schon mit jeder sprachlichen Setzung (!) gegeben, hat den unendlichen Inhalt des Ausdrucks „Setzen" bereits verendlicht. „*Unendlich* ist demnach das Ich, *inwiefern seine Tätigkeit in sich selbst zurückgeht, ... das reine Ich allein* ist unendlich" [311]. Aber wenn das Ich überhaupt, das absolute unendliche ebenso wie das empirisch endliche — beide sind wohl theoretisch, nicht aber praktisch voneinander zu trennen —, wenn das Ich faktisch setzt, dann setzt es nicht Setzen schlechthin als unbestimmtes „reines" Bestimmen, sondern immer und unweigerlich nur inhaltlich *bestimmtes* Setzen qua *Setzung*. Auch die weltschöpferische Potenz des reinen Ich könnte sich *faktisch* nicht

als reines Setzen setzen, jedenfalls nicht, soweit sie als absolute Thesis „reine" Unmittelbarkeit ist. Das absolute unendliche ebenso wie das empirisch endliche Ich vermag nur *theoretisch* — in intellektueller Anschauung — seiner Endlichkeit entraten und sich kontemplativ auf seine Unendlichkeit als reines Setzen besinnen. Sonach muß auch unsere mehr theoretische Formel, Ich qua Setzen setze mich als Setzen (intellektuelle Anschauung), unterschieden werden von einer anderen, die wir als mehr praktische oder faktische bezeichnen. Sie lautet: Ich qua Setzen setze Setzung. Aber auch diese Formel ist durchaus als Selbstsetzung zu verstehen. Wir haben damit eine allgemeinste, jedoch abstrakte Formel gefunden, sowohl für die Setzung des empirisch endlichen Ich durch das unendliche absolute Ich wie auch für jede faktische Setzung des empirischen Ich selbst.

Das Ich verendlicht sich unaufhörlich und in diesem „unaufhörlich" liegt gerade seine Unendlichkeit. „Insofern das Ich Schranken, und ... sich selbst in diese Schranken setzt, geht seine Tätigkeit (des Setzens) nicht unmittelbar auf sich selbst, sondern auf ein entgegenzusetzendes Nicht-Ich.... Also endlich ist das Ich, insofern seine Tätigkeit objektiv ist"[312]. Die Tätigkeit setzt sich in und mit seiner Schranke einen Gegenstand. Indem die Tätigkeit an ihr Ende kommt, hat sie sich als Tätigkeit aufgehoben, Vollendung und Ende sind eins. Das *Tun* hat sich als Tun *widerlegt*, indem es gerade in dieser selben Beziehung *Tat* ward. Das Ich kann gar nicht anders. Das unmittelbare Ich als Tun wird überhaupt nur dadurch mittelbar, daß es *sich* zu Taten vermittelt. Das Tun ist das Ich, die Tat das Entgegengesetzte, das Nicht-Ich. Ein Denken, das in völliger Unmittelbarkeit nur Denken dächte, wäre bewußt- und geistlos, denn die bewußte Intelligenz setzt erst bei der Schranke, beim Gegensatz, bei dem Umschlag vom Denken zum Gedanken ein; es wäre ohne ihn vergleichbar einem Menschen, der nur ausbliese, ohne im mindesten anzuhalten und einzuatmen. Das Setzen, auch als reine Agilität, ist allein dadurch, daß es gesetzt ist, eben gesetzt und somit endliche Bestimmung. Hier liegt neben der Sprachgrenze die Vorstellungsgrenze und damit zugleich auch die Grenze für das „natürliche" Denken: indem Denken denkt, produziert es Gedachtes. Das Gedachte als Gewordenes ist die Aufhebung und Widerlegung des jeweilig logisch-zeitlichen Denkens als Werdens. Das Werden kann nicht anders, es geht immer in ein Gewordensein über, worin voll-endend es sich als Werden aufhebt. Und dieses Aufheben bedeutet tatsächlich auch Negation im redlichen Sinne des Wortes.

Kroner hingegen meint: „... so bleibt doch die absolute Einheit des absoluten Ich auf der einen Seite und seine Zerlegtheit, Zerteiltheit auf der anderen Seite unverträglich; es ist das eine und selbige absolute Ich, welches durch den Akt der Scheidung verendlicht wird, ohne daß diese Identität begriffen wäre. Sie könnte nur begriffen, nur im Begriffe wieder hergestellt werden, wenn erweisbar wäre, daß die absolute Setzung und die absolute Entgegensetzung ein und derselbe Akt wäre; wenn das Ich, indem es sich setzte, zugleich das Nicht-Ich sich entgegensetzte; oder wenn Gott, indem er sich erschafft, eben dadurch die Welt hervorbrächte —, wenn Gott, Ich und Welt identifizierbar, der Pantheismus spekulativ denkbar wäre"[313]. Daß die innere Entgegensetzung des absoluten Ich „unverträglich" ist, ist — eben als Entgegensetzung — ganz natürlich. Aber Fichte hat doch wohl erwiesen, daß Setzung und Entgegensetzung *ein und derselbe Akt* sind, welche Einsicht eben den Begriff der Dialektik ausmacht, welcher mit einem natürlichen, bloß diskursiven Begreifen nicht beizukommen ist. Ob das, was dadurch spekulativ denkbar geworden, allerdings „Pantheismus" genannt werden muß, gerade das ist nach unseren bei Leibniz gewonnenen Ergebnissen mehr als fraglich. Denn wohl ist hiernach — und wir haben die Übereinstimmung mit Fichte aufgezeigt — alles Phänomenale in einem unbestimmten Sinne geworden; damit ist aber *nicht* gesagt, daß *jedes* phänomenal Gewordene zugleich auch schon *substanziell* geworden sein müsse. Der fundamentallogische Unterschied zwischen Substanz und Aggregat bei Leibniz ist ein substanzieller. Er besagt, daß dem bloß aggregativ Gewordenen im Gegensatz zum substanziell Gewordenen mit dem fehlenden Unum auch jedes vermittelbare Verum wirklich und realiter fehlt. Über die Phänomenalität muß also jeweils entschieden werden, wenn Wahrheit nicht ignoriert werden soll. Damit aber ist schon der in sich unendliche Aufbau vom Bewußtsein und Selbstbewußtsein gegeben. Gegen die Vermutung des „Pantheismus" spricht im Zusammenhang aber auch noch dieses: das dialektische Weltgesetz ist unmittelbar nie „da", sondern bleibt in seiner abstrakten Funktionseinheit allen endlichen Inhalten immer transzendent. Fundamentale Logik zielt also auf die zu begreifende Einheit von Form und Inhalt, Zeit und Gehalt, Endlichkeit und Unendlichkeit.

Das Gedachte kann nun also, wie wir es schon im Falle des Leibnizschen Aggregates deutlich machten, eine „bloß" subjektive Setzung (= Meinung) sein. Aber in diesem Falle ist es eigentlich — mit Fichte zu reden — noch nicht gedacht, sondern nur „geschaut". Darüber hinaus ist jeder neue Gedanke zunächst bloße Meinung (Idee). Er kann weiter, als Ergebnis des Nach-Denkens eines bereits anderweitig „Gedachten" Konstituierten oder Gewordenen, auch „objektiv" sein. „Objektiv" oder „gegen-ständlich" meint dann, da es letztlich kein „bloß Subjektives" gibt — korrelativ zu „subjektiv" — Setzung als ganz allgemeinen Gegensatz zu Setzen. Und zwar unabhängig davon, ob diese Setzung bloß das ideal Ausgedachte — etwa die fertige Planung — oder aber deren Ausführung, das reale Haus selbst, betrifft. Hiernach könnte man sagen: alles Denken *wird* wesentlich „objektiv", indem es in sein Gegenteil, sein Gewordensein übergeht und darin endet. Alles reproduktive Denken hingegen ist in dem Sinne „objektiv", indem es anderwärts bereits Gedachtes noch einmal denkt, jedoch nicht als identische Wiederholung, denn auch das reproduktive Denken bleibt Denken und unterliegt der Werdensstruktur, sondern, indem „objektiv" Gedachtes wieder durchdacht wird, wird es weiter gedacht. Denken ebenso wie Sprechen ist in sich dialektisch und Gedanke und

C. Die Ichheit

Wort ihr unaufhörlich neues Resultat. Vielleicht kommt man mit der Rede von der Reproduktivität des Nachdenkens dem Sinn jenes sonst doch etwas dunklen Ausspruchs Wilhelm v. Humboldts näher, wenn er von der *Sprache* sagt, sie sei „der dem objektiven Gedanken hinzutretende Mensch"[314].

Die hier gegebene Interpretation der Fichteschen Philosophie ergab sich uns unmittelbar aus der Dialektik des Ich, die — soweit ich sehe — Fichte als erster in dieser Präzision gegeben hat. Die gegebenen Analysen wären aber unverständlich geblieben, wenn es nicht möglich gewesen wäre, die Fichtesche Dialektik auf der Basis der Leibnizschen Perzeptionssubstanz zu sehen. Sie war es, die uns vorgängige logische Sicherheit gab. Die Präzision der Fichteschen Formulierungen ist fundamentallogisch nicht zu übertreffen: „Ein Objekt setzen, und — sich nicht setzen ist gleichbedeutend"[315]. Denn das Objekt als Setzung ist der Gegensatz zum Ich als Setzen. Dies ist das eine. Die Umkehrung gilt aber ebenso: Objekte setzen heißt für das Ich, sich gesetzt haben. Denn das Ich ist das „sich selbst setzende". Diese Ichheit aus dem Objekte wieder herauszuziehen, sich — mit Hegel zu reden — „dem Leben des Gegenstandes zu übergeben" und es ins wissende Bewußtsein erheben zu können, aber heißt geistiges Tun[316]. Fichte sagt von der Dialektik: „Nun hat im allgemeinen ein solches Verhältnis nicht aufgezeigt werden können, vielmehr ist es völlig widersprechend gefunden worden; denn dann (bei dieser seiner dialektischen Selbstsetzungslehre, Anm. d. Verf.) müßte das Ich durch das Setzen seiner selbst zugleich das Nicht-Ich setzen, mithin sich nicht setzen, welches sich selbst aufhebt"[317]. An dieser Stelle sehen wir Fichte noch einmal unmittelbar in die Werkstatt, und der Eindruck will sich nicht abweisen lassen, daß die Schwierigkeiten der völlig neuartigen Problematik ihn nicht an allen Stellen die Konsequenzen seines eigensten Ansatzes ziehen ließen. Hier hatte die Interpretation einzusetzen, und es war im Zusammenhange notwendig, manche Mißverständnisse des „Systems" zu übergehen. Ich glaube jedoch, daß vor dem in diesem Kapitel gegebenen

„Schlüssel" (Jean Paul) keine Stelle der Wissenschaftslehre verschlossen bleiben muß. Denn „völlig widersprechend" ist sie in der Tat, aber darin gerade liegt die Wirklichkeit der Dialektik. Die reine absolute Agilität hebt sich unaufhörlich selber auf. Setzen endet mit Setzung und alle Setzungen gehen auf ein individuelles (logisch-inhaltliches) Setzen zurück und reizen den Geist zu neuem Setzungs-Setzen. Ganz so, wie es in der Monadologie heißt: „So ist Gott allein die ursprüngliche Einheit oder die urbildlich einfache Substanz, von der alle geschaffenen oder abgeleiteten Monaden Produktionen sind. Sie entstehen sozusagen durch ununterbrochenes Blitzen der Gottheit von Augenblick zu Augenblick, begrenzt durch die Aufnahmefähigkeit des Geschöpfes, dem es wesentlich ist, begrenzt zu sein"[318]. Das absolute Ich „. . . ist seiner Endlichkeit nach unendlich, und seiner Unendlichkeit nach endlich"[319]. Die Wahrheit der Setzung ist die niemals leere, logisch inhaltliche *Struktur* des aktiven Setzens als Weltvernunft, die als (dialektische) Gegensatzstruktur sich unendlich in allem Setzungs-Setzen repräsentiert.

IV. HEGELS BEGRIFF ALS SINN

A. Das Thema der Logik

Hegel hat viel mehr von Leibniz, als er weiß und viel mehr von Fichte, als er zugibt. Der bisherige Gang der Untersuchung setzte die Hegelsche Philosophie in gewisser Weise voraus, ähnlich so, wie Hegel dies von der Entwicklung *seines* Begriffs im letzten Kapitel der Phänomenologie des Geistes gesagt hat: „Sie ist der in sich zurückgehende Kreis, der seinen Anfang voraussetzt, und ihn nur im Ende erreicht" [320]. Es ist daher nötig, nun auf diese Voraussetzungen selbst einzugehen. Hierbei wird sich zeigen, inwieweit sich die bei Leibniz gemachten Voraussetzungen, die bezeichnenderweise zugleich die eigentliche crux der Hegelschen Philosophie ausmachen, bei Hegel selbst belegen und wissenschaftlich rechtfertigen lassen. Es kann sich in dem gesteckten Rahmen nur um einen Versuch handeln, einen Versuch allerdings, der es wagt, Hegel zu verstehen.

Die Hegelsche Philosophie ist ohne Ausnahme dargestellt als Entwicklung und Selbstbewegung *des Begriffs*. Da nun bei diesem Terminus die traditionelle Bedeutung von derjenigen, die ihr bei Hegel zukommt, nicht immer — auch von Hegel selbst nicht immer — deutlich unterschieden wird, fließen in ihn gegensätzliche Bedeutungen unvermittelt ein, die den Schein von Äquivokationen annehmen; so daß es nur natürlich ist, wenn über Hegel und seine Philosophie so widersprüchliche Urteile wie das vom „größten Irrationalisten" [321] und das des extremsten „repressiven" Rationalismus als „Logik der Herrschaft" laut geworden sind [322]. Diese Urteile gehen an der Sache vorbei. Denn Hegel ist unter- oder überrational — ganz wie man will — lediglich vom ausschließlichen Standpunkt der formalen Logik. Hier aber fängt „das Bedürfnis einer

Umgestaltung der Logik"[323] erst an. Falls wir Hegel inzwischen „lesen gelernt" haben sollten, ist es unschwer zu erkennen, daß seine Logik von der formalen, die er Verstandes- oder Reflexionslogik nennt, sich ebenso absetzt wie von der transzendentalen Logik Kants. Das Resultat seiner umgestalteten Logik kann darum auch keine Kategorienlehre sein, wie man es genannt hat. Jedenfalls dann nicht, sofern man unter kategorialer Bestimmungsmöglichkeit lediglich die kantische versteht. Diese in einer Weise zu erweitern, daß sie vielmehr zu zerstören sei, war sein erklärtes Ziel[324]. Und wenn wir in dieser Arbeit von der Überzeugung Glockners ausgingen: „Hegel vollendete im Grunde nur, was Leibniz entworfen hatte"[325], so war es der Begriff der individuellen Substanz bei Leibniz, die Monade als ungegenständliches Etwas, als sich perzipierende Perzeption, worin wir dasjenige logische Formproblem aufgegeben glaubten, welches Hegel mit der „immanenten Entwicklung des Begriffs" als „Selbstbewegung" und „Gestalt des Selbst", als Lebenspuls und Zentrum für die Erweiterung der Logik erkannte[326]. Im Hinblick auf die Konfrontierung mit Leibniz entsteht so die Aporie, die wir zum Thema gewählt haben, welcher man sich nur allzu leicht mit der Rede von der Äquivokation des Begriffs zu entziehen trachtet und welche bei Hegel so lautet: „So ist es der ganze Begriff, der das eine Mal als *seiender* Begriff, das andere Mal als *Begriff* zu betrachten ist"[327]. Wer zu dieser Erweiterung der Logik gelangen will, muß allerdings die Kenntnis und — wie Hegel sagt — den „Reichtum" des Lebens und der konkreten Wissenschaft schon mitbringen. Die „Erkenntnis" und „Erfahrung" bloß formal-abstrakter Wissenschaft und Philosophie, zu welcher Hegel die kantische zählte und sie angesichts dieser Aufgabe sogar „ein Polster für die Trägheit des Denkens" nannte[328], genügt hierfür offenbar nicht. Denn es ist das Wesen des *Denkens* selbst, das jetzt aus der Form der Vorstellung, welche es noch bei Kant besaß, befreit werden soll, damit Wahrheit wirklich und alles Wirkliche wirklich — und nicht bloß gegenständlich — gedacht werden könne. Bei

Aristoteles stand die Substanz nicht nur der Zahl nach an erster Stelle der Kategorien. Sie ist bei ihm durch dreierlei ausgezeichnet: sie ist das Zugrundeliegende, das Sicherhaltende und das Aus-Sich-Selbst-Bestehende. In Kants transzendentaler Logik, die man weit eher als die Hegels eine „Logik der Herrschaft" nennen könnte, galt die Substanz lediglich als eine Kategorie unter anderen. Sein Erkenntniswille war blind für die Subsistenz der Substanz. An Stelle der Grundkategorie trat das transzendentale Subjekt, das zwar den Erscheinungen ein Jenseitiges ist, aber der *substanziellen* Grundfunktion ermangelt, des wirklichen *Denkens*. Kant zeigt in der Deduktion der reinen Verstandesbegriffe, daß Kategorien aus seiner „Erfahrung" nicht entnommen werden können, weil in *dieser* Notwendigkeit nicht angetroffen werde (B 123 f.). Geht man nun nicht von der erfahrbaren Phänomenalität im kantischen Sinne, sondern von Leibniz' Phänomenbegriff aus, so wie wir dies nach unseren Ergebnissen tun müssen, sofern der Anspruch auf Wahrheit realisiert werden soll, dann ist hier — bei der organischen Phänomenalität des Perzeptionsleibes — *Notwendigkeit* gemäß fundamental-onto-logischer Axiomatik *empirisch* gegeben. Denn es ist doch gar nicht einzusehen, warum der anschaulich gegebene Organismus nicht in ausgezeichneterer Weise imstande sein sollte, das angeblich bloß „leere" begriffliche Denken in den Rang von Erkenntnis zu versetzen. Da, wie gezeigt, die Unterscheidung von reflektierender und bestimmender Urteilskraft der Grundlage entbehrt, wird es noch weniger verständlich, warum Kant ausgerechnet beim empirisch gegebenen Organismus die anschaulich gegebene Zweckmäßigkeit nur deshalb leugnet, weil diese realste Kategorie per definitionem außerhalb seiner Begriffe nicht vorkommen dürfe. Legen wir also getrost statt des Kantischen Erscheinungsbegriffs den des fundierten Phänomens bei Leibniz zugrunde, so hätten wir hier beim empirisch gegebenen Organismus das — wenn man so will — „übersinnliche Substrat" aller Identitätsphilosophie gefunden; zwar nicht auf dem Wege des bloßen Vorstellens, sondern auf dem fundamentallogisch-axiomatisch begründeten *Denkens*, so daß hier — mit Kants Einteilung zu sprechen — Begriff und Anschauung, Denken und Sinnlichkeit *ein Gemeinsames notwendig* enthalten: es ist die realdialektische *Struktur* selbst, welche mit der Kategorie „Zweck" im kantischen Sinne nur unvollkommen begriffen ist. Hieraus ergibt sich, daß das, was bei Hegel im mehr emphatischen Sinne „lebendige Substanz" genannt wird [329], ebenso wie das, was in der Enzyklopädie sowohl wie in der Logik unter dem Thema „Substanz" abgehandelt wird, durchaus nicht verschieden ist, von dem, was wir bei Leibniz als „individuelle Substanz", als monadische Logizität herausarbeiteten. Hegel ist sich zudem durchaus klar darüber, daß das, was er in seiner „objektiven Logik" zur Kritik der alten Ontologie und Metaphysik, so wie er sie zu seiner Zeit sah, vorbrachte, erst „die wahrhafte Kritik" enthalte, die Kant mit seiner „abstrakten Form der Apriorität gegen das Aposteriorische" gar nicht hätte leisten können [330], eben weil er über Vorstellungsinhalte *wissenschaftlich* an keiner Stelle hinausgelange. Dem entspricht es bei Hegel einerseits nur systematisch, andererseits aber doch wesentlich, daß „Leben" erst im dritten Teil der Logik, in der „subjektiven Logik" oder in *seiner* Lehre vom Begriff *gedacht* werden kann, wohingegen es als „seiender Begriff" und „Realität" der *Sache* nach — und das eben heißt als „Natur des Inhalts", welche allein die *des* Begriffs ist, oder, mit Leibniz zu reden, als bloß einfache sich perzipierende Perzeption — überall im System und in der Logik schon vorher, im gesamten Bereich der „objektiven Logik", sich *manifestiert*. Denn es ist diese „Manifestation selbst", welche in der Enzyklopädie sowohl wie in der Logik als *„Substanz"* — als „absolute Macht", als „Reichtum alles Inhalts" und als „die absolute Formtätigkeit" — begriffen und gedacht wird [331].

B. Hegels Leibniz-Bild

Bevor wir an die Untersuchung der „Natur des Begriffes" gehen, werfen wir noch kurz einen Blick auf Hegels eigenes Leibniz-Verständnis. Er erkennt bei Leibniz an, daß er „das Denken gegen das Englische Wahrnehmen, gegen das sinnliche Sein das Gedachte als Wesen der Wahrheit..." behauptet habe. „Diese Intellektualität ist ein großer Gedanke Leibnitzens." „Das Wichtigste bei Leibniz liegt in den Grundsätzen, in dem Prinzip der Individualität und dem Satze der Ununterscheidbarkeit"[332]. Soweit das Positive. Dann aber übt er eine — wie wir sahen, zum Teil berechtigte — Kritik an Leibniz' Schluß aus dem Zusammengesetzten auf das Einfache. „Dies ist ein Schließen aus dem, was es gibt; es fragt sich aber, ob das, was es gibt, wahr"[333]. Wenn eine solche Frage gegen Leibniz gewendet wird, dann liegt darin schon das Übersehen dessen, was wir als das Entscheidende bei Leibniz heraushoben: das zunächst phänomenal gegebene Mannigfaltige oder Zusammengesetzte ist noch nicht das Gegebene in seiner Wahrheit, sondern nur der methodische Ausgangspunkt, um über Wahrheit entscheiden zu können. „Die Wahrheit aber ist Eine"[334]. Auch die Phänomenologie des Geistes muß ja mit dem sinnlichen „Dieses" und dem „Meinen" beginnen. Und wie dort das Meinen *erfährt*, daß es nicht gemeint war, genauso *beweist* Leibniz, daß nicht jeder subjektiven Meinung ein objektiv Wahres entspricht. „Was nicht wahrhaft *ein* Wesen ist, ist auch nicht wahrhaft ein *Wesen*." Die phänomenalen Vielheiten und die substanziellen, „objektiv" wahren Einheiten liegen nicht in derselben Dimension. Und wenn soeben von „objektiv" gesprochen wurde, so sei immerhin angemerkt, daß, wie Subjektivität für Hegel einmal Willkür und Zufall, zum anderen aber die aktive Notwendigkeit des Begriffs, das Substanzielle schlechthin, meint, ebenso auch „die Objektivität die gedoppelte Bedeutung, dem selbständigen *Begriffe gegenüber* zu stehen, aber auch *das An- und Für-Sichseiende* zu sein hat"[335]. Allein für letztere wurde hier der Terminus „fundamentallogisch" verwandt.

Hegel hat historisch also die übliche Ansicht über Leibniz, die sich bis in unsere Tage erhalten hat. Er meint nämlich, Leibniz gehe von „*der vorstellenden Monade* aus"[336], und er schließt dann folgerichtig, aber sachlich nicht zutreffend, so: „Solche Körper, die keine innere Einheit haben, deren Momente bloß durch den Raum oder äußerlich verbunden sind, sind *unorganische;* sie haben nicht eine Entelechie oder eine Monade, die über die übrigen herrscht"[337]. Der zweite Teil dieses Satzes ist zutreffend, der erste weniger. Denn in der Konsequenz des Leibnizschen Ansatzes wären, wie wir zeigen konnten, „solche Körper" eben nicht nur „unorganisch", sondern als pure — nicht individuell-einheitlich gewordene — Körperlichkeit in Wahrheit bloß „Anhäufungen", d. h., sie wären als Nicht-Einheiten im fundamentallogischen Sinne überhaupt nichtig. Man muß also bei der Rede von bloßer Körperlichkeit immer eingedenk sein, daß es sich um pure Phänomenalität handelt. Im übrigen aber repräsentieren die Monaden die Totalität genauso, wie dies die Momente des „Begriffs" auch tun[338].

Der entscheidende Einwand Hegels gegen Leibniz ist aber dieser: „Die Eine substanzielle Monade und dann die vielen einzelnen Monaden, die selbständig sein sollen, deren Grund ist, daß sie nicht in Beziehung auf einander stehen; und so ist ein Widerspruch, der nicht aufgelöst ist ... überhaupt *die differente Beziehung des Begriffs fehlt*"[339]. Ähnlich in der Logik: „Der leibnitzische Idealismus nimmt die *Vielheit* unmittelbar als eine *gegebene* auf, und begreift sie nicht als eine *Repulsion* der Monade"[340]; wobei Hegel unter Repulsion die „negative Beziehung des Eins auf sich" versteht[341]. Eins ist nur Eins, insofern es sich von anderen (vielen Einsen) unterscheidet und absetzt. Es liegt im Wesen des Eins „sich selbst von sich abzustoßen". „Diese Repulsion, so als das Setzen der *vielen Eins* aber durch Eins selbst ist das eigene Außersichkommen des Eins." Und, wie Hegel hinzufügt: „Es ist dies die Repulsion dem *Begriffe* nach, die *an sich* seiende" (a. a. O.). Schon hieraus läßt sich die Größe und die Achillesferse der Hegelschen

Philosophie ersehen. Wie nämlich hier durch ein begrifflich ungeklärtes „Eins" die begrifflich ebenso ungeklärten „vielen Eins" gesetzt und hervorgehen sollen, das bleibt hier bei dem Kritiker Leibniz' und Fichtes eine subjektive Dialektik, von der sich nicht genau sagen läßt, wie sie aus ihrer Immanenz herausgelangt. Leibniz ist durch seinen onto-logischen Identitätsansatz vor dergleichen gefeit, da die Identität der Monaden immer nur in ihrer sich perzipierenden *Struktur* liegt. Aber selbst wenn wir noch gar nicht wüßten, was es mit jener „differenten Beziehung des Begriffs" auf sich hat, so wird doch soviel klar: Der in Leibniz' Denken seit je gesehene Widerspruch wird von Hegel als das Fehlen der *Vermittlung*, als das Fehlen der fundamentallogischen Dialektik erkannt, die, wie wir hinzufügen müssen, freilich auch bei ihm nicht problemlos blieb. Daß bei Leibniz' Substanz in der Tat nur die Dialektik fehlt, um zu Hegels „Begriff" zu kommen, erhellt auch aus folgender Stelle, die nicht nur innerhalb des Hegelschen Systems Bedeutung hat. „So ist der Begriff die *Wahrheit* der Substanz" (WW 5, S. 6). „Die Substanz ist das *Absolute*, das an- und für-sichseiende Wirkliche; — *an sich* als die einfache Identität der Möglichkeit und Wirklichkeit, absolutes, alle Wirklichkeit und Möglichkeit in *sich* enthaltendes Wesen; *für sich*, diese Identität als absolute *Macht* oder schlechthin sich auf sich beziehende *Negativität*. Die Bewegung der Substanzialität, welche durch diese Momente gesetzt ist..."[342]. Denn Vermittlung ist für Hegel Dialektik, „das Außersichkommen des Eins". Der Einwand gegen Leibniz besteht insoweit zu Recht und liegt dem Gang unserer Interpretation zugrunde. Wir können jedoch hinzufügen, daß die Rangordnung der Monaden sich — wie gezeigt — durchaus als ansichseiende — und nicht etwa als bloß ideale, wie Hegel meinte — durch den Satz des Grundes vermittelt; nicht dialektisch, sondern kontinuierlich. Hätte Leibniz nicht die Kontinuität behauptet, hätte Hegel nicht die durchgehende Dialektik behaupten können. Denn ist überhaupt kein Zusammenhang da, dann fällt auch der dialektische der „negativen Beziehung" weg.

IV. Hegels Begriff als Sinn

Nehmen wir Hegels soeben genannte Begründung wieder auf, um uns mit einer Vorinterpretation dem Problem der fundamentallogischen *Struktur* des Begriffs zu nähern, die von der Hegelschen Methode nicht zu trennen ist. Die Repulsion folgt aus der Begriffsanalyse des Eins. Und zwar meint Begriff hier den *subjektiven* Begriff des Eins. Zugleich aber soll diese subjektive mit der Repulsion anhebende Dialektik „die *an sich* seiende", die „dem Begriffe nach" sein, wobei jetzt „Begriff" die Wirklichkeit der objektiven Dialektik meint. Man sieht jetzt deutlicher, wie subjektive und objektive Dialektik, d. h. nach unserer Terminologie, wie Methode und fundamentallogische Struktur von Hegel offenbar nicht immer deutlich voneinander abgesetzt werden; sie sind ja auch — als *Denken* — an sich dasselbe, nur liegt das Unbefriedigende darin, daß die allfällig auftretenden „Äquivokationen" bisweilen gewaltsam „vermittelt" werden. Natürlich lassen sich dagegen immer einzelne Stellen anführen, so z. B. wenn es heißt: „Wir haben also eigentlich zwei Ideen, die subjektive Idee als Wissen, und dann die substantielle konkrete Idee; und die Entwicklung, Ausbildung *dieses* Prinzips, daß es zum Bewußtsein des Gedankens kommt, ist das Interesse der modernen Philosophie... Dieser Gegensatz, zu dem die Seiten zugespitzt sind, in seiner allgemeinsten Bedeutung aufgefaßt, ist der Gegensatz von Denken und Sein, von Individualität und Substantialität —, *daß im Subjekt selbst seine Freiheit wieder im Kreise der Notwendigkeit stehe* —, von Subjekt und Objekt, von Natur und Geist... Die Forderung ist, daß *ihre Einheit in ihrem Gegensatze* gewußt werde; das ist die Grundlage der im Christentum aufgegangenen Philosophie" [343]. Zu fragen bleibt nur, wie weit Hegel diese Identität des Nicht-Identischen wirklich methodisch bewältigt hat [344].

Wenn wir uns im folgenden dem logischen Kernproblem Hegels nähern, so mag im Maße einer möglichen Klärung manches Unbefriedigende von selbst abfallen. Das Problem kann in der einfachen Frage nach dem Sinn der fundamentallogischen Struktur des „Begriffs" zusammengefaßt werden.

C. Die Natur des Begriffs

„Hegel verbindet mit dem Worte ‚Begriff' einen Sinn, den es bei keinem anderen Denker vor ihm gehabt hat und haben konnte, weil keiner je vorher das *gedacht* hat, was Hegel in ihm denkt. Man muß die Hegelsche Philosophie ganz verstanden haben, wenn man den Sinn dieses Wortes verstehen will, denn es drückt ihren Inbegriff aus"[345]. „*Die Natur des Begriffes*" macht in der Tat die „*absolute Grundlage*" der gesamten Hegelschen Philosophie aus[346]. „Denn der Begriff ist das Absolute, wie es in seinem Dasein absolut oder an und für sich ist"[347]. Es ist „der Begriff an und für sich, welcher ebenso wohl eine *Stufe* der *Natur*, als des *Geistes* ausmacht... Von jener ungeistigen aber sowohl, als von dieser geistigen Gestalt des Begriffs ist seine logische Form unabhängig"[348]. Um das zu verstehen, wird man gut tun, sich mit der These Kroners von der Irrationalität Hegels — auch insofern sie „überverständig" genannt wird — nicht zu beruhigen[349]. Denn hier ist von der „logischen Form" des Begriffs die Rede, die von der Stufe der Natur ebenso unabhängig sei wie von der Stufe des Geistes; die „logische Form" als fundamentallogische gilt es zu erkennen, wenn die Interpretation Hegels heute über ein subtiles „Einfühlen" hinweg wissenschaftlichen Wert beanspruchen soll. Denn die Konsequenz jener Kronerschen These führt dazu, entscheidendste Fragen der Hegel-Interpretation mit einer bloß system-immanenten Darstellung zu übergehen. Dies zeigt folgender Gedanke: „Wie der Logos zur Natur wird, — diese Frage beantwortet sich durch die grundsätzliche Dreigliederung des Geistes, weshalb Hegel dieses Werden auch nicht umständlich behandelt, sondern nur kurz ausspricht als etwas, das sich in seinem System von selbst versteht, weil es zu den Grundlagen desselben gehört, aus der Grund-setzung des Ganzen mit Notwendigkeit hervorgeht. Der Logos wäre nicht der Logos, er wäre nicht Geist, wenn er sich nicht als Natur, als Nicht-Logos sich entgegensetzte"[350]. Die Tatsache, daß Hegel sich über diesen Punkt nicht in wünschenswerter Weise erklärt hat, muß uns aber mißtrauisch machen. Handelt es sich dabei doch nicht etwa nur um eine wesentliche Nahtstelle des Systems, sondern zugleich um die logische Relevanz dessen, was die „Entwicklung des Begriffs" bedeutet. Unter diesem Titel müssen wir jene „logische Form" suchen.

Nun verbindet Hegel allerdings diesen neuen Sinn seiner „absoluten Form" mit dem durch die logische Tradition so überaus belasteten Terminus Begriff. Die nur mit Ausnahme ganz weniger Stellen, eigentlich aber nirgends thematisch zureichend abgehandelte Unterscheidung dieses neuen fundamentallogischen Sinnes von derjenigen Bedeutung des Terminus, wie ihn die Tradition verstand, führt daher häufig zu einer äquivoken Ineinssetzung von Hegels neuem Begriff mit dem abstrakt-allgemeinen Gattungsbegriff der logischen Schule. Die sich so aufdrängende „Äquivokation" des Terminus „Begriff" bei Hegel begründet weitere „Äquivokationen", so vor allem die des Terminus „Allgemeinheit"[351]. Dies im Zusammenhang mit den immanenten Systemkategorien, vermehrt um die Tatsache, daß Hegel diese seine logischen Voraussetzungen im Grunde intuitiv handhabte und allein deswegen schon gar nicht das Bedürfnis zu ihrer exakten Abhandlung verspürte, führt dann dahin, „daß kein abendländischer Philosoph in den logischen Partien seines Werkes so völlig unauflöslich ist wie Hegel! Daß seitenlang nicht einmal der einfache Wortsinn seiner Sätze eindeutig festzustellen ist!"[352].

1. Die drei Stellungen des Gedankens zur Objektivität

Was ist nun der exakte Sinn dessen, was bei Hegel als logische und absolute Form des Begriffs erscheint? Was haben damit die im Vorbegriff der enzyklopädischen Logik untersuchten Stellungen des Gedankens zur Objektivität zu tun? Die Darstellung bei Hegel nimmt sich zunächst als eine rein historische aus; erweist sich dann aber als grundlegend systematisch.

C. Die Natur des Begriffs

Die *erste* Stellung des Gedankens zur Objektivität meint den Standpunkt der Metaphysik vor Kant. „Diese Wissenschaft betrachtet die Denkbestimmungen als die *Grundbestimmungen der Dinge*"[353]. Sie stand insofern „höher" als Kant, weil sie aufs An-sich gerichtet war. Aber dem Absoluten in Form des Urteils, mit Prädikaten beikommen zu wollen, sei „ungeschickt", da die endlichen Verstandesbestimmungen dem Unendlichen nicht angemessen seien[354]. „Wenn vom Denken die Rede ist, so muß man das endliche, bloß verständige Denken, vom unendlichen, vernünftigen, unterscheiden. Die Denkbestimmungen, so wie sie sich unmittelbar vereinzelt vorfinden, sind endliche Bestimmungen. Das Wahre aber ist das in sich Unendliche"[355]. Mit den endlichen, bloß richtigen Gedankenbestimmungen sind aber, wie schon die Ablehnung des Urteils für die Erkenntnis der Wahrheit lehrt, die Kategorien sowie die abstrakten Subsumtionsbegriffe überhaupt gemeint, denn hiermit lassen sich bloß Dinge vorstellen. „Die Kritik der *Formen des Verstandes* hat das angeführte Resultat gehabt, daß diese Formen keine *Anwendung auf die Dinge an sich* haben. Dies kann keinen anderen Sinn haben, als daß diese Formen an ihnen selbst etwas Unwahres sind"[356]. Es müßte also, so darf man folgern, zumindest noch eine (absolute) Kategorie geben, die der Wahrheit angemessen ist. Dabei wären Beispiele zu einer Kritik der Verstandesformen wie „A ist groß und A ist nicht groß" nicht etwa deswegen „sinnlos", weil sie „empirisch" sind, wie Kroner meint (a. a. O., II, S. 352), sondern weil sie bloße Quantitätsurteile sind; „denn die nur auf der Zahl und dem Quantum überhaupt beruhende Bestimmung ist die wesentlich *gleichgültige, begriffslose*"[357]. Wie dem auch sei, jedenfalls kommt eine solche Überkategorie, die die Wahrheit repräsentiere, innerhalb der ersten Stellung nicht vor. Die Dinge werden hier als Dinge, d. h. unmittelbar, wie sie der natürlichen Vorstellung gegeben sind, aufgenommen. Und in dieser unwahren Form, so meint Hegel, würden in jener Metaphysik auch die Monaden vorgestellt. Er sagt: „Unter Ding verstehen wir ein unmittelbar Existierendes, ein solches, das wir uns sinnlich vorstellen, und in diesem Sinne hat man von der Seele gesprochen"[358]. Die erste Stellung des Gedankens zur Objektivität kann hiernach als „*die bloße Verstandesansicht* der Vernunftgegenstände", als die Einstellung des bloßen „*Glaubens*" definiert werden[359]. Es gibt somit „Richtigkeiten, die zugleich Unwahrheiten sind". „Alle Täuschung aber kommt daher, nach endlichen Bestimmungen zu denken und zu handeln"[360].

Ist die erste Stellung des Gedankens zur Objektivität als die Setzung der fixen Verstandesbestimmungen, wie Begriff, Urteil und Schluß, somit als *Setzung* der traditionellen Logik überhaupt zu verstehen, dann ist die *zweite* Stellung des Gedankens zur Objektivität deren *Anwendung*. Entsprechend handelt Hegel unter diesem Thema erstens den Empirismus und zweitens die kritische Philosophie ab. Der *Empirismus* geht teils mit äußeren Vorstellungen, teils mit inneren Gewißheiten des Bewußtseins (Gefühl) in unreflektierter Unmittelbarkeit um. In der ausschließlichen Anwendung der Formen der traditionellen Logik kann Hegel aber keineswegs eine zureichende Vermittlung der Wahrheit erblicken. „Die Grundtäuschung im wissenschaftlichen Empirismus ist immer diese, daß er die metaphysischen Kategorien von Materie, Kraft, ohnehin von Einem, Vielem, Allgemeinheit und Unendlichem usf. gebraucht, ferner am Faden solcher Kategorien weiter fort*schließt*, dabei die Formen des Schließens voraussetzt und anwendet, und bei allem nicht weiß, daß er so selbst Metaphysik enthält und treibt und jene Kategorien und deren Verbindungen auf eine völlig unkritische und bewußtlose Weise gebraucht"[361]. „Der Empirismus, indem er die Gegenstände analysiert, befindet sich im Irrtum, wenn er meint, er lasse dieselben wie sie sind, da er doch in der Tat das Konkrete in ein Abstraktes verwandelt. Hierdurch geschieht es zugleich, daß das Lebendige getötet wird, denn lebendig ist nur das Konkrete, Eine"[362]. Dieser Gedanke ist für unseren Zusammenhang deshalb von besonderem Interesse, weil ebenso wie Hegel auch moderne Biologen den Mechanismus als

C. Die Natur des Begriffs

„metaphysisch" ablehnen und nach neuen Denkkategorien des empirisch Gesicherten Ausschau halten. So spricht Bertalanffy vom „metaphysischen Mechanismus", dessen „Voraussetzung ... der Dualismus zwischen einer als metaphysischen Wirklichkeit angesetzten Materie und einer diese eventuell lenkenden Seele [sei, der] auf einem physikalischen Weltbilde beruht, das nicht mehr besteht" (a. a. O., I., S. 159).

Bei der *kritischen Philosophie* Kants wird nun zunächst die Tatsache, daß Kant mit seinen Antinomien den Anfang zur Dialektik gemacht habe, hervorgehoben. „Dieser Gedanke, daß der Widerspruch, der am Vernünftigen durch die Verstandesbestimmungen gesetzt wird, *wesentlich* und *notwendig* ist, ist für einen der wichtigsten und tiefsten Fortschritte der Philosophie neuerer Zeit zu achten"[363]. Von Fichtes Philosophie wird gesagt, ihr bleibe „das tiefe Verdienst, daran erinnert zu haben, daß die *Denkbestimmungen* in ihrer *Notwendigkeit* aufzuzeigen, daß sie wesentlich *abzuleiten* seien"[364]. Allein, mit den endlichen Kategorien sei auch Kants „reine Apperzeption" nur „als die Tätigkeit des Vermeinigens zu betrachten"[365]. Das Denken selbst bleibe, obgleich hier seine „*Objektivität* ... bestimmt ausgesprochen" sei, doch ein unerkanntes[366]; „es ist der große Irrtum, die Natur des Denkens nur in dieser Verstandesform erkennen zu wollen"[367]. „Dagegen ist die wahre Objektivität des Denkens diese, daß die Gedanken nicht bloß unsere Gedanken, sondern zugleich das An-sich der Dinge und des Gegenständlichen überhaupt sind"[368]. Wir halten bei diesem Text, dessen thematisch unerhörte Bedeutung gern als „idealistische" Naivität mißverstanden und abgetan wird, einen Augenblick ein, denn das Ziel unserer von Leibniz ausgehenden Untersuchungen ist nur dieser Frage gewidmet: der Frage nach Substanz und Wirkmöglichkeit des Denkens, als dem Werden alles Gewordenen in seiner Wahrheit. Es ist diese Frage, die wir auch als die nach der Selbstbestimmung der philosophia perennis zu bezeichnen Grund haben und die nun bei Hegel danach fragen muß, wie weit die Erfüllung dieser in sich unendlichen Thematik hier wissenschaftlich gediehen sei. Er sagt: „Der Ausdruck vom *objektiven Gedanken* bezeichnet die *Wahrheit*, welche der absolute *Gegenstand*, nicht bloß das *Ziel* der Philosophie sein soll" [369]. Es sei dies freilich ein „unbequemer Ausdruck", „weil Gedanke zu gewöhnlich nur als dem Geiste, dem Bewußtsein angehörig, und das Objektive ebenso zunächst nur vom Ungeistigen gebraucht" werde [370]. „Die Krankheit unserer Zeit ist es, welche zu der Verzweiflung gekommen ist, daß unser Erkennen nur ein subjektives und daß dieses Subjektive das Letzte sei" [371]. Hegel sieht die Mittel gegen diese immer lauernde Krankheit, den eigentlichen Gegenspieler der Freiheit, in derjenigen Anstrengung des Bewußtseins, welche noch das Bewußtsein selber transzendiert, das Erkennen zum Wissen bringt und so — als Vollbringen des Selbstbewußtseins — die Erfahrung des Geistes ist. Wir haben dasselbe bei Leibniz gesehen und werden es im folgenden noch genauer aufzeigen. Im Fortgang der Darstellung der zweiten Stellung des Gedankens zur Objektivität finden wir dann bei Hegel ähnliche Einwände gegen Kant, wie wir sie im 3. Kapitel dieser Arbeit erheben mußten [372].

Soweit die ersten beiden Stellungen des Gedankens zur Objektivität. Was aber ist die dritte? Hören wir zunächst Günther. Er sagt, die „einfache Idee" der traditionellen Logik ist „die bloße Unmittelbarkeit des Seins". Diese Logik entdeckte sich selbst in der *ersten* Stellung, „indem sie das *Sein als Gedachtes* begriff". Infolge dieser Selbstentdeckung stellt nun die *zweite* Stellung die Umkehrung dar: „Das *Denken* soll *als Seiendes* begriffen werden" [373]. Mit anderen Worten: es gibt grundsätzlich zweierlei Denken. „Etwas denken hat einen doppelten Sinn, es kann sowohl bedeuten: sich denken (d. h. das Denken denken), es kann aber auch heißen: anderes (d. h. *als* Fremdes und Denkunabhängiges) denken" [374]. Beide Stellungen, so wie sie historisch bei Hegel abgehandelt werden, bleiben Unterscheidungen innerhalb der traditionellen Logik. Wobei genauer die erste ganz unreflektiert der formalen, die zweite um einen Grad reflektierter, der transzendentalen Logik

C. Die Natur des Begriffs

zuzuordnen wäre. Man könnte also die erste ebensogut als „gegenständliche" und die zweite als „selbstbesinnliche" (Litt) bezeichnen. Bei Günther wird nun die Reflektion auf die zweite Form des Denkens („sich denken [d. h. das Denken denken]") als das interpretiert, was Hegel unter der dritten Stellung des Gedankens zur Objektivität ausführt [375]. So wird es deutlich, daß Günther folgert: „Was der Abschnitt (über die zweite Stellung) eigentlich wirklich zeigt, ist, daß es eben keinen Übergang von der logischen Basis Kants und der vorausgehenden Philosophie zum logischen Fundament Hegels gibt" (a. a. O., S. 155). Keinen Übergang, sondern eben nur jenen „qualitativen Sprung", mit dem sich die Hegelsche Philosophie in der Phänomenologie des Geistes ankündigt [376].

Wie aber wird nun die *dritte* Stellung bei Hegel selbst dargestellt? Noch einmal wird das „unmittelbare Wissen" und das „abstrakte Anschauen" verworfen. Dann wird der abstrakten Allgemeingültigkeit die *konkrete* Allgemeinheit gegenübergestellt. „In der kritischen Philosophie wird das Denken so aufgefaßt, daß es *subjektiv* und dessen *letzte* unüberwindliche Bestimmung die *abstrakte Allgemeinheit*, die formelle Identität sei; das Denken wird so der Wahrheit als in sich konkreter Allgemeinheit entgegengesetzt. In dieser höchsten Bestimmung des Denkens, welche die Vernunft sei, kommen die Kategorien nicht in Betracht" [377]. Weiter heißt es, „die *Natur des Inhalts*" sei das Kriterium der Wahrheit [378]. „Für das Wahre aber" könne „nur ein Inhalt erkannt werden, insofern er nicht mit einem Anderen vermittelt, nicht endlich ist, also sich mit sich selbst vermittelt, und so in Eins Vermittlung und unmittelbare Beziehung auf sich selbst ist" [379]. Es ist dies eine der schwierigsten Stellen der Hegelschen Philosophie überhaupt, denn: „nicht mit einem Anderen vermittelt", das kann nur heißen, *nicht* mit einem Anderen *der Substanz* nach, sondern mit einem Inhalt vermittelt, welcher der Substanz — will sagen der intelligiblen Logizität (dem Logos) nach — *dasselbe* ist, nämlich Denken im konkret-allgemein unendlichen Sinne. Wenn es nicht so wäre, dann könnte kurz zuvor an derselben Stelle nicht die Bestimmung der (wahren) Endlichkeit als diejenige angegeben werden, welche *„durch ein Anderes vermittelt"* sei (a. a. O., § 74), denn hier bei der wahren Endlichkeit, die ihre Wahrheit nur aus ihrem passageren Momentsein, d. h. aber aus ihrem Vermitteltsein erhält, ist mit jenem „Anderen" zwar ein *anderer* Inhalt, aber doch nur derselben (absoluten) Substanz gemeint. Das erste ist die unendliche *Substanz* als Bestimmen, das zweite die Bestimmung als endlicher *Inhalt* des unendlichen Selbst-Bestimmens. Nur so kann Günther die Endlichkeitsbestimmungen der traditionellen Logik als „unwahre", als Stellung der „Äußerlichkeit" definieren: „Etwas *als* Anderes denken ist mithin für diese Logik *die* Form des Denkens überhaupt" (a. a. O., S. 132f.). Diese — wenn man will paradoxe — Identität des Nichtidentischen wird aber von Hegel so charakterisiert: „Von dem *Faktum* aber solchen Erkennens, das weder in einseitiger Unmittelbarkeit noch in einseitiger Vermittlung fortgeht, ist die *Logik* selbst und die *ganze Philosophie* das *Beispiel*"[380]. Der Gipfel dieser Undefinierbarkeit der dritten Stellung, „wovon die ganze Philosophie das Beispiel", wird nun dadurch bezeichnet, „daß man darunter dasselbe zu verstehen hat, was früher ... als das Mystische bezeichnet zu werden pflegte[381].

Wie man sieht, bleibt das exakte methodische Bewußtsein über diese so wichtige dritte Stellung bei Hegel etwas dunkel. Bemühen wir uns, das Ergebnis der Aussagen über die Stellungen zur Objektivität festzuhalten, dann ließe sich sagen: der traditionellen Logik mitsamt ihrer Begriffsbildung, Urteils-, Schluß- und Kategorienlehre wird nur Richtigkeit, nicht aber Wahrheit zuerkannt[382]. Leben und Wirklichkeit bleibt ihr somit prinzipiell unerreichbar. Für die Wahrheit werden wir bei Hegel an die „Vermittlung", an „objektives Denken", an die „konkrete Allgemeinheit", an „die Natur des Inhalts", kurz, an eine rätselhafte Überkategorie verwiesen. Denn: „Es hat allein Interesse zu wissen, daß dies unmittelbare Wissen von dem *Sein* der äußerlichen Dinge Täuschung und Irrtum, und in dem Sinnlichen als solchem keine Wahrheit ist, das *Sein* dieser äußerlichen Dinge ein zufälliges, vorübergehendes, ein *Schein* ist, — daß sie wesentlich dies sind, nur eine Existenz zu haben, die von ihrem Begriff, Wesen trennbar ist"[383].

Mit diesen Gedanken stehen wir mit einemmal in unmittelbarer Nähe der intelligiblen Welt Leibnizens, für deren Zugang die Unterscheidung von bloßem Aggregat und individueller Substanz als methodischer Fingerzeig ausgewertet werden konnte. Dieser Hinweis Leibnizens wurde weiter als Voraussetzung für die Methode der „intellektuellen Anschauung" bei Fichte verstanden, der uns dann auch eine erste Anweisung auf die dialektische Gesetzmäßigkeit jener intelligiblen Welt gab. Eine positive Würdigung der „intellektuellen Anschauung" findet sich übrigens auch bei Hegel, so wenn es beispielsweise heißt: „Insofern aber unter Anschauung nicht bloß das Sinnliche, sondern die *objektive Totalität* verstanden wird, so ist sie eine *intellektuelle*, d. i. sie hat das Dasein nicht in seiner äußerlichen Existenz zum Gegenstande, sondern das, was in ihm unvergängliche Realität und Wahrheit ist, — die Realität nur insofern sie wesentlich im Begriffe und durch ihn *bestimmt* ist"[384]. Die das Folgende nun bestimmende Vermutung ist diese: die unter der dritten Stellung verborgenen, für das Hegel-Verständnis entscheidenden Probleme haben Lebenspuls und Zentrum in der aufzuhellenden *Struktur* des Hegelschen „Begriffs", die als allgemeinstes *Weltgesetz* jene Erweiterung des Sachverhaltes „Denken" ermöglicht und auf einer Axiomatik beruht, die mindestens seit Leibniz das wissenschaftlich abendländische Denken beunruhigt, weil sie den Satz des *Widerspruchs* nicht aufhebt, sondern *mediatisiert*. Die berechtigten Ansprüche dieser Axiomatik traten seit Hegels Sturz namentlich in der Verkleidung der Lebensphilosophie und dann in der Existenzphilosophie auf.

2. *Kritik an Gotthard Günther*

Hier ist nun auch der Ort, wenigstens kurz zu sagen, inwiefern ich dem Güntherschen Buch, soweit ich es verstanden habe, nicht folgen kann. Günther versteht ganz richtig die Hegelsche Philosophie als „Prozeß der Selbstobjektivation der Innerlichkeit". „Die Darstellung dieses Prozesses ist die Hegelsche Philosophie, und ihre logische Problematik nennt Hegel ‚die dritte Stellung des Denkens zur Objektivität' "[385]. Günther sieht dabei die dritte Stellung Hegels als Vermittlung der ersten beiden an[386]. Würde es sich bei Hegel nur um diese Vermittlung handeln, dann wäre kaum einzusehen, inwiefern seine logische Situation eine grundlegend andere sein sollte als die der „mehr als zweitausendjährigen Entwicklung" vor ihm, wie Günther doch annimmt. Eine solche Vermittlung der subjektiven Innerlichkeit als Reflektion der Reflektion müßte vielmehr als durch Kant prinzipiell geleistet anerkannt werden. Damit aber stände sie noch *innerhalb* der traditionellen Logik. Das „Ich" Kants bliebe dann einerseits mit seinen Kategorien identisch, um andererseits doch wieder als rational nicht faßbar, diesen seinen formalen Leistungen *gegenüber* zu stehen. Diese Zweideutigkeit Kants, die wir als „Doppeldeutigkeit der Erfahrung" kennzeichneten, fand in den ambivalenten Urteilen Fichtes und Hegels über Kant seinen Niederschlag. Die Voraussetzung der Güntherschen Ansicht bildet nun die unbegründete Annahme eines „neutralen Etwas der Objektivität"[387]. Es ist dies dieselbe Annahme des natürlichen Augenscheins, auf der sich die traditionelle Logik aufbaut und die seit Leibniz in ihrem Bestand erschüttert wurde. Ein solches *neutrales* Etwas, das für jedes Denken ein Jenseits sei, ist aber — mit Hegel zu reden — der Irrtum, „deren durch alle Teile des geistigen und natürlichen Universums durchgeführte Widerlegung die Philosophie ist"[388]. Ein solches „neutrales Etwas" gibt es für Hegel nicht: „Die empirische Welt denken heißt vielmehr wesentlich ihre empirische Form umändern..."[389]. Das Denken des Denkens oder das Denken der „objektiven Gedanken" läßt diese nicht in unbeweglichem Starrsein. Da, anders ausgedrückt, der denktätige Mensch aus der empirischen Welt nicht zu eliminieren ist, ja diese Welt im fundamentallogischen Sinne selber „Entwicklung", „Vernunft", „Denken" und „Begriff" ist, so ändert sie sich ständig und ist auch in ihrem kleinsten Gliede (Moment, Monade) niemals neutral; ein tätiger Prozeß „ist" nicht. In der Annahme eines solchen „neutralen Etwas", das dann alternativ entweder unter dem „Thema" (!) „Äußerlichkeit" oder „Innerlichkeit", entweder als „Sein" oder als „Sinn" „gedeutet" werden könne [390], so daß letztlich jene doppeltthematisierte Sinnlogik Hegels doch „... *nur* (!) hermeneutische Funktion" habe [391], verbietet sich allein aus dem Grunde, weil methodisch und sachlich die denkende Erkenntnis des Sinns nichts *anderes* ist als das, was dem augenscheinlichen Sein als Wahrheit substanziell zugrunde liegt.

Die „geistige Substanz", die — uns seit Leibniz bekannt — von Hegel in der Vorrede der Phänomenologie [392] eingeführt wird, ist Voraussetzung und Ziel der Forderung, „sich dem Leben des Gegenstandes zu übergeben" [393]. Diese Haltung fordert, wie Hegel sagt, „sich des eigenen Einfallens in den immanenten Rhythmus der Begriffe (zu) entschlagen" [394]. Der „Rhythmus" der Begriffe, das ist der Begriff des Begriffes *selbst*. „Das Denken, wie es die Substanz der äußerlichen Dinge ausmacht, ist auch die allgemeine Substanz des Geistigen..." [395]. Wenn es anders wäre, wäre es kaum verständlich, wie man jemals darauf verfallen konnte, Hegel einen Panlogismus nachzusagen. Denn jenes vorlogische „neutrale Etwas" wäre doch offensichtlich etwas ganz anderes als dynamische Logizität.

3. Generalisation und Wirklichkeit des Inhalts

In der Vorrede zur Rechtsphilosophie heißt es: „Es ist eben *diese Stellung der Philosophie zur Wirklichkeit*, welche die Mißverständnisse betreffen, ... daß die Philosophie, weil sie das *Ergründen des Vernünftigen* ist, eben damit das *Erfassen* des *Gegenwärtigen* und *Wirklichen*, nicht das Aufstellen eines *Jenseitigen* ist, das Gott weiß wo sein sollte, —" [396]; das, worauf es in der Philosophie ankommt, so wird hier gesagt, ist nicht ein irgendwie zeitloses Transzendens, sondern ein Immanentes, ein stets *gegenwärtig* Wirkendes [397]. Aber was heißt das für die Wissenschaft? Löst sich hier nicht die Wahrheit tatsächlich auf in jenen „bachantischen Taumel", der sich in der Phänomenologie ankündigt? Die Antwort kann nur ja und nein zugleich lauten. Denn das, was sich hier auflöst, ist ebenso, wie es an der gleichen Stelle heißt „als ein solches, das sich *erinnert* aufbewahrt" [398]. Es besteht — wie bei Leibniz — überall nichts Festes als die *Gesetzmäßigkeit* des Begriffs. Seine Manifestation ist das Werden, er selbst aber jene Überkategorie, der „Begriff des Begriffs", das wirkliche „Sein des Seienden", welches sich nur der Erinnerung erschließt. Diese Erinnerung ist das Tun des Geistes, welches in der Philosophie Selbstbesinnung heißt, sofern es methodisch vollzogen wird, woraus nebenbei erhellt, warum es Geist auch außerhalb der Philosophie gibt.

Die formale Logik der Tradition gründete darin, daß ihre Formen subjektive Überformungen eines anderweitig (nicht subjektiv) Gegebenen waren. Ihre — und nur ihre — auf dem Wege der generalisierenden Abstraktion gewonnenen Begriffe verloren in demselben Verhältnis, wie ihr Umfang zunahm, an Inhalt. Selbstverständlich hatten auch diese Begriffe Inhalte, aber ihre Inhaltlichkeit wurde zugunsten ihrer zeitlos-identischen Form nicht ebenso ins Bewußtsein erhoben. Das eine ist das Denken, das *andere* das Gedachte, der identische Gehalt. „Etwas *als* Anderes denken ist ... für diese Logik die Form des Denkens überhaupt" [399]. Hegel entdeckt nun die sich spezifisch verwirklichende *Inhaltlichkeit* als *neues* logisches *Formproblem*. „Die Unvollständigkeit..., das Denken zu betrachten, welche die Wahrheit auf der Seite läßt, ist allein dadurch zu ergänzen, daß nicht bloß das, was zur äußeren Form gerechnet zu werden pflegt, sondern der Inhalt mit in die denkende Betrachtung gezogen wird. Es zeigt sich von selbst bald, daß, was in der nächsten gewöhnlichsten Reflexion als Inhalt von der Form geschieden wird, in der Tat nicht formlos, nicht bestimmungslos in sich, sein soll; ... — daß er vielmehr Form in ihm selbst, ja durch sie allein Beseelung und

Gehalt hat ... Mit dieser Einführung des Inhalts in die logische Betrachtung, sind es nicht die *Dinge*, sondern die *Sache*, der *Begriff* der Dinge, welcher Gegenstand wird." Die „Bestimmtheit des Begriffs" ist das, „was als Inhalt erscheint"[400]. Die generalisierende Abstraktion als bloße subjektive Formenlehre ist daher für die Bestimmung der Wahrheit unzulänglich; sie kann lediglich widerspruchslose Richtigkeiten feststellen, weil sie die dynamische *Logizität* des *Inhalts* ignoriert. So ist die generalisierende Abstraktion „die Abstraktion..., welche ihr Allgemeines sich *gegenüber* hält, ... Leben, Geist, Gott, — so wie den reinen Begriff vermag die Abstraktion deswegen nicht zu fassen, weil sie von ihren Erzeugnissen, die Einzelnheit, das Prinzip der Individualität und Persönlichkeit, abhält und so zu nichts als leb- und geistlosen, farb- und gehaltlosen Allgemeinheiten kommt"[401]. Für die Reflektion des „formalen Begriffs" bleibt das Leben „ein *unbegreifliches Geheimnis*, weil sie *den* Begriff nicht erfaßt, und den Begriff nicht als die *Substanz* des Lebens"[402]. Genau dies war schon von Leibniz her unser Einwand gegen Kants Phänomenologie der Vorstellung in der Kritik der Urteilskraft (Kr. d. U. §§ 10 und 65). Die fundamentallogische *Struktur* des Hegelschen Begriffs ist von der Gesetzmäßigkeit des aktuellen Wirkens nicht zu trennen. Alles Werden und Wirken ist, wie wir seit Leibniz wissen, als spezifisches und konkretes individuell. Für die Aufhellung dieser Struktur aber ist die Einsicht in LEIBNIZ' „individuelle Substanz" darum unentbehrlich, weil diese Substanz, nach Sicherung durch die fundamentallogischen Wirklichkeitsaxiome, eben damit zugleich das mehr oder weniger unbewußte „Modell" für die Hegelsche Logik abgeben könnte. In ihr wäre damit auf dem Wege problemgeschichtlicher Systematik jene ἀρχή gefunden, die Günther in der Hegelschen Logik vergeblich sucht. Das Allgemeine dieser Logik wäre damit wirklich und tatsächlich mit *einer* Gesetzmäßigkeit zusammengebracht, die zwar nicht unbedingt und in allem die der Hegelschen Systemimmanenz zu sein brauchte, dennoch aber als substanzielle Allgemeinheit *latent* im Vollzug jedes konkret-individuellen

Prozesses existiert, wie sie im Vollzug wirklichen Selbstbewußtseins ebenso die konkrete *Manifestation* — und diese ist bei Hegel Substanz und Geist — der Freiheit selbst ist [403]. Einer weiteren absoluten Idee bedürfte es damit nicht mehr.

4. Die Darstellung des Hegelschen Begriffs

„Die Philosophie hat es mit Ideen, und darum nicht mit dem, was man *bloße Begriffe* zu heißen pflegt, zu tun, sie zeigt vielmehr deren Einseitigkeit und Unwahrheit auf, sowie, daß der *Begriff* (nicht das, was man oft so nennen hört, aber nur eine abstrakte Verstandesbestimmung ist) allein es ist, was *Wirklichkeit* hat und zwar so, daß er sich diese selbst gibt." Wenn *der* Begriff sich die Wirklichkeit selbst gibt, dann kann er nichts anderes sein, als die thematisch sich entwickelnde Logizität des „Gedankens" im weitesten Sinne des Wortes, d. h., die jeweils thematische Werdenseinheit, die Inhalt und Form zugleich „ist". „Alles, was nicht diese durch den Begriff selbst gesetzte Wirklichkeit ist, ist vorübergehendes *Dasein*, äußerliche Zufälligkeit, Meinung, wesenlose Erscheinung, Unwahrheit, Täuschung usf." [404]. Die Vollständigkeit des Begriffs kann aber nur erkannt werden aus dem *Wissen* um seine fundamentallogische Struktur, in der die Wahrheit gründet, weil diese Struktur Form und Inhalt zugleich umfaßt.

Der dem dritten Teil der großen Logik vorangestellte Abschnitt „Vom Begriff im Allgemeinen" ist die Stelle, an der Hegel sich am ausführlichsten über die Struktur dessen äußert, was er „den lebendigen Begriff", „die Natur des Begriffs", den „Rhythmus" oder auch den „absoluten Begriff" nennt [405]. Die *substanzielle* Bewegung des Begriffs wird zunächst in den bekannten drei Phasen dargestellt. Erstens das „An-sich-sein", zweitens das „Für-sich-sein", drittens das „An- und Fürsichsein". Dieser Gang ist auch als natürliche Selbstbewegung zu verstehen. Das heißt, es ist wohl der dialektische Gang des Begriffs, seine „genetische Exposition", welche „ebenso wohl eine *Stufe der Natur* als des *Geistes* ausmacht" [406].

Aber diese Bewegung — in ihrer Struktur durchaus identisch mit der selbstbewußten des Geistes — ist damit doch noch nicht selbst auch schon das *Bewußtsein* dieser form-inhaltlichen Bewegung. Es wäre demnach zu unterscheiden: die *Struktur* der dialektischen Selbstbewegung, die *wissende* Selbstbewegung und das *methodische* Verstehen dieser Selbstbewegung. Hierin gründen die Unterschiede von *Natur, Geist* und *Philosophie* sowie von bloßem Bewußtsein (Perzeption), Selbstbewußtsein (Apperzeption) und absolutem Wissen. Wir merken dabei jedoch ausdrücklich an, daß die systematischen Einteilungen der Logik vor der uns hier ausschließlich interessierenden fundamentallogischen Struktur des Begriffs zurücktreten müssen.

a) Die Struktur der dialektischen Selbstbewegung

Das *Ansichsein* ist die „absolute Macht", worin die Unterscheidungen, zu denen sie sich bestimmen wird, noch „als ursprüngliche *Voraussetzungen*" sind. Diese Voraussetzungen, zu denen sich das Ansich vermittelt (resultiert, dirimiert), sind hier noch in vollkommener Unmittelbarkeit eingehüllt. Hegel nennt diese Phase darum auch „ursprüngliches *Gesetztsein*"[407]. Dieses Gesetztsein kann irgendein Inhalt sein. Und zwar ein Inhalt sowohl der Natur wie der Geschichte oder des Geistes; irgendeine Anlage, Thematik oder Motivation. Es geht bei der Struktur des Begriffs um *das* Gesetz überhaupt, von dem Leibniz sprach[408], das als wahres sämtliche Bereiche durchwaltet. Hegel sagt ganz ähnlich: „In der Natur ist die höchste Wahrheit, daß ein Gesetz *überhaupt* ist"[409]. Der Inhalt entwickelt sich als Inhalt logisch-zeitlich, nicht synchron, sondern *diachron*. Das Ansichsein „ist", d. h. es entwickelt sich als „sich auf sich beziehende *Negativität*". In dem Gesetztsein ist eine Mannigfaltigkeit in ursprünglich momentaner Einheit; Momente, die sich auf sich beziehen und in der allgemeinen Einheit (Thematik) geordnet sind. Entwickelt sich nun eins der Momente innerhalb der zentral geordneten Einheit, dann werden dadurch nicht nur andere negiert, sondern, indem es sich besondert, geht sein Reifen mit seinem Zunichtewerden Hand in Hand. Das Entwickeln ist zugleich Vernichtigen, die Entwicklung als zeitliche macht keine fixen Stationen, „ist" nur „sich auf sich beziehende Negativität". So ist „die Entwicklung des Baumes ... Widerlegung des Keims, die Blüte die Widerlegung der Blätter" usw. [410].

Indem eins der Momente sich besondert, gelangt es zum *Fürsichsein*. Aber dies Fürsichsein ist dieselbe Macht. Es ist ein „anderes", soweit es „heraus" ist, aber dasselbe, sofern es ja das Ansich ist, das sich entwickelt. Das Ansich bezieht sich damit nur auf das, was in ihm selbst war und ist. Das in ihm *Voraus*gesetzte wird *heraus*gesetzt. Damit — mit dieser Realisierung — ist das Vorausgesetzte als Vorausgesetztes aufgehoben, d. h. ein Anderes, ein Gegenteil geworden; ein Anderes für sich, in dem das Ansich nur bei sich selbst ist. „In die Existenz Treten ist Veränderung und in demselben Eins und dasselbe bleiben" [411]. Das „ursprüngliche Gesetztsein" (Fichte) — in seinem wahren Wesen aktives Setzen — hat *sich* nun selbst (weiter) gesetzt.

Das vollzogene sowohl wie das begriffene Faktum dieser Selbstbesonderung und Entwicklung stellt Hegel als die dritte Phase der Struktur des substanziellen Begriffs dar: „das identische und das negative Beziehen ist ein und dasselbe; die Substanz ist nur in ihrem Gegenteil identisch mit sich selbst, und dies macht die absolute Identität der als zwei gesetzten Substanzen aus" [412]. Das *An- und Fürsichsein* ist die Einheit des Ansich und des Fürsich. Die Besonderung des Fürsich als *Gegenteil* des konkret-allgemeinen Ansich geht somit als „*sich* auf *sich* beziehende Negativität" zugleich nur mit sich selbst zusammen. Das Ende ist so zwar dasselbe, was der Anfang auch war, aber als Ende doch auch das je bewirkte Beendetsein eines jeweils wirkenden Werdens, das sich nur in jeweils gegensätzlichen Phasen von „Anfang" und „Ende" als Substanz erhält und sich nur so selbst behauptet. Der Prozeß des jeweiligen Vernichtigens des Besonderen ist nur die Weiterentwicklung des Ansich.

Wiederholen wir das Dargestellte mit anderen Worten: es ist eine Werdenseinheit, ein „Gedanke" da. Diese Einheit ist in sich konkrete wirkliche Inhaltlichkeit. „Der Inhalt ist selbst schon Gedanke"[413]. Diese dynamische Inhaltlichkeit ist natürlich aus irgendeinem Grunde geworden. Aber für diesen Grund würde als Einheit wiederum nur dasselbe gelten, nämlich, daß er aus einem anderen Grunde geworden (resultiert) wäre. Es geht uns aber um die Werdensgesetzlichkeit selbst. Nehmen wir das von Hegel stammende Beispiel: In einem Samenkorn ist an sich der Baum mit Blättern, Blüten und wiederum Samen enthalten. Das Samenkorn als dieser allgemeine Inhalt entwickelt sich, es besondert sich zu zwei Blättern für sich. Indem diese besonderen Blätter geworden sind, hat ihr Gewordensein allein schon „rein" formal das einheitliche Werden „widerlegt" und „aufgehoben". Aus diesen allgemeinsten Besonderungen, den Keimblättern, gehen nun bis zur vollentwickelten Gestalt des ganzen Baumes weitere Besonderungen hervor. Die jeweils gewordenen Besonderungen sind als vernichtetes und widerlegtes Werden aufgehoben in der Weise, daß nur so, in einem *Prozeß* unendlich gegensätzlicher Phasen der Baum als allgemeiner Inhalt an- und fürsich entsteht. Die Besonderungen gehen gerade als aufgehobene nur mit ihrer Allgemeinheit an und für sich zusammen. Sie gehen weiter über die Unendlichkeit der Exemplare hinaus, die ja ihrerseits auch nur Besonderungen sind, zu den unendlich sich verwirklichenden Einheiten der konkreten Arten, wie Eiche, Buche, Kirsche usw. zusammen. Aber, auch diese unendlichen sich in sich verwirklichenden Einheiten sind wiederum nur diachrone Besonderungen *eines* allgemeinsten Gesetzes, das Goethe als „Urpflanze" mit ihrem unendlichen Wechsel von Systole und Diastole im Auge hatte. Hegels Begriff meint nun im Bereiche der Natur nichts anderes, als den jeweils spezifisch logischen Rhythmus des Prozesses dieser sich jeweils aufhebenden Selbstbesonderungen. Dieser Prozeß ist Struktur, ist „sich auf sich beziehende Negativität", weil im Prozeß des Werdens Werden und Entwerden ein und derselbe Akt sind[414]. Man könnte diesen real-dialektischen Prozeß ebenso und vielleicht besser auch einen *diachronen* nennen, weil er zwar einerseits ein zeitlicher, als Gesetzmäßigkeit *des* Begriffs zugleich aber überzeitlicher ist, und weil er als Entwicklung nicht linear, sondern spiral (Goethe), d. h. dreidimensional verläuft.

b) Die wissende Selbstbewegung

Die Reflektion auf die Dialektik der Substanz, das wissende Nachdenken der Struktur des Begriffs im Reiche der Natur konstituiert nun die wissende Selbstbewegung des *Geistes*, die als „Begriff des Begriffes" (WW 5, S. 13) in denselben Phasen verläuft. Woher dieser Einbruch des Selbstbewußtseins, die Fähigkeit zur „Reflexion der Reflexion" komme, läßt sich, wie Fichte meinte, nicht deduzieren, sie könne nur als Faktum beschrieben werden. Hegel sagt, die „*Vollendung der Substanz* . . . ist nicht mehr die *Substanz* selbst, sondern ist ein Höheres, der *Begriff*, das *Subjekt*"[415]. Hier aber wird man weiter fragen müssen, weniger, woher denn dieses „Subjekt" nach der immanenten Entwicklung des Systems plötzlich komme, sondern mehr, ob es überhaupt ein traditionell verstandenes Subjekt sei? Günther meint darum: „Wenn wir das Ich als Ich (und nicht als Wesen), als Subjektivität, als Innerlichkeit, als innere Notwendigkeit denken wollen, so müssen wir eben auf den Begriff des Subjekts dabei verzichten. Denn wenn wir das Subjekt als reine Allgemeinheit [wie Fichte, Anm. d. Verf.] denken wollen, dann ist es eben nicht mehr Subjekt, sondern das Denken selbst"[416]. Man kann das durchaus sagen, sofern man Begriff und Wirkmöglichkeit jener Innerlichkeit des Denkens in der Weise erweitert, wie es in unserem Zusammenhang geschieht. Aber gerade dann bleibt die entscheidende Frage bestehen: ob — mit Leibniz zu sprechen — der Apperzeptivität als geistiger Funktion Einheit mit Notwendigkeit zugesprochen werden muß und worin sie bestehe? Oder, in Hegels Sprache: ob und wie es möglich sei, daß Ich, der „existierende Begriff", auch (irgendwie) Person sei? Wir können auf diese Fragen, soviel von ihnen auch für die Kernprobleme von Ethik und Theologie abhängen mag, hier nicht eingehen. Wir halten für unsere Hegel-Interpretation unabhängig von der immanenten Systemdialektik lediglich fest: Nicht von einem bloß subjektiven Subjekt kann hier die Rede sein, sondern nach allem, was wir von Hegel wissen, kann es sich hier nur um die fundamentallogische Energie des „Subjektum" selbst, um Denken im weitesten Sinne handeln; d. h. um jenes lebendige „*Okular*", durch und in welchem „innen" und „außen" diachron ebenso zusammen- wie auseinandergehen und welches im System als „Wirklichkeit" auftritt. Wenn Günther jene Subjektivität so aufgefaßt hätte, dann hätte er recht. Wir können daher formulieren: *Der Begriff ist die Struktur des Denkens*, und zwar als absoluter Logos sowohl wie „in seiner *einfachen* Vermittlung", in welcher (nichtidentischen Identität) er ganz ebenso „als *Denken* gesetzt ist"[417]. Als *bewußtes* Denken wird er daher mit der „*Freiheit*, welche die Identität des Begriffs ist", gleichgesetzt[418]. Da aber der Begriff die Gesetzlichkeit repräsentiert, so kommen wir auch von hieraus auf eine Gesetzlichkeit der Freiheit[419]. Hier beim „Begriff des Begriffs" kehren nun die allgemeinen Phasen des Ansich, Fürsich und An- und Fürsich als Momente der Allgemeinheit, Besonderheit und Einzelnheit wieder[420].

Die *konkrete Allgemeinheit* ist zunächst „. . . *Bestimmtheit;* aber welche ebenso als sich nur auf sich beziehend unmittelbar einfache Identität ist"[421], ein Gedanke schlechthin. Indem ich denkend sage *ein* Gedanke, so ist er in seinem allgemeinsten Inhalt geworden, er liegt als *Intention* fest. Aber die in diesem allgemeinsten Thema enthaltene Inhaltlichkeit, d. h. die besonderen Inhalte, haben sich deshalb nicht auch schon verwirklicht, sind als solche weder in ideale noch in reale Existenz getreten. Denken denkt; der Prozeß beginnt, der allgemeine Inhalt wird, was er (an sich) ist; der Gedanke besondert sich.

Die *Besonderheit* ist die „Negation der Bestimmtheit". Denken heißt Bestimmen, wie wir seit Fichte wissen. Bestimmen endet in Bestimmung oder, wie Hegel sagt, in „Bestimmtheit". Diese Bestimmtheit für sich ist dasselbe, was die konkrete Allgemeinheit eine Phase zuvor auch war, nur eben jetzt um einen Grad entwickelter oder besondert. Die „Bestimmtheit" hat in sich viele Inhalte, sie ist insofern in sich konkret, aber als noch unentwickelte ebenso noch ganz allgemein. *Ich denke.* Wie mache ich das? Ich hebe einen besonderen, zunächst bloß intendierten Inhalt ins wissende Bewußtsein, so, daß ich ihn dadurch als Einen allererst schaffe. Der besondere Inhalt gehört in den noch ganz allgemeinen Zusammenhang der „Bestimmtheit", die wir insofern auch als „Bestimmtheit überhaupt" bezeichnen können. Indem ich den besonderen Inhalt denkend erzeuge (aus-denke), realisiere ich somit nur Beziehungen *innerhalb* der „Bestimmtheit". Hierdurch entsteht eine „*Beziehung* der Bestimmtheit *auf sich selbst*", d. h. die „Bestimmtheit" geht selbst in Denkbewegung über: indem ihre Sonderinhalte realisiert werden, bleibt sie nicht das unmittelbare Insich, *die* allgemeine Intention, die sie zu Anfang war, sondern sie vermittelt sich, realisiert sich selbst. Diese vermittelte Selbstverwirklichung durch und als Denken ist die Aufhebung ihrer Unmittelbarkeit. Die Besonderungen sind somit die fortschreitenden Negationen jener ersten Bestimmtheit.

Die Negation der ersten Bestimmtheit geht idealiter oder im Prinzip so weit, bis alle ihre Besonderungen verwirklicht sind. Damit wäre sie völlig aufgehoben. Das „ursprüngliche Gesetztsein" als Intention hat sich konkret nun jeweils erfüllt, nicht dadurch, daß es mit einem äußerlich gegebenen Stoff in Deckung gebracht wurde, sondern als Denkprozeß entwickelt es seine Inhalte aus sich heraus. Jetzt erst ist der Begriff die vollendete „*Bewegung seines Gewordenseins*" [422], ist erst wahrhaft „Einzelnes", „absoluter Begriff" oder „Einzelnheit". „Die Wahrheit der Absicht ist nur die Tat selbst" [423]. Es ist die Tat des Denkens, das seiner als des Selbst im Anderen bewußt ist. „Der Begriff, insofern er zu einer solchen *Existenz* gediehen ist, welche selbst frei ist, ist nichts Anderes als *Ich* oder das reine Selbstbewußtsein" [424]. Die Entwicklung des Begriffs hat erst hier, in seiner dritten Phase mit der *Einzelnheit*, das erreicht, was man *Selbstbewußtsein* nennt. Es ist ICH, das seine Identität im Anderen, dem Nicht-Ich, ebenso weiß, wie seine Nichtidentität bei sich; der gewaltigste und zugleich menschlichste Gedanke, zu dem die Philosophie gekommen ist: nur in diesem Wissen ist es frei, weil nur hier die Endlichkeit von der Unendlichkeit durchdrungen ist. In diesem Wissen aber ist eben dadurch auch sein Tun begrenzt, weil nur hier seiner Unendlichkeit die Schranke gesetzt ist. So konstituiert auch bei Hegel erst die dritte Phase als Resultat der vorhergehenden, als „die sich auf sich selbst beziehende Negativität", den *Geist*. „Als der Geist, der weiß, was er ist, existiert er früher nicht, und sonst nirgends als nach Vollendung der Arbeit, seine unvollkommene Gestaltung zu bezwingen, sich für sein Bewußtsein die Gestalt seines Wesens zu verschaffen, und auf diese Weise sein *Selbstbewußtsein* mit seinem *Bewußtsein* auszugleichen." Denn, „der Inhalt ist allein dadurch *begriffen*, daß Ich in seinem Anderssein bei sich selbst ist" [425].

Ich denke Etwas, diese bei Rickert noch banale Formel bekommt so einen ganz anderen Sinn. Es ist die Formel des Denkens, aber Denken kann nicht auf der Stufe des bloßen Vorstellens bleiben. Das Denken ist der Begriff an sich, seine allgemeinste Struktur. Das Etwas ist „das Andere". Das Etwas kann für sich entweder Etwas sein oder Nichts (Aggregat als Nicht-Einheit). Aber auch als Nichts ist es subjektiv ein Etwas. Das Etwas kann also subjektiv oder objektiv nichts anderes sein als Gedanke, der aus einem ganz spezifischen Denken resultierte. Gedanke und Begriff für sich ist dasselbe. Der Begriff als Denken ist „in seinem Anderssein" an und für sich also nur bei sich, nur bei subjektiven oder objektiven Gedanken.

Hierin gründet auch der problematisch bleibende „Übergang" von der Logik zur Natur bei Hegel. Die Natur wäre das an sich „Negative" des fundamentallogischen Werdens. Ihre „Notwendigkeit" liegt in ihrem quasi isolierten Fürsichsein als dem *gesetzten* Werden; insofern wäre alles Natur. Nur geht das dritte Moment des Begriffs, das sich nur als Selbstbewußtsein, als Wissen konstituiert, über die Natur hinaus. Die Natur bleibt so das *vorausgesetzte* Außersichkommen des Begriffs, in welcher „Äußerlichkeit" — nebenbei bemerkt — die natürliche Seite des Menschen als „existierenden Begriffs" liegt, nur kommt die Natur eben niemals als Natur zu dem An- und Fürsich des Begriffes selbst [426].

Die Wirklichkeit ist also in Wahrheit nichts „Anderes", sondern Denken, ist gerichtetes Werden, das sich in jeweils Gewordenem setzt und aufhebt. Sie entwickelt sich allein durch den Begriff, und zwar im Bereich der Natur sowohl wie im Bereich des Geistes. Die Wirklichkeit ist Begriff, d. h. sie ist als Natur nur gerichtetes Werden überhaupt, Begriff an sich, der zum Begriff für sich übergeht. Weiter kommt die Natur nicht. Als Wirklichkeit aber, die der Begriff selbst ist, entwickelt sie sich nichtsdestoweniger weiter zu jenem sich wissenden Werden, das Hegel als Begriff an und für sich, als „absolute Substanz" bezeichnet hat. „Diese Substanz aber, die der Geist ist, ist das *Werden* seiner zu dem, was er *an sich* ist" [427]. Nur darum konnte er seine Philosophie zu Beginn der „Phänomenologie des Geistes" eine „Wissenschaft der *Erfahrung*" nennen, eine Erfahrung, „die das Bewußtsein macht" [428].

Denken beginnt — historisch ebenso wie logisch — mit einem innerlich oder äußerlich *gesichteten* „Dieses", welches als dingliches Dasein gesetzt wird (erste Stellung), d. h. es geht zum *Vorstellen* dieses „gegebenen" Inhalts über (zweite Stellung) und erreicht die Wahrheit des Vorstellens im *Wissen* (dritte Stellung), entweder als subjektiven oder als objektiven Gedanken, worin Denken und Nachdenken synonym werden. „Dies Element des Denkens ist die Bewegung zum Dasein oder der Einzelheit herunterzusteigen. Die Mitte zwischen ihnen ist ihre synthetische Verbindung, das Bewußtsein des Anderswerdens oder das Vorstellen als solches. — Das dritte ist die Rückkehr aus der Vorstellung und dem Anderssein

C. Die Natur des Begriffs

oder das Element des Selbstbewußtseins selbst. — Diese drei Momente machen den Geist aus"[429]. Aus der absoluten Struktur des Begriffs folgt für das Wissen: es kann unmittelbar oder vermittelt, kann „natürlich" und „angeboren" oder aber methodisch und erworben sein, funktionell ist es stets ein Er-innern. „Das Wissen besteht ... in dieser *scheinbaren* Untätigkeit, welche nur betrachtet, wie das Unterschiedene sich an ihm selbst bewegt, und in seine Einheit zurückkehrt"[430]. Es ist die scheinbar untätige Meditation, die intensivste Konzentration mit größter Gelöstheit vereinigt, jener „bachantische Taumel", der „ebenso die durchsichtige und einfache Ruhe" ist[431], das pulsierende Herz der Welt, das Heinrich Zimmer — bezeichnenderweise in Übereinstimmung mit Richard Kroner — als *Leben* begriff, als „Leben, das sich selbst denkt"[432] und — wie Hegel sagt — „sein Ende als seinen Anfang begreift".

Die Entwicklung des Begriffs als Denken ist die Entwicklung des konkret Allgemeinen. Sie kann auch einfach als die *Phasen* der Bestimmtheit, der Besonderheit und der Einzelheit gefaßt werden[433], sofern man nicht vergißt, daß die Besonderheit jedesmal die Negation der Bestimmtheit darstellt und daß jede Phase die Totalität ist; jedes Moment „enthält die Bestimmung des Andern in sich"[434]. Entsprechend diesen Phasen unterscheidet Hegel auch den „Schein *nach Außen*, die Reflexion in Anderes" und den „Schein *nach Innen*, die Reflexion in sich"[435]. Dieser „*Doppelschein*" ist nichts anderes als die Selbstwiderlegung, die Dialektik selbst. Indem ich bei der „totalen Reflexion" des Begriffs darauf reflektiere, daß das Allgemeine sich *besondert* und *bestimmt*, so handelt es sich um die „Reflexion in Anderes". Reflektiere ich aber darauf, daß es nur das *Allgemeine* ist, welches *sich* besondert, dann handelt es sich um die „Reflexion in sich" als „absolute Rückkehr" des Begriffs in sich. Diese „Reflexion der Reflexion" als drittes Moment des Begriffs ist somit „bestimmte Bestimmtheit", denn Bestimmen heißt schon Reflektieren. Es ist die „*Einzelnheit* ... die absolute Rückkehr desselben in sich, und zugleich ... der gesetzte Verlust seiner selbst"[436].

Hiernach mag es vielleicht doch etwas problematisch sein, zu glauben, das dritte Moment des Begriffs sei allgemein „nur" die Reflektion auf die ersten beiden, als ob der Prozeß der Selbstbesonderung auch ohne solche Reflektion der Reflektion ganz ebenso vonstatten ginge. Dies muß vielmehr nach allem Bisherigen sogar für den Bereich der „Natur" als „Faktenaußenwelt" im Sinne Gehlens durchaus offen bleiben [437]. Denn dabei würde doch übersehen, daß auch die beiden ersten Momente der Struktur des Begriffs — und zwar als „objektive Logik" sowohl wie als „*konkrete Unmittelbarkeit*" — ausdrücklich als Reflektionsphasen gefaßt werden, eben weil Hegels Begriff die Struktur substanziell-logischen — nach Innen *und* Außen gerichteten — Werdens als Selbst-Denken und „*konkreter Geist*" repräsentiert [438]. Hierauf könnte man einwenden, das sei ohne Belang, da es sich „nur" bei Hegel so verhalte. Unsere Antwort darauf ist, daß sich dies nicht nur bei Hegel, sondern auch bei Leibniz so verhält, indem dort jene beiden ersten Phasen noch als Perzeptionsphasen zu gelten hätten, wohingegen erst die Apperzeption die Phase des Geistes ausmacht. Auch bei Fichte ist es, wie wir gezeigt haben, nicht anders [439]. Aber auch wenn einer von Leibniz, Fichte und Hegel gar nichts gelten lassen wollte, wäre noch zu erwidern, daß man vom Denken schlechterdings nicht absehen kann, dort, wo es um das Denken geht, und daß die wirkliche Funktion des Geistes nicht deswegen aufhört, weil dieser oder jener sie nicht wahrhaben will oder ansonst verzweifelt ist. *Wenn* der Begriff als Denken sowohl „eine Stufe der *Natur* als des *Geistes* ausmacht" und „von jener ungeistigen ..., als von dieser geistigen Gestalt ... seine logische Form unabhängig" ist [440], dann wäre mit der erwiesenen Wahrheit des Begriffs eben auch ein außermenschliches „Denken" erwiesen. Zu fragen im Sinne unseres Themas bliebe nur, wie die Monade als *unmittelbarer* Begriff — d. h. als ontische Perzeption — mit Hegels existierendem Begriff — d. h. als fundamentallogische Apperzeption — *begrifflich* zu *vermitteln* sei? Wir haben über Leibniz und Hegel hinausgehend dieses aporetisch scheinende Problem mit dem Hinweis auf die onto-logische *Identitätsstruktur* jener beiden — unmittelbar allerdings niemals identischen — Begriffsbestimmtheiten zu lösen versucht. Beide sind nämlich als „Selbstbewegung" — die Monade als sich perzipierende und der Begriff als sich bestimmender —, das heißt, als sich *zeitigende Logizität* aufzufassen. Zu *Begreifen* ist sich zeitigende Logizität indes aber nur als konkret-allgemeine Struktur, und zwar *nur* dann, wenn Leibniz' Monadizität ebenso wie Hegels sich entwickelnder Begriff, wenn beide in derselben Weise theoretisch begriffen werden als *substanziellogische* Innerlichkeit, welche die Äußerlichkeit in sich *selbst* hat und diese somit als Erscheinen und Scheinen der Logizität selbst abgeleitet werden kann. Dies ist die wahre „*Herleitung* des Reellen", von der Hegel sprach [441]. Mehr können wir an dieser Stelle nicht sagen. Auch die weitere Frage, wer es denn eigentlich sei, der in der Natur die „Schöpfungsgedanken" denke, lassen wir hier, wie gesagt (siehe oben S. 156) auf sich beruhen, damit zugleich aber auch die Frage, inwieweit man hier von einem „Wer" im personalen Sinne zu sprechen überhaupt Grund habe. Alle diese Fragen ließen sich von den Ergebnissen einer philosophischen Anthropologie auf der Linie Leibniz-Fichte-Hegel vermutlich lösen. Abgesehen davon sind empirische Beispiele für den Realgehalt der (allein wahren) dialektischen Selbstwiderlegung, welche hier synonym für „Denken" im weitesten Sinne steht, aus dem Bereich der Natur wie aus dem von Geschichte, Soziologe und Psychologie jederzeit nachweisbar.

c) Das methodische Verstehen der Selbstbewegung

Die Funktion des bloß vorstellenden Bewußtseins ist das eine, sie wurde für den Bereich der Wissenschaft bei Kant verabsolutiert, eben dadurch aber wurde die Darstellung der Funktion des Selbstbewußtseins bei Hegel aktuell. Das Anathema trat aber schon vorher mit Leibnizens Apperzeption und mit Fichtes „intellektueller Anschauung" auf. „Es ist ... an den Unterschied zu erinnern zwischen dem, was wir sind und haben, und zwischen dem, wie wir dasselbe wissen"[442]. Das Wissen als Methode ist Aufgabe der Philosophie. Zwar ist hier alles vernünftig, das „Negative" notwendige Bedingung innerhalb der Entwicklung des Begriffs als des „inneren Pulses" der Vernunft[443]; „denn alles ist gut". In dieser absoluten Erfahrung Hölderlins (Patmos) ist die Hölle der Faktizität, in der wir existieren, als eterne Banalität vorausgesetzt, welche Voraussetzung eben gewöhnlicherweise übersehen wird. Gerade darum kann Hegel sagen: „Das Vernünftige ist die Landstraße, wo jeder geht, wo niemand sich auszeichnet"[444]. Dennoch ist die Tat der Philosophie, „daß sie das an sich Vernünftige aus dem Schachte des Geistes, worin es zunächst nur als Substanz, als inneres Wesen ist, zu Tag ausgebracht, in das Bewußtsein, in das Wissen befördert zu haben..."[445].

Zum *methodischen* Verständnis erinnern wir jetzt an die fundamentallogischen Wirklichkeitsaxiome Leibniz'.

1. Was wahrhaft ist, ist *Ein* Wesen.
2. Es gibt nicht zwei *Wesen*, die nur der Zahl nach voneinander verschieden sind.
3. Jedes Wesen hat nur einen es konstituierenden *Grund*.

Hieraus folgt: alles wahrhaft Wirkliche „ist" wesentlich individuell und gerade darum nicht quantitativ. Die das Mannigfaltige ordnende Einheit existiert allein in der substanziellogischen Einheit des Wesens oder Denkens, die Leibniz als Monade *begriff*, d. h. entweder im Gedanken des denkenden Subjekts oder in jenen naturischen oder „objektiven Gedanken", die wir als Organismus bezeichnen („Schöpfungsgedanken"). Hegels *Begriff* behauptet in Übereinstimmung mit Leibniz nicht nur für beide „Gedankenbestimmungen", sondern sogar für die Erkenntnis der Wahrheit dieselbe *Struktur*. Gewiß ist bei Hegel ebenso wie bei Leibniz die Unmittelbarkeit und die Vermitteltheit beider „Gedanken" *methodisch* nicht befriedigend gelöst, dennoch aber darf unter den zu jener vermeintlichen Aporetik gegebenen Hinweisen gesagt werden, daß alles, was nicht *die* Struktur des Begriffs hat, weder wirklich noch wahr sein kann. Die durch die Axiome der traditionellen Logik definierten Gegenstände und Begriffe haben *nicht* diese Struktur, sie sind keine Wesen, sondern Dinge. Ihre Begriffsabstraktion ist aus der konkreten Fülle abstrahiert und liegt methodisch post rem. Die erste Phase des Hegelschen Begriffs ist auch abstrakt, abstrakte Unmittelbarkeit. Aber diese Abstraktheit ist keine generalisierte, sie ist konkrete Abstraktheit oder *konkrete Allgemeinheit*, ein Anfang und eine Entwicklung, die noch von ihrem Ende geschieden ist. Sie liegt sozusagen ante rem. Die konkrete Allgemeinheit nun zu *erkennen*, ist eine andere Sache. Sie ist zwar auch erst post rem möglich, d. h. nur über das Resultat ihres Geworden-Seins gegeben oder wie Hegel sagt: „Anschauung oder Sein sind wohl der Natur nach das Erste oder die Bedingung für den Begriff, aber sie sind darum nicht das an und für sich Unbedingte, im Begriffe hebt sich vielmehr ihre Realität und damit zugleich der Schein auf, den sie als das bedingende Reelle hatten"[446]. Dies macht den „Mißverstand" aus, der *methodisch* zu beheben ist. Die Operation dieses Erkennens besteht im Unterschied zur bloß formalen Logik *nicht* in der Generalisation, sondern in einer Arbeit, die wir nach allem, was wir darüber wissen, am ehesten noch als dialektische oder begriffliche R e d u k t i o n bezeichnen müssen. Auch dieser Terminus kommt bei Hegel im Zusammenhang vor[447]. Da diese Reduktion dem Material nach aber induktiv ist, so könnte man sie in Rücksicht auf die angeführten Stellen der Phänomenologie auch als begriffliche Einfühlung bezeichnen. Dies nicht zuletzt auch darum, weil Hegels Frontstellung gegen die Verabsolutierung der formalen Logik, als vermeintlich „männlicher" Rationalität überhaupt, ja ohnehin deutlich macht, inwieweit seine fundamentallogischen Einsichten eine stärkere Akzentuierung der Vernünftigkeit des Gefühls notwendig gemacht hätten, als dies im System geschieht. Im Hinblick auf diese dialektische Reduktion, die bei Hegel im Problem der Vermittlung zwar allgemein enthalten, weniger aber als logische Operation methodisch abgehandelt wird, können wir nun auch verstehen, wenn Günther unter der dritten Stellung des Gedankens zur Objektivität eine Form vermutet, die sich zur traditionell-logischen „invers" verhalte (a. a. O.).

Es wurde oben mehrfach von vermeintlicher Äquivokation des Terminus „Begriff" gesprochen, weil Hegel, entgegen aller entschiedenen Verwerfung der „gewöhnlichen" Formalbegriffe, manchmal von der „Identität des Begriffes" dennoch so spricht, als ob es nur den formalen Begriff gäbe. Das heißt, Hegel nimmt gelegentlich Vermittlungen dieser „Äquivokation" vor, die in sich fragwürdig bleiben. Er sagt beispielsweise, die erste Phase, das erste Moment des konkreten Vernunftbegriffes, das unmittelbare Insichsein als allgemeine Bestimmtheit also, sei „die Sphäre des bloßen *Verstandes*", sie mache „daher die *Subjektivität* oder den *formellen Begriff* aus"[448]. Das erscheint auch im Hinblick auf die Lehre vom „Begriff" noch zutreffend, jede anfängliche Setzung setzt zunächst Etwas als Identisches und ist, wie auch die Sprache mit ihrem bestimmten Artikel lehrt, zunächst abstrakt[449]. Nun aber soll es die „Identität des Begriffes" sein, welche — jetzt als konkreter Begriff —, aber in Gestalt des „formellen Begriffs", die „Bestimmungen" seines Inhalts, denn nur um diese kann es sich handeln, „in dialektische Bewegung setzt", damit so „die *Totalität* hervorgeht, welche der *objektive Begriff* ist ... Durch seine notwendige Fortbestimmung macht der *formelle* Begriff sich selbst zur Sache, und verliert dadurch das Verhältnis der Subjektivität und Äußerlichkeit gegen sie"[450]. Das ist schon schwerer zu verstehen. Denn die Eigenart des formellen Verstandesbegriffs liegt doch gerade darin, daß sein Inhalt für etwas Anderes als Denken genommen wird. Als gedachter ist er allerdings auch Denken. Aber gerade hierin — in dieser Dialektik — müssen wir ein unaufgelöstes Vermittlungsproblem bei Hegel selbst vermuten, zumal seine fundamentallogische Intention doch darauf abzielt, den *Inhalt* als Selbstbewegung in der *Logik* aufzuspüren, worin wir das Induktive sehen. Der faktisch gegebene Inhalt des formellen Verstandesbegriffs kann aber, worauf Leibniz mit seiner Unterscheidung zwischen individueller Substanz und bloßem Aggregat hinweisen wollte, objektiv nichtig, eine pure subjektive Fiktion sein. Erst die *methodische* Berücksichtigung dieser Leibnizschen Unterscheidung führt zu der Einsicht, daß alles Wirkliche und Wahre Eines sein muß, daß somit auch die Struktur des Hegelschen Begriffs, sofern sie ihren Wahrheitsanspruch zu Recht trägt, nur auf jeweils Eines, d. h. nur auf „subjektives" oder „objektives" Denken Anwendung finden kann. Hieraus folgt: die innere *Struktur* des Hegelschen *Begriffs* gilt grundsätzlich für das Denken als aktives *Werden, nicht* ebenso aber für den Gedanken als Setzung, als *Sein.* „Das abstrakt-Allgemeine ist somit zwar der *Begriff,* aber als *Begriffsloses,* als Begriff, der nicht als solcher gesetzt ist...", „weil er nicht... die Allgemeinheit der absoluten Negativität ist"[451]. Wir fragen, wieso ist er das nicht? Das abstrakte Fixieren des Verstandes ist doch auch Denken, es entspricht der ersten Phase des Hegelschen Begriffs. Nur darum kann Hegel von der „Identität des Begriffes" sprechen. Aber es hätte doch offenbar keinen Sinn, z. B. dem objektiven Inhalt der Setzung „Haufen" immanente Entwicklung zuzutrauen, allein deswegen nicht, weil dieser Inhalt als pure Quantität objektiv keine Einheit hat. Aus Nichts wird nichts. Aber das will Hegel selbstverständlich ja auch nicht. Die Entwicklung liegt hier lediglich bei der form-inhaltlichen, d. h. bei der *denkenden* Aktivität, die sich in der subjektiven Setzung „Haufen", „Quantität" usw. niederschlug. Jeder Gedanke ist Anfang und Ende zugleich. Ende einer Denkleistung und Anfang neuer Selbstbesonderungen, sofern sie denkend realisiert werden. Die Reflektion vom Anfang, die Hegels konkreter Begriff meint, muß methodisch jeweils vom Ende ausgehen, d. h. sie kann ihren Anfang nur *reduktiv* von einer jeweils gewordenen Setzung her, die ihrerseits wiederum einen wirkenden Grund hat, nehmen. Im Hinblick auf Leibniz' Unterscheidung bedeutet dies, daß „der Geist" zwar, wie es in der Enzyklopädie heißt, „*für uns die Natur* zu seiner *Voraussetzung*" hat, die methodische Vermittlung dieses natürlich

Gegebenen im Wissen aber allein es ist, welche ihn damit erst fundamental, als *Wahrheit* der Natur, „deren *absolut Erstes*", erweist [452].

Die Logizität des Hegelschen Vernunftbegriffs setzt somit zumindestens für die Stufe des ihn wissenden Begreifens die Verstandesfixierungen voraus, die dasselbe Wissen gerade auflösen will. Wie aber kann es den Ast absägen, auf dem es doch sitzt? Oder, gröber gefragt, wie kann Hegel Verstand und Vernunft des empirisch endlichen Ich „absolut" setzen, indem er hier doch offenbar voraussetzt, was erst als Resultat zu gewinnen möglich sein soll? Die Frage, auch als Zirkeldilemma des Systems zu umschreiben, läuft auf nichts anderes hinaus als auf jenen typischen Einwand, der von formallogischer Seite gegen den sogenannten „Idealismus" ständig erhoben wird. Hierauf mit Variationen systemimmanenter Sätze zu antworten, wäre müßig. Die Antwort kann allein aus dem Begreifen der *Struktur* des Begriffs, als *Identität* forminhaltlich diachronen *Wirkens* und Wesens mit forminhaltlich dialektischem *Denken*, erfolgen. Daß diese Identität als „höchste Synthesis", für welche Fichte die noch abstrakte Formel im „dritten Grundsatz" gegeben hatte, eine nicht identische im begrenzten Sinne sei, wurde schon mehrfach gesagt. Fundamentallogisches *Wissen* muß dauernd den Ast absägen, auf dem der Verstand ausruhen möchte, aber die scheinbare Paradoxie besteht darin, daß nur so der Baum des Geistes erhalten werden kann. Es ist in der *Wissenschaft*, in jener umfassenden Bedeutung, die Fichte und Hegel ihr gegeben haben, ja überhaupt nur insoweit Wissen enthalten, wie jener „unsterbliche Betrug des Verstandes" die Seele des Geistes *bleibt* und als solche sehr wohl auch verstanden werden kann. Das Wissen aber, daß es erst der *Geist* ist, der jener Seele der Wissenschaft sein Leben gibt, macht das Philosophische aus. Hieraus folgt zweierlei: einmal, daß jener Betrug niemals „endgültig" aufzuheben ist, wie einsame Liebhaber der Philosophie glauben, und zum anderen, daß die Subjektivität des formellen Verstandesbegriffs und Verstandesdenkens als „Identität des Begriffs" tatsächlich — modern ausgedrückt — der Motor der Welt bleibt, der, um „laufen" zu können, allerdings der Essenz des Geistes bedarf, und dies nicht in einem vagen „analogen" und „übertragenen" Sinne, sondern *dialog* als einigender und einiger Zusammenhang alles Geschehens und Handelns, als Wirklichkeit des Logos. Das Tun des Geistes, welches ohne die Reflektionsstufen und -bestimmungen von Verstand und Vernunft des empirischen Menschen nicht existieren könnte und darum auch nicht ohne sie begriffen werden kann, wird so allen Ernstes zur *Weltsubstanz*. Und hier wäre wenigstens als Frage auf ein Problem hinzuweisen, das im Zusammenhang unserer Darstellung schon mehrfach auftauchte, welches an dieser Stelle zwar nicht behandelt werden soll, sich dennoch aber unabweisbar stellt. Es ist die Frage, ob das Begreifen der identischen Struktur des Begriffs, so wie wir sie hier dargestellt haben, ob diese Struktur in ihrem gleichsam ontischen Substrat, d. h. als das Zurückgehen auf jenen Anfang, welcher *konkret* die abstrakte Reflektionsbestimmung ist, die nach Hegel als formallogische ebenso wie als ontische aufzufassen ist, und welche dergestalt in gleicher Weise als negierte das jeweils entwickelte und erfüllte Resultat — mithin auch im ontischen Bereich — ausmachen soll, ob diese strukturelle Identität des Begriffs, als Boden der Natur im *Geschehen* einerseits, als handelnder Vollzug im *Wissen* anderseits, ob diese (nichtidentische) Identität auf der naturischen Stufe nicht als *realdialektischer Boden* zu begreifen sei, welcher gerade als solcher die Hypothese auch eines *unbewußten* Geistes notwendig mache? Es geht dabei nicht um die Begründung nur einer Theorie des unbewußten Denkens, sondern von der Beantwortung dieser Frage würde meines Erachtens auch der letzte Grund für die *Wahrheit* des Denkens als Geist abhängen. Wir müssen die Antwort offen lassen, da wir hier keine vollständige Hegel-Auslegung geben können.

Wenn die Logizität des Hegelschen Vernunftbegriffs also die Verstandesfixierungen allgemein — abstrakt und konkret — voraussetzt, so ist es nur dieselbe Sache, wie wenn gesagt wird, daß der Logos der *Sprache* sprachliche Setzungen voraussetzen, sich ihrer bedienen und solche produzieren muß. Zu fragen bliebe nur, ob jene negierende und auflösende Selbstbewegung bei *allen* Setzungen stattfindet oder stattfinden *muß*? Das wird bei den *Zahlen* deutlich. Hegel sagt: „Wenn Begriffe nun in der Weise genommen worden, ... so hören sie auf, Begriffe zu sein. Ihre (der wahren Begriffe) Bestimmungen sind nicht so ein Totliegendes, wie Zahlen und Linien, denen ihre Beziehung nicht selbst angehört; sie sind lebendige Bewegungen; ... was bei Zahlen und Linien ein vollkommener Widerspruch wäre, ist der Natur des Begriffes wesentlich"[453]. Der Widerspruch liegt hier aber unaufgelöst auch bei Hegel und damit der Grund für manche Gewaltsamkeit des Systems. Denn daß die arithmetische Eins ein abstrakt fixierter Verstandesbegriff sei, will er nicht leugnen. Gerade in diesen aber wird doch Beginn und Bedingung der Dialektik gesetzt. Was aber bedeutet dies für den Verstandesbegriff einer bestimmten Zahl? Sicherlich doch dies, daß sie nicht selbst Bestimmen sein kann. Denn es hieße doch ihren Inhalt vollständig vernichten und nicht nur „aufheben" im höheren Sinne, wenn der also fixierte Inhalt auch seinerseits der Entwicklung unterworfen wäre. Eine solche Selbstentwicklung hatte Hegel aber prinzipiell für die „Identität des Begriffs" gefordert. Diese Widersprüchlichkeit kann nur aufgelöst werden, indem bedacht wird, daß auch die Rede vom Inhalt, entsprechend der Dialektik von Denken und Gedanke, von „subjektiv" und „objektiv" eine doppeldeutige ist. Nehmen wir als Formel für einen (abstrakten) Inhalt überhaupt $A = A$, dann wäre diesem identischen Inhalt als „Gegensatz" $A = A_1 \to x$, oder sprachlich formuliert, „A bleibt nicht A, sondern entwickelt sich zu A_1 bis zu Ax" als Formel für die sich konkret entwickelnde Inhaltlichkeit gegenüberzustellen. Dann aber gilt, auch diese Inhaltlichkeit besitzt einen Inhalt und existiert wesentlich als solcher, so daß „Inhalt" sowohl für den abstrakten und statischen wie für den konkreten und dynamischen Begriff genommen werden kann. Hegel sagt: „die Zahl ist die gleichgültige

Bestimmtheit, träge; sie muß von *außen* betätigt und in Beziehung gebracht werden"[454]. Das aber hieße, wenn mit einer zweiten Reflektion die Identitätssetzung der ersten „negiert" wird, so kann das — auf die Bestimmung von Zahlen angewandt — nur heißen, daß in der zweiten Reflektion ein funktionales Beziehen, d. h. aber ein *Denken* stattfindet, wodurch und in dem allein — wie wir jetzt sagen können — der notwendige Betrug der „toten" Fixierungen des „idealen" Verstandes sich als das *formale* Gerüst erweist, an welchem die intentionalen Inhalte als Fixpunkte aufleuchten.

Zusammenfassend läßt sich sagen: es kann sowohl von Äquivokation wie von Identität des Terminus „Begriff" gesprochen werden. Der Grund liegt in der dialektischen Struktur des Denkens selbst, das wir schon bei Fichte als Transsubjektivität, als Doppelspannung zwischen Werden und Gewordensein, zu verstehen suchten. Von Identität des Begriffs kann immer dann gesprochen werden, wenn auf die aktive *Struktur* des Denkens gesehen wird; von Äquivokation aber nur dann, wenn die einmal gesetzte Setzung als diese gesollte *Setzung* (Gedanke als Gedachtes) *für* dasselbe genommen wird, wie die *Logizität* ihres sie konstituiert habenden Denkens. Denn *Denken ist nicht dasselbe wie Gedachtes.* Hegels Vermittlung der Äquivokation läßt sich daher — wie wir bei den Zahlen sahen — als vermeintlich „objektive" oder gar als „Umschlag der Sache" generell nicht halten, einmal, weil es Inhalte gibt, die als bloß quantitative „objektiv" nichtig sind, wie die bloßen Aggregate bei Leibniz; und zum anderen, weil es Inhalte gibt, die — wie die Kategorien — als transzendentalformale Konstituentien von Denken überhaupt, weder aufgelöst werden können noch sollen. Bei jenen geht es um die *Wahrheit*, die mit bloßen Gedankendingen nicht erreicht wird, bei diesen aber um die *Lebensbewältigung.* Die Mathematik als objektive Wissenschaft der Subjektivität des Denkens nimmt daher die Mitte ein zwischen einer bloßen Praxis und deren normgebender Wahrheit.

D. Der Begriff als dialektische Finalzeit

Nach dem bisher Dargelegten ergibt sich zum Abschluß ein Blick auf das Problem der *Zeit*; — die Zeit, „der Alles gebärende und seine Geburten zerstörende *Chronos*" [455]. Es geht um das Verhältnis von *Denken und Zeit*. Alles Wahre und Wirkliche „ist" individuell. Mit der Einführung des Individuellen in die sogenannte Metaphysik durch Leibniz wurde auch die Zeit in die Logik eingeführt, nicht aber die Logik in die Zeit. Wir haben diesen Gang über Kant hinweg zu Fichte und Hegel verfolgt, weil ohne diese ein Ansatz zur Erfüllung jener Forderung nach einer „Sinnlogik" (Günther) niemals gefunden werden dürfte. Dabei konnte die Frage der Kausalität bereits im ersten Kapitel geklärt werden. Die Frage nach der Finalität, aufs engste mit der Frage, was heißt Denken, verknüpft, wurde noch nicht ebenso geklärt.

Die Zeit wird bei Hegel thematisch im zweiten Teil des Systems in der Philosophie der Natur abgehandelt — man kann darin zum Teil ein Kantisches Erbe sehen, besonders wenn man bedenkt, daß die Teleologie bereits in der Logik, und zwar in der „subjektiven Logik", allerdings unter dem Titel „Die Objektivität", behandelt wird. Daneben finden sich vor allem in der Phänomenologie sowie in der Einleitung zu den Vorlesungen über die Geschichte der Philosophie zahlreiche, das Problem der Zeit aufhellende Gedanken. Während es in der ersten Ausgabe der Heidelberger Enzyklopädie noch heißt: „Die Zeit selbst ist *ewig*", der „Begriff der Ewigkeit muß daher nicht so gefaßt werden, daß sie die *aufgehobene* Zeit sei, ohnehin nicht in dem Sinn, als ob die Ewigkeit *nach* der Zeit komme; so würde die Ewigkeit zur Zukunft, zu einem Momente der Zeit, gemacht; auch nicht in dem Sinne, daß die Zeit rein negiert, und die Ewigkeit die bloße Abstraktion von ihr sei, sondern die Zeit in ihrem Begriffe, ist wie überhaupt der Begriff selbst, das Ewige, und darum auch absolute Gegenwart" [456]; — so wird dieser Gedanke in der dritten Ausgabe der Enzyklopädie schon eingeschränkt; jetzt ist es nur mehr

D. Der Begriff als dialektische Finalzeit

„der Geist" und „der Begriff" als „Macht der Zeit", welche ewig genannt werden [457]. Den Begriff erkannten wir als die Struktur des Denkens, also ist Denken selbst die Wahrheit der Zeit, ewig und absolute Gegenwart. Das Schöpfen, das sich selbst schöpft oder die daseiende Schöpfung, die Struktur der *wirklichen Zeit* kann darum nicht linear sein, sondern ihr muß ebenfalls die der Weltsubstanz *des* Begriffs eigentümliche Kreisstruktur zugrunde liegen, die wir deutlicher als *diachrone Spiralstruktur* zu fassen suchten. In der Phänomenologie heißt es darum am Ende ähnlich wie am Beginn: „Die *Zeit* ist der *Begriff* selbst, der *da ist* ...", und die Zeit ist „der daseiende Begriff selbst" [458]. Dem Begriff kommt somit gerade als „absoluter Negativität" logisch-zeitliche Struktur zu und er ist nur als diese überzeitlich-zeitliche — mit Leibniz zu reden —, nur als „individuelle Substanz", die wesentlich allgemein ist, „das Formierende und Erschaffende" [459]. Da nun *Dasein*, welches dem Begriff ebenso wie (dem) „Ich" zukommt, von Hegel in der Logik „etymologisch genommen" soviel wie „Sein an einem gewissen *Orte*", „*Sein* mit einem *Nichtsein*", „ein bestimmtes Sein, ein *konkretes*" bedeutet [460], fällt es nicht schwer, die von Goethe in der Natur beobachtete Spiraltendenz als raumgreifende und konkrete Ausdehnung allererst schaffende Struktur mit der des Begriffs in eins zu setzen.

Wenn nun die wirkliche Zeit mit dem daseienden Begriff in eins gesetzt wird, was wird dann aus den bekannten Phasen der Zeit, Vergangenheit, Gegenwart und Zukunft? Hegel sagt: „Die *abstrakte* Vergangenheit aber und Zukunft der Zeit ist der Raum" [461]. Das läßt sich nach allem bisher Gesagten nur so verstehen: alles gerichtete Werden geht in ein Geworden*sein* über, in dem es sein jeweils zukünftiges Ende findet. Als Gewordensein, als „geronnene" oder „erstarrte" Zeit ist es nur die *Vergangenheit* des Werdens, ein gestalteter Raumkörper. Wenn es dann aber weiter heißt: „Der Raum ist in sich selbst der Widerspruch des gleichgültigen Auseinanderseins und der unterschiedslosen Kontinuität, somit die reine Negativität seiner selbst und das Übergehen in die

Zeit"[462], so müssen wir darin wieder jene fragwürdige Vermittlung der „Äquivokation", die mit dem Terminus „Begriff" gegeben ist, erblicken. Denn der Raumkörper oder gar der abstrakte Raum, als bloß quantitatives Etwas, kann *selbst* niemals in die Zeit „übergehen". Aus Nichts wird nichts. Denken kann nur zu Denken oder zu Gedachtem übergehen; die zu Raumkörper gewordene Zeit als gewordener Gedanke eines *Denkens* kann nur vom Denken zu weiterem, selbstbesonderndem Denken befreit werden.

Das Bewußtsein als Reflektieren schlechthin hat seine „Wirklichkeit nur in der Gegenwart"[463]. Gegenwart ist also dieser *Blitz*, der Bewußtsein heißt und der als solcher weiter geht als gegenständliches Bewußtsein je meint. Der Augenblick wirklicher Zeit ist daher *ewig*. Gegenwart — Ich = Ich — ist ewig in dem Grade, wie sie Er-innern jeweiliger „Vergangenheit" ist — Bewußtsein nicht eines „Anderen", sondern des Denkens, das ich wesentlich selbst bin —, wie sie Selbstbewußtsein als Wahrheit von gegenständlichem Bewußtsein ist. Das philosophische Selbstbewußtsein ist darum die Ewigkeit, die währt; als Selbstbewußtsein ist es in allem Anderen nur bei sich selber. Es ist das Wissen des wirklichen *Selbst*, welches weiß, „daß diese Entäußerung sich an ihr selbst entäußert"[464]. Für dieses Wissen ist alle „Vergangenheit" bloß „scheinbar"[465]. Wenn Hegel sagt: „Der Gedanke, der wesentlich Gedanke ist, ist an und für sich, ist ewig [genau wie die Monade, Anm. d. Verf.]. Das, was wahrhaft ist, ist nur *im* Gedanken, . . ."[466], so heißt dies: das, was *im* Gedanken enthalten ist, ist das Denken und seine Struktur, „der Begriff".

Die Gesetzlichkeit der dialektischen Struktur hatte schon Fichte mit seinen Grundsätzen der Wissenschaftslehre, die wir nur als trinitarische verstehen konnten, entdeckt. Denn wenn er sagt: „A = A gilt ursprünglich nur vom Ich", so heißt das: seinem Ursprung wie seiner wahren Intention nach kann auch jener formale Identitätssatz nur von jener Wirklichkeit stammen und nur jene Wirklichkeit meinen, die im dritten Grundsatz als Ich = Nicht-Ich und Nicht-Ich = Ich formu-

D. Der Begriff als dialektische Finalzeit

liert, die Dialektik selber ist. Diese nichtidentische Identitätsstruktur ist ungeachtet aller Differenzen im Selbstverständnis der Denker auch die Struktur des Hegelschen Begriffs. Sie gilt für „alles, was im Himmel und auf Erden geschieht"[467], denn Ich = Ich ist bereits die „absolute Negativität, der absolute Unterschied". „Ich = Ich ist... die sich in sich selbst reflektierende Bewegung; ... indem diese Gleichheit als absolute Negativität der absolute Unterschied ist, so steht die Sichselbstgleichheit des Ich diesem reinen Unterschiede gegenüber, der als der reine und zugleich dem sich wissenden Selbst gegenständliche, als die *Zeit* auszusprechen ist, so daß ... es [das Wesen, Anm. d. Verf.] als Einheit des Denkens und der Zeit zu fassen wäre"[468]. Identität des Begriffs heißt also: alles Denken ist identisch in Hinsicht auf seine *Struktur*; da diese gesetzmäßige Struktur aber als „Bewegung des Inhalts" erscheint, so ist jeder Inhalt nicht nur als eine jeweils andere Manifestation dieser Struktur bestimmt, sondern hat auch eine unendliche Unterschiedenheit in sich. Hegel führt Fichtes Entdeckung somit in zwei entscheidenden Schritten weiter. Er stellt die Dialektik einmal als Entwicklung des sich wissenden Selbstbewußtseins rein noologisch dar und zum anderen gibt er eine mögliche Anwendung dieses Gesetzes in der konkret erschienenen Geschichte. Das heißt, während die Dialektik des Selbstbewußtseins in der *Logik* als „dritte Stellung des Gedankens zur Objektivität" rein formal zu sein scheint, ist sie als Wissen, das sie konkret vollzieht, inhaltlich zugleich „Erfahrung des Bewußtseins", *Phänomenologie* des Geistes. Durch die sich also wissende Anwendung dieses Gesetzes war es Hegel möglich, den Logos in einer seither nicht mehr erreichten Fülle zurückzugewinnen. Angesichts dieser Leistung werden die geschichtlichen Unrichtigkeiten und Irrtümer bedeutungslos, da ein konkretes Verstehen der Fakten seither nur über diese dialektische Form möglich ist.

Die Struktur des Begriffs, von Hegel immer wieder als „Entwicklung" beschrieben, ist also die wirkliche *Zeit*, so daß gesagt werden kann, *der* Begriff ist „ewig", seine jeweilige

Manifestation aber „zeitlich". Noch aber wissen wir nicht, welches fundamentallogische Moment die Phase der „Zukunft" ausmacht. Wohl können wir sagen, weil der Begriff die wirkliche Zeit darstellt, kann es auch nicht zwei Inhalte geben, die „nur der Zahl nach voneinander unterschieden" sind, wie Leibniz hervorhob. Der Satz der Indiszernibilität gilt daher ja nicht nur ontologisch, sondern auch logisch für den konkreten Vollzug des Wissens. Vollzug des Selbstbewußtseins als Wahrheit von Bewußtsein kann indes nur insoweit Gegenwart besitzen, wie alles andere Schein ist. Die Vergangenheit (das Gewordene, das Gedachte als das Nicht-Mehr-Denken) ist nun aber, wie wir gesehen haben, kein bloßer Schein. Als das, was sie ist, hat sich in ihr vielmehr ein Denken *gesetzt*. Dieser notwendige Tod des Denkens im Gedachten kann jedoch zum Leben nur wiedererweckt werden, indem er in die Wahrheit der Gegenwart geführt, vom Licht des Bewußtseins getroffen wird. In dieser als wirklicher Zeit ungreifbaren Wahrheit vollzieht sich nun jenes Ereignis, welches wir als die ewige Geburt des Menschen bezeichnen müssen, durch welches Ereignis die Gesetzmäßigkeit des Begriffs von jeder bloßen Determination unterschieden bleibt: es ist das Wissen des notwendigen Widerspruchs als des „inneren Gegensatzes" auf Grund der jeweils gewordenen Bewegung des Begriffs, der sich nun als *Sinn* und als eigentliche *Zukunft* offenbart; enthüllt aber nur wurde und werden kann durch die liquide Negativität eben jenes Widerspruchs, der *Freiheit* heißt. Es ist der je existierende „Begriff, der ... in seiner *einfachen* Vermittlung als *Denken* gesetzt ist, die Momente dieser Vermittlung auseinanderschlägt und nach dem inneren Gegensatze sich darstellt"[469]. Der Sinn, der hier als Moment der Zukunft erscheint, ist — als das Aufblitzen des Blitzes — freilich selber Schein, zugleich aber *substanziell*. Denn als das substanziell-logische Licht, als welches er leuchtet, brennt er im Augenblick der immer ungreifbaren Wahrheit solange nur, wie er wirklich vollzogen wird.

Hegel sagt nun im Hinblick auf die Phänomenologie der

D. Der Begriff als dialektische Finalzeit 177

geschichtlichen Zeit: „Man kann meinen, daß die Philosophie... eine andere Ordnung haben müsse als die Ordnung, in welcher in der Zeit diese Begriffe hervorgegangen sind. Im Ganzen ist die Ordnung dieselbe"[470]. Die Ordnung ist nur deswegen dieselbe, weil mit der Ineinssetzung von Zeit und sich je realisierendem Begriff die lineare Zeit zugunsten der fundamentallogischen Wirklichkeitszeit aufgehoben wird.

Die fundamentallogische Wirklichkeitszeit ist also etwas absolut anderes als die uns bekannten Zeiten, die metrische Zeit der Körperwissenschaften, die gestaltete Zeit der Lebenswissenschaften, die perspektivische Zeit der Seelenwissenschaften und die noologische Zeit der Geistwissenschaften[471]. Sie kann die metrische Zeit nicht sein, weil ihr keine Maßeinheit (Raum), sondern eine Struktur (Zeit) zugrunde liegt, weil sie nicht linear, sondern dialektisch verläuft. Sie geht über die Gestaltzeit hinaus, weil sie auch die Struktur des Wissens und des Geistes enthält; sie geht über die psychische Zeit einer „gegenständlich" aufgefaßten Psychologie hinaus, weil sie als unbewußter Boden des Geistes und Grundgesetz der Natur vor allem Erlebnis liegt. Und schließlich übergreift sie auch die noologische Zeit, weil sie über jene Gehalte hinaus, die nicht aufgelöst werden können und sollen, das Gesetz aller inhaltlichen Logizität, aller Verwirklichung selbst umfaßt. Sie liegt daher allen möglichen Zeiten zugrunde, so daß alle anderen Zeiten von ihr erst abgeleitet werden. Sie übergreift alle andern Zeiten, weil sie die *Ewigkeitsstruktur* selber ist. Man könnte hier einwenden, daß eine solche Zeit keine Zeit mehr sei, da sie doch als diachrone Funktion und Ewigkeitsstruktur gerade die Aufhebung aller Zeit bedeute. Dieser Einwand besteht zu Recht. Die Aufhebung „der Zeit" in der wirklichen Zeit geschieht in der Natur und wird vollzogen im Geiste aber *durch* Zeit, wodurch Zeit im üblichen Sinne allerdings zum Schein, nämlich zum Schein des Scheinens wird; dieser jedoch als substanziell-logischer ist vom bloßen Schein wohl zu unterscheiden.

Die Struktur des Denkens in jenem weitesten Sinne als

diachrones Wirken aller Wesen als wirkliche Zeit, sie ist dieselbe, die alles Werden als gerichtetes auch ist. Man könnte diese Urstruktur daher auch als realdialektische Finalzeit bezeichnen, wobei finis hier nicht bloß als „Zweck" oder bewußter Vorsatz verstanden werden darf, sondern als substanzieller *Sinn* überhaupt. Das will uns Hegels „Begriff" lehren. Ich habe einen Gedanken, das heißt eine innere oder äußere Intuition. Ich denke, d. h. ich verwirkliche jetzt ideal oder real das in dieser Intuition (Antizipation, Entwurf, Intention) Gegebene und komme so, als Denken, das ich selber bin, über den „dinglichen" Schein nur zum Denken als dem mit mir Identischen zurück. Alle Gebilde — ob ideal oder real — sind somit Produktionen des Denkens, das beim künstlerischen Genie — darin der schöpferischen Natur vergleichbar — noch längst nicht so exakt bewußt zu sein pflegt, wie beispielsweise beim Handwerker, denn der Geist steckt in dem, was „quer" verbunden ist. Alles aber, was ist, ist sinnvoll geworden und nur durch diese objektive Vermittlung überhaupt da. Wir mögen das gewordene Resultat im Einzelnen bejahen oder nicht, die Vergangenheit hat *viele* Gesichter. Unsere Macht für die Zukunft aber liegt allein im Bewußtsein der Gegenwart, dem dienenden Auge des Geistes. Für beide Aspekte aber gilt: ein sinnleeres Werden ist ausgeschlossen.

Wir haben die Struktur des gerichteten Werdens bei Hegel als „Begriff" erkannt. Diese Struktur ist identisch mit derjenigen, die das konkrete Denken aufweist, „ist der in sich zurückgehende Kreis, der seinen Anfang voraussetzt, und ihn nur im Ende erreicht"[472]. Mit diesem von Hegel entdeckten und gewußten Weltgesetz ist der abendländische Dualismus in Wahrheit bereits überwunden. Hegels „Begriff" als Sinn ist das „Tao" des Abendlandes, die reifste Frucht seiner Philosophie, die somit die „faustische Welt" schon hinter sich weiß und dem lebendigen Geist die Ehre wiedergeben kann. „Diese einfache Unendlichkeit, oder der absolute Begriff ist das einfache Wesen des Lebens, die Seele der Welt"[473].

AUSGANG

Wir haben in vier Kapiteln einen Schlüssel gegeben, mit welchem die Metaphysik eines Leibniz, Fichte und Hegel aufgeschlossen werden kann; denn aufgeschlossen muß sie ja werden, sofern der Philosophie als Grundwissenschaft weiterhin Anerkennung zukommen soll. Diese allgemeine Anerkennung kann in aufgeklärten Zeiten aber nur erhalten werden, wenn mit den Schlagworten eines unwahren, formallogischen Rationalismus und eines ebenso unwahren, infralogischen Idealismus Schluß gemacht wird. In der Geistesgeschichte gilt etwas nicht deshalb allgemein, weil es allgemein, sondern weil es *wahr* ist. Kant geriet bei unseren Untersuchungen — um es mit einem Scherzwort Leibniz' zu sagen — ins „Antichambre der Philosophie". Da Philosophie als Wissenschaft kein Feld für Liebhaber ist, wird es im Hinblick auf dieses Resultat gut sein, die Ergebnisse zusammenzufassen. Der Bogen unserer Untersuchung schließt sich dabei selbst zum Kreis, der indes nicht mehr als ein Bild wie die unendliche Spirale nur ein Modell der Wahrheit bleibt.

Die Darstellung des Hegelschen „Begriffs" als wirkender und wirklicher Zeit führt uns noch einmal zu Leibniz. Die Analyse seiner „individuellen Substanz" war es, mit der unsere Untersuchung begann. Sie wurde als Gedanke, welcher denkt, als Logizität der sich perzipierenden Perzeption, aufgefaßt. Diese Interpretation gab so etwas wie eine Folie ab, auf welcher unsere gesamte Darstellung beruht. Sie liegt auch unserer Interpretation des Hegelschen Begriffs zugrunde. Bei Fichte fanden wir eine erste Entsprechung zu Leibniz, wenn er von „Ich" sagt, es sei „das sich selbst Setzende, das was bestimmend und bestimmt zugleich ist" (WW I, S. 498). Dieser Gedanke wird wörtlich von Hegels Enzyklopädie aufgenommen, wenn es vom Erkennen heißt, es sei „in der Tat *bestimmendes* und *bestimmtes* Denken" (E § 48, Anm.); er taucht in ähnlicher Formulierung auch in der Rechtsphilosophie auf, dort heißt es, „die Bestimmtheit ist im sich selbst bestimmenden Willen" (Rph. § 109). Hiernach war es nicht nur gerechtfertigt, sondern unabweisbar, den Hegelschen Begriff als einen *sich begreifenden* aufzufassen. Und wenn die Logizität des sich begreifenden Begriffs zuletzt als wirkliche Zeit dargestellt werden konnte, so muß diese diachrone Wirklichkeit auch in der lebendigen Natur nachweisbar sein können, wie es zweifellos die Ansicht von Hegel und Leibniz war. In einem Brief, den Leibniz ein Jahr vor seinem Tode an Bourguet schrieb, heißt es in diesem Zusammenhang: „Wir können nicht sagen, worin die Perzeption der Pflanzen besteht, ja, wir können uns selbst von der der Tiere keinen rechten Begriff machen. Es genügt indes, daß eine Mannigfaltigkeit in der Einheit enthalten ist, damit eine Perzeption, — und es genügt, daß ein Streben nach neuen Perzeptionen herrscht, damit Begehren vorhanden ist, wenn man die Worte in dem allgemeinen Sinne nimmt, den ich ihnen gebe" [474]. Man hat in unseren Tagen jene Perzeption als biologische „Gestaltzeit" bezeichnet, wobei das Entscheidende war, daß hier immer eine finale Korrespondenz zwischen „Zeit- und Raumstellen" herrschte. Diese „Zeit" wird zwar nicht bewußt „gerafft", denn Pflanzen und Tiere sind der Sprache nicht mächtig und haben darum auch keine bewußten Vor-sätze, — dennoch aber werden sie aus einer ebenso konkret allgemeinen (universellen) wie ganz speziellen (individuellen) Quelle vom Samen bis zum Tod gesteuert.

Kant hat in seiner Kritik der Urteilskraft diese Lebensquelle philosophisch zu denken versucht. Er konnte es nicht, weil er seinen Phänomenbegriff, den einer anschaulich „gegebenen Materie", nicht gegen sein — bei aller transzendentalen Deduktion — „natürlich" gebliebenes Bewußtsein fundamentallogisch umkehren konnte, so wie Hegel dies für die Philosophie, als ein — im Vergleich zu jenem unmittelbaren Selbstbewußtsein — „Verkehrtes", gefordert [475] und wie dies zum philosophischen Begreifen auch des *primären* fundamentallogischen

Konstituens jener anschaulichen Gegebenheiten notwendig gewesen wäre. Leibniz führte die anschaulichen Gegebenheiten auf ebenso logische wie ontische, auf prima constitutiva zurück, die er individuelle Substanzen nannte. Diese Rückführung gelang ihm durch die fundamentale Unterscheidung zwischen individuellen Substanzen und bloßen Aggregaten, die als zweite und analytische Reflektion durchzuführen niemandem erlassen werden kann, der sich nicht mit dem bloßen Augenschein, als vermeintlich letzter „materieller" Gegebenheit an sich, begnügen will. Kants berühmte Frage nach der Möglichkeit und Notwendigkeit synthetischer Urteile a priori setzt diese augenscheinliche Gegebenheit als „sinnliche" voraus, um *über* sie urteilen zu können. Darin ist er mit jedermann einig. Als Beweis für die Notwendigkeit synthetischer Urteile aber galt ihm das Verfahren, womit er die anschauliche Gegebenheit zum transzendental konstituierten Konstitutionsprodukt und -gegenstand „sublimierte", wodurch er das Ansich als Problem ausgeschaltet zu haben meinte. Seine transzendentalen Analysen über die Konstitution der Gegenstände blieben jedoch auf der Stufe des bloßen *Bewußtseins* und der mit ihr korrelativen, formalen Logik, auf welcher Stufe das Erkenntnisproblem allerdings beginnt, das Wissen aber damit noch nicht gewonnen ist.

Leibniz scheint zunächst auch philosophisch ein beträchtliches Stück vor Kant zu liegen, indem er die Monade primär ontologisch konzipierte. Eben damit aber, daß er sie ontologisch *begriff*, hat er sich als der größere Philosoph erwiesen — indem er nämlich von der phänomenal-anschaulichen Gegebenheit reflektionsanalytisch zeigen konnte, daß sie allererst „sekundär" geworden und abgeleitet sei. Letzteres freilich sagt auch Kant. Der Unterschied ist aber der, daß Leibniz bei jenem — wie wir heute sagen können — selbstverständlichen Rekurs auf „das" transzendentale Subjekt nicht stehenbleibt, sondern auch dieses noch — und zwar ebenso wie die wirklichen Phänomene — fundamentallogisch gegründet sieht in *einem* „letzten" Grund, in einer sich gesetzmäßig entwickelnden substanziellen *Logizität*, die als Gesetzmäßigkeit konkret-*allgemein*, als sich wissende inhaltslogische Bewegung selbst aber durchaus *individuell* genannt werden muß. Die Einmaligkeit des letzten *Grundes*, der seiner Gesetzmäßigkeit oder seinem Begriffe nach allemal ist, heißt nur darum *absolut*, weil sie allein das unendlich identische Prinzip von Form und Inhalt überhaupt ist.

Hierzu ließ sich das transzendentale Subjekt nicht ausweiten, zunächst darum nicht, weil bei ihm an Stelle des Sich-Wissens das bloße Erkennen steht. Aber es kommt noch einiges hinzu. Die apperzeptiv sich wissende Individualität ist bei Leibniz substanziell nicht verschieden von jenen ebenso individuellen Substanzen, die als prima constitutiva die philosophisch wesentliche, unsichtbare Wirklichkeit der anschaulich sinnlichen Gegebenheiten ausmachen. Leibniz übergreift nun die formallogische Bewußtseinseinstellung der Erkenntnisfrage dadurch, daß es ihm auf dem Wege seiner Analyse des Phänomenbegriffs gelingt, so etwas wie nicht-gegenständliche Axiome zu finden und zu formulieren, die die forminhaltliche, die Wesensstruktur der Wirklichkeit ausmachen. Nur so kann er zeigen, wie und warum die gesetzmäßige Entwicklung substanziell-logisch-individueller Einheiten auf die *Selbstentwicklung* eines letzten absoluten Grundes verweist, aus welchem sie „hervorgehen", indem sie seine Manifestation vollziehen. Nur darum ist dieser universelle und absolute Grund Einheit von Bewußtsein, Selbstbewußtsein und Noch-Nicht-Bewußtsein. Er muß diese ebenso bewußte wie unbewußte Einheit aber sein — wobei das Unbewußte in ihm keine andere Struktur als die des Bewußtseins und Selbstbewußtseins haben kann —, denn dieser letzte Grund kann sich bei Leibniz ebenso wie bei Hegel nur darum zum *Wissen*, das er selbst repräsentiert, besondern, weil er dieses Wissen, als forminhaltliche Einheit, *substanziell* selbst ist, es damit aber in gleicher Weise nicht auch schon *hat*. Nur durch diese sich von sich abstrahierende, sich selbst als Wissen bewegende Aktivität wird *Freiheit* möglich.

An dieser Stelle könnte man einwenden, daß dieses als Wissen schaffende Grund-Subjekt das transzendentale Kants sei. Nur bliebe hierbei der entscheidende Unterschied unbeachtet. Während bei Kant die Dinge nichts anderes als Konstitutionsprodukte des transzendentalen Ich auf Grund eines unbekannten Ansich sind, gelingt nach Leibniz der begriffliche Schritt von den phänomenalen Gegebenheiten zu den „wahren Dingen" dadurch, daß *bloße* Konstitutionsprodukte als aggregathafter *Schein* (nicht als Erscheinungen!) in der Tat unterschieden werden können und müssen von den *begründeten* Phänomenen, die ihren Grund nun nicht in einem unbekannten Ansich haben, auch nicht in einem lediglich gegenständlich konstituierenden und gegenständlich erkennenden *allgemeinen* Subjekte, sondern in *Individualitäten*, die als konkret-allgemeine Substanzen schon darum als vermittelte begriffen werden können, weil sie auf Grund ihrer logisch-perzeptiven Struktur mit *der* als apperzeptives *Wissen* ausgezeichneten konkreten — in sich unendlichen — *Substanz* strukturell identisch sind. Das aber heißt, die unmittelbar ontischen Einheiten und die vermittelnde logische Vernunfteinheit stehen sich nicht aporetisch gegenüber, sondern sind als forminhaltliche Logizität immer schon vermittelt, wenngleich diese reflektionsanalytische Reduktion und Genese auch von dem existierenden Denken erst jeweils nachzudenken ist.

Die Frage, wie aus unräumlichen Substanzen räumliche Phänomene — und zwar begründete Erscheinungen im Gegensatz zum bloßen Schein — „entstehen" können, löst Leibniz dadurch, daß vor dem fundamentalen Kriterium der individuellen Perzeptionssubstanzen, als wirkenden Qualitäten, den Fiktionen „des" Raumes und „der" Quantität keinerlei Substanzcharakter mehr zukommen kann, und zwar deshalb nicht, weil sie von hieraus als nichtige gewußt werden. Leibniz bleibt uns das sich von Hegel her stellende Problem der Vermittlung in methodischer Darstellung zwar schuldig, in seiner fundamentallogischen Konsequenz aber ist er Hegel eher über- als unterlegen. Wir haben hierzu mit den Analysen der durchgehenden Dialektik von „Werden", „Wesen" und „Denken" das unsrige gesagt.

Wohl steht bei Kant das transzendentale Ich außerhalb der Reihe der Erscheinungen, wodurch es als das transzendentale „Ich denke" ein Tor zum Intelligiblen auftun könnte und dies — historisch gesehen — mit Fichtes „immanenter Synthesis", wenn man so will, ja auch getan hat. Die Frage ist aber, wie dieses Außerhalbstehen nach der Kantischen Philosophie begreiflich gemacht werden kann? Es bleibt dies somit eine Hypothese von geringerer Kraft als diejenige Hegels, nach welcher die sich wissende Vernunft die an sich seiende voraussetzen muß und umgekehrt. Die Folgerungen, die Leibniz aus der fundamentallogischen Analyse des Phänomenbegriffs zieht, bieten demgegenüber den entscheidenden Vorteil, daß hierdurch — und, soweit wir sehen, nur hierdurch — die Überschreitung der formalen Logik in Richtung auf eine absolute Vermittlung *methodisch* möglich wird. Indem nämlich die sinnliche Gegebenheit auf zuvor gegebene intelligible Substanzen zurückgeführt werden kann, kann diese reflektionsanalytische Reduktion und Vermittlung als „subjektive Logik" begriffen werden, welche damit auf einen Grund führt, der als „objektive Logik" zu begreifen ist. Beide zusammen aber verweisen somit in nicht-identischer Identität auf die Gegebenheit der *absoluten* Vermittlung als sich in sich unterschiedener Unendlichkeit, die zwar als sich in sich unterscheidende „absolut" nie selbst *da ist*, dennoch aber reflektionsanalytisch erschlossen werden kann.

Von allen weitreichenden Folgen abgesehen, bedeutet dies für die „organischen Produkte der Natur", daß ich Pflanze und Tier nun nicht als gegenständliches Konstitutionsprodukt, sondern als individuell wirkliches *Wesen*, das sich von dem meinigen der Struktur nach nicht unterscheidet, *begreifen* kann. Mit dem Begriff des individuell-substanziellen Wesens habe ich damit die nicht-dingliche Substanz des Lebens im *Wissen*, die ich auf gegenständliche Weise niemals wirklich erkennen, sondern eben nur phänomenologisch beschreiben kann.

Ausgang

Der Gang unserer Untersuchung führte von Leibniz zu Hegel und nicht zu Kant. Denn Kants Rückzug auf das transzendentale Subjekt ist mit einem untergründigen Nihilismus behaftet, der durch die Lehre vom „transzendentalen Schein" eben nur scheinbar verdeckt wird. Das transzendentale Subjekt gehört zwar nicht zu den Erscheinungen und ist darum auch kein Gegenstand — darin wäre Kant mit Leibniz einig. Andererseits aber bedeutet dieser Rückzug im Hinblick auf das, was er philosophisch leistet, den Rückzug vor den an sich seienden Problemen von Leben und Geist. Dieser Rückzug ist für den Bereich gegenständlicher Erkenntnis richtig, aber eben darum noch nicht wahr. Er konnte philosophisch nicht überzeugen, weil — wie in den Kritiken geschehen — *dieselben* nicht-gegenständlichen Phänomene, die Kant in diesem Zusammenhang „Wesen" (!) nennt, immer „zugleich" als „sensibel" und „intelligibel" beschrieben werden. Dieses „Zugleich" kann bei einer bloßen Beschreibung zwar gesagt, nicht aber für das Begreifen des fundamentallogisch primären Konstituens genommen werden, um welches es in der Philosophie geht und um welches es Leibniz mit dem Begriff der individuellen Substanz, die er *Monade* nannte, zu tun war. Leibniz hatte für die Logik dies „Zugleich" in ein „Zuvor" umgewandelt, in das *Prius* des Wirkens vor dem Bewirkten, in das Prius des schöpferischen Grundes vor dem der Schöpfung. Damit hatte er die Logik des Vorstellens von Dingen zu einer Logik des Lebens, des Lebens wirklicher Wesen, erweitert. In dieser fundamentallogischen Einsicht ist er mit Hegel einig.

ANMERKUNGEN

Leibniz' Werke wurden allgemein nach der Auswahl in 4 Bänden bei F. Meiner, Leipzig, zitiert. Band I, II, III herausgegeben von E. Cassirer, Band IV herausgegeben von J. H. v. Kirchmann. Zitate, die in dieser Ausgabe nicht enthalten sind, wurden der 7bändigen Ausgabe der philosophischen Schriften von C. J. Gerhardt, Berlin 1875—1890, entnommen.

Kants Werke wurden für die Kr. d. r. V. aus der B-Ausgabe, Riga 1787; für die Kr. d. pr. V. und für die Kr. d. U. aus der ehemaligen Kehrbachschen Ausgabe, herausgegeben von R. Schmidt, Reclam-Verlag, Leipzig 1944, zitiert.

Fichtes Werke wurden nach der Auswahl in 6 Bänden, herausgegeben von F. Medicus, Meiner-Verlag, zitiert.

Hegels Werke wurden allgemein nach der Jubiläumsausgabe, herausgegeben von H. Glockner, zitiert (WW 1—20). Die Phänomenologie jedoch meist nach der 5. Auflage, F. Meiner-Verlag, herausgegeben von J. Hoffmeister, Leipzig 1949 (WW II); die Rechtsphilosophie nach der 4. Auflage, F. Meiner-Verlag, herausgegeben von J. Hoffmeister, Hamburg 1955 (WW XII) und die Enzyklopädie nach der 6. Auflage, F. Meiner-Verlag, herausgegeben von F. Nicolin und O. Pöggeler, Hamburg 1959 (E).

1 Willy Hellpach in „Leibniz zwischen Luther und Lessing", Beitr. zur Leibniz-Forschg. Bd. I, Reutlingen 1947, S. 97.
2 Gerh. Stammler, „Leibniz", München 1930, S. 145.
3 Mahnke in seinem Vorwort zu Gerhard Krügers Auswahlband: Leibniz, Die Hauptwerke, Kröner-Verlag 1933, S. XIX.
4 Kurt Huber, Leibniz, München 1951, S. 287 (Kollegnachschrift der Herausgeberin).
5 G. W. Leibniz, Monadologie, neu übersetzt, eingeleitet und erläutert von Hermann Glockner, Reclam 1960^2, S. 57.
6 Glockner, a. a. O., S. 39 und S. 65.
7 Huber, a. a. O., S. 268f. und S. 7.
8 Halle/S., Niemeyer-Verlag 1925, Sonderdruck aus: Jahrbuch für Philosophie und phänomenologische Forschung, Bd. VII.
9 Mahnke, a. a. O., S. 92f., 104, 181, 227.
10 Ernst Cassirer, Leibniz' System, Marburg 1902, z. B. S. 264.
11 Huber, a. a. O., S. 353.
12 WW I, S. 124.
13 WW I, S. 142.
14 WW I, S. 145.
15 WW I, S. 172.
16 Z. B. WW. I, S. 212f. und Monadologie, § 33 und § 36.

17 WW I, S. 174.
18 WW I, S. 183.
19 WW I, S. 175.
20 WW I, S. 189.
21 WW I, S. 148.
22 WW I, S. 214.
23 So WW I, S. 154, 231, 236.
24 WW I, S. 165.
25 WW I, S. 194. Sehr deutlich auch Theodicee, § 367.
26 Huber, a. a. O., S. 266.
27 Huber, a. a. O., S. 322 (ursprünglich „Leibniz und wir", Zeitschr. für philos. Forschg. I, 1. 1946, S. 5).
28 Cassirer, a. a. O., S. 347.
29 WW II, S. 420, 212 und Monadologie, § 2.
30 Gottfried Wilhelm Leibniz, Monadologie, neu übersetzt, eingeleitet und erläutert von Hermann Glockner, Reclam 1960², S. 62.
31 Cassirer, a. a. O., S. 547.
32 Mahnke, a. a. O., S. 36f. in Bespr. Couturats.
33 WW II, S. 196 et passim.
34 WW II, S. 143, 150. Als Erweiterung zu Monadologie, §§ 33, 34.
35 Monadologie, § 33.
36 WW II, S. 152.
37 WW IV, S. 398 (§ 380).
38 WW II, S. 430.
39 WW III, Vorw. S. 7 und 4. Buch, Kap. IV, § 4, S. 461.
40 Mahnke, a. a. O., S. 150.
41 Heinz Heimsoeth, Die Methode der Erkenntnis bei Descartes und Leibniz II. Leibniz' Methode der formalen Begründung. Erkenntnislehre und Monadologie, Gießen 1914, S. 299. Erschienen in: Philosophische Arbeiten, herausgeg. von H. Cohen und P. Natorp, Bd. 6, Gießen 1912–1914.
42 Hellpach, a. a. O., S. 131.
43 N. Hartmann, Leibniz als Metaphysiker, in „Leibniz zu seinem 300. Geburtstag", Lieferung 1 de Gruyter & Co., Berlin 1946, S. 27.
44 Huber, a. a. O., S. 268.
45 Gerh. Krüger, Leibniz, Die Hauptwerke, Kröner-Verlag, 2. Aufl. 1940, Einl. S. XLII.
46 Erich Becher, Veit & Co., Leipzig 1917.
47 B. Russel, A critical exposition of the philosophie of Leibniz, Cambridge 1900; L. Couturat, La logique de Leibniz d'après des documents inédits, Paris 1901, dazu Cassirer, a. a. O., S. 532ff. und Mahnke, a. a. O., §§ 6, 7 („Der Standpunkt des universalistischen Panlogismus").
48 Gerh. VII, S. 191 (Randbemerk. Leibnizens, Sperr. Verf.).
49 Vgl. dazu Cassirer, a. a. O., S. 4, 24, 362f., 503. Bei Leibniz siehe Nouv. Ess. Buch 4, Cap. XII, WW III, S. 537ff.
50 Z. B. Theodicee, § 174, WW IV, S. 244. (Bezeichnenderweise wird hier die Wahrheit mit der Unaufhebbarkeit des geschichtlich gewordenen Faktums begründet!)

51 H. Rickert, Die Logik des Prädikats und das Problem der Ontologie, Heidelberg 1930.
52 W. v. Humboldt, Ges. Schriften VII, I, S. 46, die klassische Stelle und VII, II, S. 582. (Im Ton liegt das Zeitliche, Dynamische.)
53 Zur traditionellen Begriffsbildung vgl. H. Rickert, Kulturwissenschaft und Naturwissenschaft, 6. u. 7. Aufl., Tübingen 1926.
54 Hierzu Heinrich Maier, Psychologie des emotionalen Denkens, Tübingen, J. C. B. Mohr 1908, S. 5, 11, 351 ff.
55 Hegel, WW 2 (ed. Glockner), S. 401. (Auch Vorbegriff zum Berliner System, § 29) und WW 4 (ed. Glockner), S. 99.
56 Nicolai Hartmann, Zur Grundlegung der Ontologie Walter de Gruyter & Co., Berlin-Leipzig 1935, S. 8.
57 Ludwig v. Bertalanffy, Das biologische Weltbild I, Bern 1949, S. 122.
58 Henri Bergson, La Pensée et le mouvant, 22. Aufl., 1946, dtsch. Ausg. 1948, S. 131 und S. 144.
59 Heinz L. Matzat, Die Gedankenwelt des jungen Leibniz, in Beiträge zu Leibniz-Forschung, Bd. I, S. 64.
60 Cassirer, a. a. O., S. 22.
61 WW II, S. 95 f., Anm.
62 Cassirer, Freiheit und Form, Berlin 1922, S. 88. (Sperr. Verf.).
63 Huber, Leibniz und wir, a. a. O., S. 10 f., im Buch a. a. O., S. 327.
64 B. Russel „Philosophie des Abendlandes", Holle-Verlag, Frankfurt am Main 1950, S. 490.
65 WW II, S. 559.
66 Huber, a. a. O., S. 285.
67 Cassirer, a. a. O., S. 398 f.; Mahnke, a. a. O., S. 62, 86.
68 Genesis I, 2.
69 WW II, S. 160 f.
70 WW II, S. 206.
71 WW I, S. 270.
72 WW II, S. 354.
73 WW IV, S. 373 (§ 350).
74 WW II, S. 459 und 461, eine Stelle, die übrigens auch Cassirer im kritischen Nachtrag seines Buches zitiert (a. a. O., S. 518).
75 1) Gerh. IV, S. 292;
2) WW III, S. 5 (Nouv. Ess. Vorr.).
76 Vgl. z. B. den Brief an Joh. Thomasius vom April 1669, Gerh. I, S. 22.
77 Wie Kurt Huber in „Leibniz und wir", a. a. O., S. 13 (im Buch S. 329) eindrucksvoll hervorhebt.
78 WW II, S. 223.
79 Alfred Brunswig, „Leibniz", Karl-König-Verlag, Wien und Leipzig 1925, S. 55.
80 WW II, S. 340.
81 WW II, S. 210 (Sperr. Verf.).
82 Z. B. Hans Freyer, Theorie des objektiven Geistes, B. G. Teubner, Leipzig-Berlin 1923, mit der leidenschaftlichen Forderung nach einer „Logik der Individualität" (S. 108).
83 WW II, S. 223 und 230.

Anmerkungen

84 WW II, S. 243.
85 WW II, S. 144.
86 K. Huber, a. a. O., S. 268.
87 WW I, S. 212f.
88 Zur Wiederholbarkeit des Mathematischen im Zusammenhang mit der „Zeitlosigkeit" des Urteils siehe Cassirer, Substanzbegriff und Funktionsbegriff, Berlin 1910, 2. Aufl. 1923, S. 390 und 415.
89 Ich bediene mich hier der Husserlschen Termini, da sie der Sache nach — fast wörtlich — bei Leibniz auftreten. Siehe Ed. Husserl, „Zur Phänomenologie des inneren Zeitbewußtseins", herausgegeben von M. Heidegger 1928.
90 Vgl. hierzu, wie zum Unbewußten überhaupt Nouv. Ess. Vorrede WW III, besonders S. 14, wo der Zusammenhang mit dem Indiszernibliensatz besonders klar wird; auch WW II, S. 366, 425, 214, 231, 246, 249 und Monadologie, §§ 14, 15, 17, 23. „Denn eine Perzeption kann natürlicherweise nur aus einer anderen Perzeption entstehen ...".
91 Sigwart, Logik I, J. C. B. Mohr, 4. Aufl., Tübingen 1911, S. 259.
92 WW II, S. 162f.
93 R. Zocher, Zum Satz vom zureichenden Grunde bei Leibniz, Beiträge zur Leibnizforschung, a. a. O., S. 68ff.
94 WW II, S. 143.
95 WW II, S. 190.
96 WW II, S. 148, Anm. 339 und S. 151, Anm. 340.
97 Siehe Cassirer, Substanzbegriff und Funktionsbegriff, a. a. O., S. 363, 365, 368, 407, 411. Vergl. dagegen oben S. 23.
98 Kurt Huber, a. a. O., S. 323.
99 Bergson, a. a. O., S. 37f.
100 O. Spengler, Untergang des Abendlandes I, München 1920, S. 114 und S. 542.
101 WW II, S. 342ff.
102 Theodor Litt, Denken und Sein, Stuttgart 1948, S. 247.
103 Mahnke, a. a. O., S. 15.
104 Dazu Monadologie, § 83 und WW II, S. 432.
105 WW I, S. 138; WW II, S. 138.
106 Gerh. p. I, S. 338; WW I, S. 26 und II, S. 368.
107 WW II, S. 154f. (Zusatz Verf.).
108 R. Kroner, Von Kant bis Hegel I, J. C. B. Mohr (Paul Siebeck), Tübingen 1921, S. 37.
109 Cassirer, a. a. O., S. 408.
110 Huber, a. a. O., S. 332.
111 WW II, S. 428 (Sperr. Verf.).
112 Hermann Schmalenbach, Leibniz, München 1921, S. 68f., 170 und 240.
113 Kurt Hildebrandt, Leibniz und das Reich der Gnade, Den Haag 1953, S. 332.
114 Wolfgang Cramer, Die Monade, Stuttgart 1954.
115 Gottfried Martin, Leibniz, Logik und Metaphysik, Köln 1960, S. 146, 144f.

116 Hans M. Wolff, Leibniz, Bern und München 1961, S. 80, 92 und 89.
117 Wolfgang Janke, Leibniz, Die Emendation der Metaphysik, Frankfurt 1963 bei V. Klostermann.
118 Vgl. auch Platons Timaios 33c, Monade = Welt. „Bedurfte sie doch der Augen nicht...".
119 WW II, S. 202f.; Monadologie, §§ 14 und 60. Zur Aporie von „in sich vermittelten" Einheiten und der Vermittlung qua Ich siehe Erich Heintel, Physis und Logos, Festschrift für W. Heinrich, Wien 1963; ferner unser Kapitel IV (Hegel).
120 WW IV, S. 342 (Theodicee, § 301).
121 Vgl. dazu Paul Hofmann, Über die Strukturgrundlage und die geschichtliche Entwicklung von Weltanschauungen, in Reichl's Philos. Almanach, herausg. von E. Rothacker, 4. Bd., Darmstadt 1927, S. 101: „Auch die Richtung also, in der der ‚schöpferische' Einzelne wirken kann, ist im wesentlichen gleichsam im voraus festgelegt."
122 WW IV, S. 129 (§ 45).
123 WW IV, S. 201 (§ 132).
124 L. v. Bertalanffy, a. a. O., S. 50f.
125 Z. B. WW I, S. 100; II, S. 130, 401ff., 461.
126 H. Rickert, Das Eine, die Einheit und die Eins. J. C. B. Mohr, Tübingen 1924, 2. Aufl., S. 78.
127 Siehe Cassirer, a. a. O., S. 189f. (Jedoch hat die Zeit als Stetigkeit nichts mit der individuellen Substanz zu tun.)
128 WW II, S. 230f.
129 Dazu Huber, a. a. O., S. 259.
130 Z. B. WW II, S. 183f., 228.
131 Spengler, a. a. O., S. 210f.
132 Bertalanffy, a. a. O., S. 167.
133 Ludwig Landgrebe, „Descartes" in „Gottfried Wilhelm Leibniz". Vorträge aus Anlaß seines 300. Geburtstages. Hansischer Gildenverlag, Hamburg 1946.
134 Gotthard Günther, Grundzüge einer neuen Theorie des Denkens in Hegels Logik. F. Meiner-Verlag 1933, S. 224. Die dort vertretene Auffassung einer statisch (!) verstandenen Monadologie (z. B. S. 131) ist ein zu offensichtlicher Irrtum, als daß er noch besonders aufgegriffen werden müßte.
135 Theodor Litt, Denken und Sein, a. a. O., S. 141 und Einleitung in die Philosophie, S. 1—21 (besonders S. 13).
136 Theodor Litt, Denken und Sein. a. a. O., S. 172/173. Als ausdrückliche Ablehnung formuliert! Vergl. auch E. Metzke, Krisis und Umkehr der Metaphysik, Dtsch. Viertelj.-Schr. 1950, Heft 2, S. 176ff.).
137 K. Huber, a. a. O., S. 260f.
138 Pr. V. 11. — Die Kr. d. r. V. wird in der B-Ausgabe lediglich unter Beifügung der Ziffern, die Kr. d. pr. V. (pr. V.) und die Kr. d. U. (U) nach den Seiten der Reclam-Ausgabe zitiert.
139 Z. B. B 423, Anm. U. 339, 405.
140 B 823.

141 B 1.
142 Vgl. dazu Th. Litt, Kant und Herder, Leipzig 1930, S. 49.
143 pr. V. 183f.
144 U 350.
145 U 357.
146 B 409.
147 Zum vortheoretischen „Glauben" siehe Ed. Husserl, „Erfahrung und Urteil", Herausg.: L. Landgrebe, Hamburg, Claasen und Goverts, 1948, S. 25; vergl. auch Nietzsche: „unser Glaube an Dinge ist die Voraussetzung für den Glauben an die Logik...". WW Kröner Verlag 1921, Bd. 9, § 516.
148 B 75.
149 B 270, auch B 315 (Ende).
150 B 34.
151 B 60.
152 B 207.
153 B 520.
154 Th. Litt, Kant und Herder, Leipzig 1930, S. 42 und 56.
155 B 520.
156 B 238.
157 B 235f.
158 B 123. Vgl. dagegen Husserls Nachweis der „vorprädikativen (rezeptiven) Erfahrung", a. a. O., bes. §§ 17, 24, 26.
159 B 404.
160 Th. Litt, a. a. O., S. 196.
161 B 561.
162 B 559 und 565.
163 Th. Litt, a. a. O., S. 162.
164 derselbe, a. a. O., S. 196.
165 Zum Ganzen vgl. B 319—332. Wenngleich die Kritik Kants an einigen Bildern Leibniz', z. B. dem des „Wassertropfens" (B 328), wie wir oben sahen, berechtigt ist. Siehe dazu oben S. 29.
166 Aristoteles Metaph. A 989, a 15.
167 Vgl. hierzu und zum Folgenden B 339f.
168 Chr. Wolff, „Vernünftige Gedanken von Gott, der Welt usw.", Halle 1741, § 16.
169 Th. Litt, a. a. O., S. 116.
170 pr. V. 134.
171 Vgl. dazu pr. V. 29, 67, 46, 59, 88, 90.
172 pr. V. 164.
173 C. G. Jung, Die Wirklichkeit der Seele. Psychologische Abhandlungen, Bd. IV, Zürich 1934 (1947), S. 90.
174 pr. V. 39, dazu 60f., 68, 78f.
175 pr. V. 132.
176 Vgl. Anm. 162 und oben Kap. I, S. 51f.
177 pr. V. 133.
178 pr. V. 141, vgl. hierzu oben Kap. I, S. 42f.
179 Hegel, WW II, S. 58 (Ausgabe von F. Meiner).

180 B 566.
181 pr. V. 122.
182 L. v. Bertalanffy, a. a. O., S. 58 (vergl. auch S. 58 unserer Darstellung).
183 pr. V. 59f.
184 pr. V. 142.
185 Zu Gott als Zeit, vergl. Guardini: Hölderlin, Weltbild und Frömmigkeit, Leipzig 1939, S. 89f.
186 pr. V. 65, 69, 184.
187 pr. V. 59.
188 pr. V. 222.
189 pr. V. 138f.
190 pr. V. 190.
191 U 322f.
192 U 332f.
193 B 263, ebenso noch U 188.
194 Georg Simmel, Hauptprobleme der Philosophie. Sammlg. Göschen, Bd. 500, S. 15.
195 U 207, 213, 268, 303.
196 U 268f.
197 pr. V. 220.
198 U 79—82 (§ 9).
199 U 181f.
200 U 283.
201 U 295ff. (§ 64).
202 U 299.
203 U 300f. und 302: „... der Natur (der Körperlichen ...)."
204 U 302.
205 Gottfr. Martin, Immanuel Kant, Köln 1951, S. 68.
206 U 268f.
207 Dazu Gotth. Günther, loc. cit.
208 B 29.
209 U 345f.
210 U 347. (Sperr. Verf.)
211 U 347f.
212 U 372.
213 Theodor Litt, a. a. O., S. 141—145.
214 U 207, 214f.
215 U 299.
216 Th. Litt, a. a. O., S. 257.
217 Vgl. dazu E. Rothacker, Logik und Systematik der Geisteswissenschaften. Neudruck Bonn 1947 (Kap. II, V, 1 u. 2, besonders S. 118).
218 Gerh. Krüger, Die Bedeutung der Tradition für die philos. Forschg. Studium Generale, 4. Jahrgang, Heft 6, S. 325.
219 U 350, 311, 308.
220 U 310.
221 U 303, 343, 305.
222 U 355, 357, 350.
223 U 26.

224 U 28.
225 U 30.
226 ibidem.
227 ibidem.
228 U 31.
229 ibidem.
230 ibidem.
231 U 31 f.
232 U 32.
233 U 26.
234 Hegel, WW 19, S. 331.
235 Ich glaube mich zur Kennzeichnung der geschichtlichen Konsequenz, die aus einem neuen Fruchtbarwerden der Linie Leibniz-Fichte-Hegel für die gegenwärtige und zukünftige philosophische Situation folgt und die ich mangels eines besseren Ausdrucks „fundamentallogisch" nenne, mit der Einführung des Terminus „nach-neuzeitlich", den ich der großen Hölderlin-Interpretation Romano Guardinis (Hölderlin, Weltbild und Frömmigkeit, Hegener, Leipzig 1939, S. 174, Anm.) entnehme, nicht zu täuschen. Allerdings weicht jene von Guardini im Anschluß an Hölderlin geprägte Bedeutung des Wortes von seiner Auffassung über „das Kommende", wie sie in dem späteren Buche „Das Ende der Neuzeit" (Hess-Verlag, Basel 1950) vertreten wird, erheblich ab.
236 Siehe H. Heimsoeth, Fichte. E. Reinhardt Verlag, München 1923, S. 17.
237 Kroner, a. a. O., I., S. 32.
238 derselbe, a. a. O., I., S. 410 f.
239 Kroner, a. a. O., I., S. 364.
240 derselbe, a. a. O., I., S. 394.
241 Fichte, WW (Ausgabe von F. Medicus) I, S. 212. Verlag bei F. Meiner, Leipzig, 6 Bände.
242 WW III, S. 16.
243 WW III, S. 23.
244 WW III, S. 7.
245 WW III, S. 39 f. (Sperr. Verf.).
246 Hegel, WW II, S. 514 und 339 (Ausg. von Hoffmeister).
247 WW I, S. 212.
248 WW III, S. 6.
249 WW III, S. 46.
250 WW III, S. 106 (Sperr. Verf.).
251 WW III, S. 45 und 49 (Sperr. Verf.).
252 Hegel, WW 5, S. 90.
253 WW III, S. 99 und 107.
254 WW III, S. 25 und 29.
255 WW III, S. 109 f.
256 WW I, S. 525.
257 Kroner, a. a. O., I, S. 428.
258 WW I, S. 456.
259 WW I, S. 427.

260 WW I, S. 426.
261 ibidem.
262 WW I, S. 466. Vgl. dazu Fichtes Begriffsanalyse über „Richtung", „Streben" und „Trieb" (WW I, S. 463, 466 ff., 480 ff.).
263 WW I, S. 563.
264 Hegel, WW 17, S. 49.
265 WW I, S. 403, 458, 462.
266 WW I, S. 499 ff.
267 WW I, S. 485.
268 Heimsoeth, a. a. O., S. 122.
269 H. Maier, Die Anfänge der Philosophie des Deutschen Idealismus (Sonderdr. Sitzungsber. d. Preuss. Ak. d. W., Sitzung vom 23. 1. 1930; in Kommission verlegt bei de Gryter & Co., Berlin 1930, S. 7).
270 WW I, S. 473.
271 WW I, S. 525.
272 Heimsoeth, a. a. O., S. 121.
273 WW I, S. 490.
274 Kant, Kr. d. r. V., B 132, § 16.
275 WW III, S. 76 f. (An derselben Stelle Hinweis auf Aristoteles!).
276 WW I, S. 196 f.
277 WW I, S. 198.
278 WW I, S. 199, 292 f.
279 Kroner, a. a. O., I, S. 427.
280 WW I, S. 290.
281 WW I, S. 304 (Sperr. Verf.).
282 WW I, S. 289.
283 WW III, S. 25.
284 WW I, S. 298.
285 WW I, S. 304.
286 WW I, S. 309.
287 WW I, S. 300 f.
288 Hegel, WW 8, S. 105, § 31. „Ohnehin ist die Form des Satzes oder bestimmter des Urteils ungeschickt, das Konkrete — und das Wahre ist konkret — und Spekulative auszudrücken; das Urteil ist durch seine Form einseitig und insofern falsch."
289 WW I, S. 349.
290 Kroner, a. a. O., I, S. 391.
291 WW III, S. 87.
292 WW I, S. 498.
293 WW I, S. 472.
294 Heinrich Maier, a. a. O., S. 5 f.
295 a. a. O., S. 15.
296 R. Kroner, a. a. O., I, S. 420 (Sperr. Verf.) und I, S. 426.
297 Erich Heintel, Wiener Zeitschrift f. Philos. Psychol. Pädagogik, Bd. II, Heft 2, September 1948, S. 41.
298 WW III, S. 100 f.
299 WW I, S. 541.
300 WW I, S. 393.

301 WW I, S. 398 (Sperr. Verf.).
302 WW I, S. 374.
303 WW I, S. 338.
304 WW I, S. 374.
305 WW I, S. 380.
306 WW I, S. 541.
307 WW I, S. 347.
308 Kroner, a. a. O., I, S. 382f. (vergl. dagegen oben S. 109).
309 WW I, S. 305.
310 WW I, S. 306.
311 WW I, S. 449.
312 WW I, S. 449f.
313 Kroner, a. a. O., I, S. 431.
314 W. v. Humboldt, Ges. Schr., Bd. V, S. 9.
315 WW I, S. 388.
316 Hegel, WW. II, (Meiner) S. 45.
317 WW I, S. 450.
318 Monadologie, § 47 (Übersetzung Verf., a. a. O.).
319 WW I, S. 451.
320 Hegel, WW II (Meiner), S. 559.
321 Kroner, a. a. O., II, S. 271.
322 Herbert Marcuse, Eros und Kultur. Stuttgart 1957, S. 112ff.
323 WW 4, S. 48.
324 Renée Scherer, „Der Stand der Hegelforschung", in „Wort und Tat", Heft V, August 1947, S. 45.
325 H. Glockner, Monadologie, Reclam 1960², S. 6.
326 WW 4, S. 17f. und 45.
327 a. a. O., S. 61.
328 a. a. O., S. 62, Anm.
329 WW II (Meiner), S. 20.
330 WW 4, S. 65.
331 E (Meiner), S. 145 (§ 151) und WW 4, S. 699.
332 WW 19, S. 449, 460, 473.
333 WW 19, S. 455.
334 WW 17, S. 46.
335 WW 5, S. 178.
336 WW 4, S. 199.
337 WW 19, S. 461.
338 WW 5, S.12, „Jedes von ihm ist die Totalität..." Ebenso WW 17, S. 63f.
339 WW 19, S. 466f. (Sperr. Verf.).
340 WW 4, S. 199.
341 ibidem, S. 197.
342 WW 5, S. 6f.
343 WW 17, S. 141 (Sperr. Verf.).
344 Ich setze Äquivokation darum in Anführungsstriche, weil ich meine, daß sich diese Doppeldeutigkeit jeweils vermitteln ließe, obgleich dies von Hegel weder methodisch noch systematisch mit wünschenswerter Deutlichkeit geleistet worden ist.

345 Kroner, a. a. O., II, S. 270, Anm. 1.
346 WW 5, S. 5.
347 WW 4, S. 484.
348 WW 5, S. 18.
349 Kroner, a. a. O., II, S. 282.
350 ibidem, S. 300.
351 In der Phänomenologie des Geistes (WW II) vgl. zur „Äquivokation" von Begriff besonders die Stellen auf S. 116, 118, 171, 185, 191, 214, 387, 415, 431, 493, 516; zur „Äquivokation" von Allgemeinheit S. 191f., 290, 364, 493, 508. — Auf eine belegende Interpretation dieser Stellen muß hier verzichtet werden. Die Günthersche Unterscheidung zwischen „Allgemeingültigkeit und Allgemeinheit" bei Hegel (a. a. O., S. 108ff.) trifft zwar den sachlichen Kern der „Äquivokation", nicht aber Hegels etwa eindeutige Terminologie.
352 Günther, a. a. O., S. 34.
353 WW E (6. Aufl., Meiner), S. 60.
354 a. a. O., und ibidem, S. 62 (§ 31).
355 WW 8, S. 101 (Zusatz).
356 WW 4, S. 41.
357 WW 5, S. 86.
358 WW 8, S. 108 (Zusatz).
359 WW E, S. 60 und 59 (§§ 27 und 26).
360 WW 8, S. 90f. (Zusatz).
361 WW E, S. 65f. (§ 38, Anm.).
362 WW 8, S. 118f.
363 WW E, S. 72 und WW 8, S. 140 (§ 48, Anm.).
364 WW E, S. 68f. und WW 8, S. 128 (§ 42, Anm.).
365 WW 8, S. 129 (Zusatz).
366 WW 5, S. 24.
367 WW E, S. 75 und WW 8, S. 146 (§ 50, Anm.).
368 WW 8, S. 127 (Zusatz).
369 WW E, S. 58 und WW 8, S. 97 (§ 25).
370 a. a. O.; ähnlich formuliert E, S. 58 (§ 24, Anm.).
371 WW 8, S. 81 (Zusatz).
372 WW 8, S. 152ff.
373 Günther, S. 179 (letzte Sperrung Verf.).
374 ibidem, S. 132.
375 Vgl. dazu Günther, S. 133 und 179.
376 WW II, S. 15. (Meiner)
377 WW E, S. 86 und WW 8, S. 164 (§ 61).
378 WW E, S. 95 und WW 8, S. 176 (§ 71).
379 WW E, S. 98 und WW 8, S. 180 (§ 74).
380 WW E, S. 99 und WW 8, S. 181 (§ 75).
381 WW 8, S. 197 (Zusatz).
382 Vgl. dazu WW 4, S. 29f.; WW 8, S. 89f. (Zusatz); WW 17, S. 53.
383 WW E, S. 100 und WW 8, S. 182f. (§ 76).
384 WW 5, S. 50.
385 Günther, S. 180.

386 ibidem, S. 212.
387 ibidem, S. 190.
388 WW 4, S. 39.
389 WW E, S. 75 und WW 8, S. 146 (§ 50, Anm.).
390 Günther, S. 190 f. und 209.
391 ibidem, S. 216 (Sperr. Verf.).
392 WW II, S. 24. (Meiner)
393 ibidem, S. 45.
394 ibidem, S. 48.
395 WW 8, S. 84 (Zusatz).
396 WW XII (Meiner, 4. Aufl.), S. 14.
397 ibidem.
398 WW II, S. 39.
399 Günther, a. a. O.
400 WW 4, S. 30 f.
401 WW 5, S. 61.
402 WW 5, S. 247 (Sperr. Verf.).
403 E, §§ 151 und 383.
404 WW XII (Meiner, 4. Aufl.), S. 19 (§ 1).
405 WW 5, S. 3 und 5 ff.
406 WW 5, S. 18.
407 WW 5, S. 7.
408 Siehe oben, Kap. I, S. 42, Anm. 105.
409 WW VI (Lasson), S. 283 (Zusatz 1).
410 WW 17, S. 67.
411 WW 17, S. 50.
412 WW 5, S. 8.
413 WW 17, S. 123.
414 Vgl. dazu oben, Kap. IV (Fichte).
415 WW 5, S. 9.
416 Günther, a. a. O , S. 129 f.
417 WW II, S. 562.
418 WW 5, S. 11.
419 Vgl. dazu oben, Kap. I, B. 5 und Anm. 343.
420 WW 5, S. 35.
421 WW 5, S. 12.
422 WW II, S. 178.
423 ibidem, S. 123.
424 WW 5, S. 13 f.
425 WW II, S. 557.
426 WW 6, S. 147.
427 WW II, S. 558.
428 a. a. O., S. 32.
429 WW II, S. 533.
430 ibidem, S. 561.
431 WW II, S. 39.
432 H. Zimmer, Ewiges Indien. Müller u. Kiepenheuer Verlag, Potsdam 1930, S. 93. Ein dem Geiste Hegels ungemein verwandtes Buch, und

R. Kroner, a. a. O., II, S. 132, Anm. „... denn das systematische Denken ist ja nichts anderes als das Sich-selbst-Denken des Lebens."
[433] WW 5, S. 40.
[434] ibidem, S. 12.
[435] ibidem, S. 40f.
[436] ibidem, S. 51.
[437] Arnold Gehlen, Urmensch und Spätkultur, Bonn 1956, S. 110ff.
[438] WW 5, S. 26f.
[439] Vgl. dazu oben, Kap. III, B 2.
[440] WW 5, S. 18.
[441] WW 5, S. 25.
[442] WW 17, S. 99.
[443] WW XII (Meiner), S. 15.
[444] WW 7, S. 68 (Zusatz).
[445] WW 17, S. 68.
[446] WW 5, S. 21.
[447] WW 5. S. 20.
[448] ibidem S. 32.
[449] Dazu Bruno Snell, Die Entdeckung des Geistes. Hamburg 1946, Claassen u. Govaerts, S. 199ff.
[450] WW 5, S. 33.
[451] ibidem, S. 47.
[452] E, § 381.
[453] WW 5, S. 57f.
[454] WW 4, S. 246.
[455] WW E, S. 210 (§ 258, Anm.).
[456] WW 6, S. 155.
[457] WW E, S. 210.
[458] WW II, S. 558 und 38.
[459] WW 5, S. 39.
[460] WW 4, S. 123f.
[461] WW 6, S. 156.
[462] WW 6, S. 159.
[463] WW XII, S. 14.
[464] WW II, S. 564.
[465] WW 17, S. 27.
[466] ibidem, S. 31 (Sperr. Verf.).
[467] WW 17, S. 52.
[468] WW II, S. 560.
[469] WW II, S. 562.
[470] WW 17, S. 69.
[471] Dazu Th. Litt, Denken und Sein, a. a. O., Kap. 10.
[472] WW II, S. 559.
[473] WW II, S. 125.
[474] Leibniz, WW II, S. 484.
[475] Hegel, WW II, S. 25.

REGISTER

Der Terminus *substanziell-logisch* wurde nicht ins Register aufgenommen, da das Buch wesentlich auf die Aufhellung des damit Gemeinten angelegt ist. Eben dieser Aufhellung ist die *fundamentallogische Frage* gewidmet.

Absolutismus des bloßen Verstandes 73
Aggregat 30, 34, 39, 44, 52, 61, 70, 73f., 76f., 127f., 147, 167, 171, 181, 183
Allgemeinheit (abstrakte) 85, 145
Allgemeinheit (konkrete), siehe konkrete Allgemeinheit
Anathema 163
Antinomische Wirklichkeit 110
Apperzeption 39, 41, 51, 53, 60f., 110, 153, 162f.
Atome (antike) 14
Aufklärung 72
Axiome, fundamentallogische der Wirklichkeit 27ff., 40, 118, 125, 151, 164
Axiome, formallogische der Gegenständlichkeit 31, 115ff., 165

Begriffe 36, 65, 140, 166
Bilder 29, 38
Biologie 22, 53, 56, 76, 143
Blitz des Bewußtseins 174, 176

Denken 8, 20f., 30, 37f., 42ff., 50, 53, 55, 59, 75, 88f., 91ff., 103ff., 111f., 125ff., 128, 132, 134, 138, 143ff., 147, 157ff., 167, 170ff., 178, 184
Denken (spekulatives) 11
diachron 153, 155ff., 168, 173, 177, 180
Dialektik 106, 110, 118, 122f., 127, 129f., 137f., 161, 166, 170, 175
dialektische Selbstwiderlegung (= Antagonismus) 163
dialektische Spiralstruktur 9
Ding (Gegen-stand) 71, 141, 165
Diskursivität 9, 85, 98f., 127

Dualismus 17, 62, 68, 73, 97, 99, 178

Einbildungskraft (Phantasie) 107
Einheit (substanzielle im Gegensatz zu aggregativer) 28ff., 39, 90, 94, 135
einzelwissenschaftlich 39, 59
Erfahrung 144, 160
Erfahrung (kantische) 66f., 148
Erscheinung 84, 94, 133, 183
Erkennen 70, 181f.
Etwas 148f., 159

Finalität 19f., 34, 50, 55, 57, 172, 176
Freiheit 8, 50ff., 72ff., 99, 119, 144, 152, 157, 182
fundamentallogisch 14, 27, 30, 46, 135, 153, 181

Ganze 98
Gedachte 38, 65, 75, 103, 127f., 171, 176
Gedanke (gewordenes Denken) 38, 167
Geist 75, 144, 150, 152, 156, 159, 162, 168f., 178, 185
Gewordensein 38, 57, 70, 112, 127, 143, 155, 158, 160, 165, 173, 176
Glück, verhängtes 37
Gott 17, 31, 35, 41, 77
Grund, Satz des -es 13f., 31ff., 37, 41, 46f., 49, 51, 56, 61, 112, 118, 124, 182
Hölle der Faktizität 164
Hypothese 20, 93, 184

Ich 74, 76, 96, 98, 105, 113f., 126, 156, 159

Ich (kantisch) 68
Ichheit 98, 101, 106, 110
Identität des Ununterscheidbaren, Satz der 13 ff., 69, 135, 176
Identität (dynamische) 27
Identität (nicht-identische) 105, 138, 146, 163, 168, 184
Identität, numerische 69, 176
Identität, Satz der 13, 23, 174
Immanenztheorie 18
Immaterialität 45
Individualmetaphysik 13, 19
individuelle Substanz 8, 11, 30, 54, 132, 134, 147, 151, 167, 179, 181, 185
Inhalt 65, 146, 150 ff., 155, 158, 166, 170, 175, 182
Inhaltslogik 16 f., 43
Innerlichkeit 163
intellektuelle Anschauung 9, 96, 103 ff., 116, 126, 147, 163
intellektuelle Anschauung (kantisch) 78
intelligibel 64

Kategorien 141, 146, 171
Kausalität 19, 34, 50, 55, 57 f., 68 f., 71 ff., 75 f., 172
konkrete Allgemeinheit 82, 85, 90, 118, 121, 145, 151, 157 f., 161, 165
Konstituentien 39, 45, 108, 181, 185
Kontinuität 46, 56, 137
Kopula 125
Körper 13 ff., 30 f., 136
Kraft 16, 83

Leben 21, 44, 122, 132, 146, 151, 161, 184 f.
Logik, apophantische 21
Logik des Denkens 8, 114
Logik, formale 33, 44, 131 f., 144, 150, 165, 181, 184
Logikon 122
Logisierbarkeit des Individuellen 9, 23, 37, 44, 47
Logizität 9, 42 f., 46, 60 f., 71, 75, 84, 96, 98, 108, 110, 121, 134, 145, 149, 151 f., 163, 168, 171, 177, 179 f., 182 f.

Materie 15, 45, 83 f., 89
Mathematik 55, 65, 118, 171
mathematisch 24
mathematische Punkte 16
mathematische Setzungen 15
Meditation 161
Meinung 128, 135
Mensch 76 f.
Metaphysik 25 ff., 35, 55, 172
Mikroorganismen 16
Monade 9, 23, 39 f., 43, 45 ff., 52, 57, 59, 70 f., 83, 108, 119, 132, 163 f., 181, 185

Nach-denken 109, 111 f., 128 f., 156, 160
Natur 95, 155, 159 f., 168, 173, 180
Natur (kantisch) 79 f., 83, 89
Nicht-Ich 101 f., 113, 116, 126

Objektivität, wirklichkeitslose 67
Offenbarung 41
ontische Perzeption 162
Onto-Logik 35, 61
Optimismus 31

Perzeption 32 ff., 39, 41 ff., 45 ff., 61, 129, 132, 134, 153, 179 f.
Phänomen 9, 19, 39, 83, 93, 133, 181 ff., 185
Phänomen (fundiertes im Gegensatz zum nicht fundierten) 7, 39, 61, 101, 127 f.

Raum 13 f., 37 f., 69, 173 f., 183
Realität 112 f.
Rechnen 20 f.
Reduktion 165
Richtigkeit 151

Seele (Psyche) 72
Seinsglaube (des naiv natürlichen Augenscheins) 65, 68, 71, 77, 83 f., 115, 142, 148

Selbst 67, 132
Selbstbewußtsein 9, 60, 103, 110, 144, 153, 156, 159, 174, 176, 182
Setzungscharaktere 29
Sinn 9, 50, 59, 61, 93, 138, 176, 178
spiral 156, 173
Sprache 21, 115, 117, 129, 166, 170
Struktur 9, 41, 83, 87f., 124, 128, 130, 134, 137f., 147, 151ff., 155ff., 159, 161ff., 167ff., 171, 175, 178
Subjektivität 94, 156
Subsistenz 133
Substanz 30f., 34f., 39, 46, 52, 64ff., 122f., 127f., 129f., 133, 137, 143, 145f., 152, 183
substanziell geworden 7, 127
Subsumtionslogik 62
Symbiosen 19

Tatsachenwahrheiten 14, 17
Teile 39
Theologie 26, 157
transsubjektiv 20, 22, 111, 171
transzendentales Subjekt 65, 67, 81, 109f., 133, 181ff.
Transzendentalien 44
Transzendentalismus 63

Umfangslogik 17
unbewußt 110
Unbewußtes 46, 182
Unendlichkeit 119, 126, 128, 159

„unmögliche Begriffe" 42, 49
urteilen 21
Urteilskraft (bestimmende und reflektierende Kants) 90ff.

Vermittlung 37, 41f., 61, 137, 145, 148, 162, 165ff., 174, 178, 183f.
Vernunftwahrheiten 14, 17
vorstellen (kantisch = denken) 83, 88

Wahrheit 38, 59, 117, 128, 132, 141, 143, 145f., 149, 151, 164, 171, 176
Weltgeschichte 111
Weltgesetz 41f., 46, 77, 125, 147, 153, 178
Werden 23, 38, 43, 47, 70, 112, 119, 127, 143, 151, 154ff., 160, 162, 167, 173, 178, 184
Wesen 13, 27, 31, 41f., 43, 45, 53, 77, 164, 168, 184f.
Wesen (kantisch) 75, 83
Widerspruch, Satz des 13
Wirklichkeit 23, 30, 35, 43f., 58, 106, 108, 110, 117f., 123, 146, 152, 160, 180, 182
Wirklichkeitszeit 177
Wissen 70, 108, 112, 117, 152, 159ff., 164, 168, 174ff., 181ff., 184

Zahl 170f.
Zeit 32, 36f., 38, 45, 73f., 77, 122f., 172ff., 180

WALTER DUBISLAV
Die Definition

4. Auflage. Unveränderter Nachdruck der dritten völlig umgearbeiteten und erweiterten Auflage von 1931 mit einem Nachwort von Wilhelm K. Essler.
1981. XIX, 160 S., Geb. 42,—

Die einwandfreie Bestimmung der Begriffe ist die Grundlage einer jeden wissenschaftlichen Arbeit. Im Sinne der modernen Logik und Axiomatik hat erstmals Walter Dubislav die Methode des Definierens von Begriffen systematisch wie auch an Beispielen entwickelt. Sein Werk zeichnet sich durch klare Gedankenführung und didaktisches Geschick bei der Vermittlung philosophischer Sachverhalte aus, und es diskutiert alle einschlägigen Fragen, die sich dem an Methoden interessierten Wissenschaftler stellen. Es hat daher auch heute noch seinen systematischen Wert. Den gegenwärtigen Stand der Forschung im Bereich der Definitionslehre schildert Wilhelm K. Essler in einem Nachwort.

HERMANN KRINGS
Ordo

Philosophisch-historische Grundlegung einer abendländischen Idee.
Neuausgabe der 1. Auflage von 1941. 1982. Ca. 152 S., Geb. ca. 48,—

Der Begriff ordo bezeichnet eine für das Mittelalter zentrale, gleichwohl aber von den mittelalterlichen Autoren nur selten als solche thematisierte Idee, deren Ausstrahlung — auf mannigfache Weise gebrochen und deformiert — im abendländischen Denken bis in unsere Zeit wirksam blieb. Die grundlegende, systematisch angelegte Monographie von Hermann Krings bietet eine Analyse der Bedeutung und damit ein Strukturbild des differenzierten Gehalts des Begriffs ordo und wurde längst zu einem seltenen, aber unverzichtbaren Grundwerk für die Arbeit an allen Themenkreisen der Mittelalter- sowie der Begriffsgeschichtlichen Forschung. Für die zweite Auflage wurde der Text überprüft, Quellenverweise und Fußnoten aktualisiert.

LUDWIG LANDGREBE
Faktizität und Individuation

Studien zu den Grundfragen der Phänomenologie.
1982. X, 163 S. Geb. 48,—

Husserl nannte die Geschichte »das große Faktum des absoluten Seins«. Wie aber ist deren Faktizität, und damit auch die Faktizität des handelnden Einzelnen, überhaupt zu denken, wenn sie zugleich nur durch die phänomenologische Konstitution ins Dasein tritt? Dieses Grundproblem, also das der Individuation, steht im Mittelpunkt der späten Aufsätze Ludwig Landgrebes, in denen er an die Grenzen der Husserlschen Konzeption der Phänomenologie vorstößt. Dabei verteidigt er seinerseits dessen Position gegen empiristisch-anthropologische Auffassungen, und zeigt andererseits über Husserl hinausgehende Möglichkeiten zur Auflösung der Probleme, in die sich die Phänomenologie in Ansehung der Begründung der Faktizität verstrickt.

FELIX MEINER VERLAG GMBH